総合判例研究叢書

刑　法（26）

過失と共犯……………………内田文昭

有　斐　閣

序

フランスにおいて、自由法学の名とともに判例の研究が異常な発達を遂げているのは、その民法典が百五十余年の齢を重ねたからだといわれている。それに比較すると、わが国の諸法典は、まだ若い。最も古いものでも、六、七十年の年月を経たに過ぎない。しかし、わが国の諸法典は、いずれも、近代的法制を全く知らなかつたところに輸入されたものである。そのことを思えば、この六十年の間に極めて重要な判例の変遷があつたであろうことは、容易に想像がつく。事実、わが国の諸法典は、それに関連する判例の研究でこれを補充しなければ、その正確な意味を理解し得ないようになつている。

判例が法源であるかどうかの理論については、今日なお議論の余地があろう。しかし、実際問題として、多くの条項が判例によつてその具体的な意義を明かにされているばかりでなく、判例によつて特殊の制度が創造されている例も、決して少くはない。判例研究の重要なことについては、何人も異議のないことであろう。

判例の創造した特殊の制度の内容を明かにするためにはもちろんのこと、判例によつて明かにされた条項の意義を探るためにも、判例の総合的な研究が必要である。同一の事項についてのすべての判決を採り、取り扱われた事実の微妙な差異に注意しながら、総合的・発展的に研究するのでなければ、判例の研究は、決して終局の目的を達することはできない。そしてそれには、時間をかけた克明な努力を必要とする。

幸なことには、わが国でも、十数年来、そうした研究の必要が感じられ、優れた成果も少くないようになつた。いまや、この成果を集め、足らざるを補ない、欠けたるを充たし、全分野にわたる研究を完成すべき時期に際会している。

かようにして、われわれは、全国の学者を動員し、すでに優れた研究のできているものについては、その補訂を乞い、まだ研究の尽されていないものについては、新たに適任者にお願いして、ここに「総合判例研究叢書」を編むことにした。第一回に発表したものは、各法域に亘る重要な問題のうち、研究成果の比較的早くでき上ると予想されるものである。これに洩れた事項でさらに重要なもののあることは、われわれもよく知つている。やがて、第二回、第三回と編集を継続して、完全な総合判例法の完成を期するつもりである。ここに、編集に当つての所信を述べ、協力される諸学者に深甚の謝意を表するとともに、同学の士の援助を願う次第である。

昭和三十一年五月

編集代表
小野清一郎　宮沢俊義
末川博　我妻栄
中川善之助

凡例

一 判例の重要なものについては、判旨、事実、上告論旨等を引用し、各件毎に一連番号を附した。

二 判例年月日、巻数、頁数等を示すには、おおむね左の略号を用いた。

大判大五・一一・八民録二二・二〇七七 (大審院判決録)

(大正五年十一月八日、大審院判決、大審院民事判決録二十二輯二〇七七頁)

大判大一四・四・二三刑集四・二六二 (大審院判例集)

最判昭二二・一二・一五刑集一・一・八〇 (最高裁判所判例集)

(昭和二十二年十二月十五日、最高裁判所判決、最高裁判所刑事判例集一巻一号八〇頁)

大判昭二・一二・六新聞二七九一・一五 (法律新聞)

大判昭三・九・二〇評論一八民法五七五 (法律評論)

大判昭四・五・二二裁判例三・刑法五五 (大審院裁判例)

福岡高判昭二六・一二・一四刑集四・一四・二一一四 (高等裁判所判例集)

大阪高判昭二八・七・四下級民集四・七・九七一 (下級裁判所民事裁判例集)

最判昭二八・二・二〇行政例集四・二・二三一 (行政事件裁判例集)

名古屋高判昭二五・五・八特一〇・七〇 (高等裁判所刑事判決特報)

東京高判昭三〇・一〇・二四東京高時報六・二・民二四九 (東京高等裁判所判決時報)

札幌高決昭二九・七・二三高裁特報一・二・七一 (高等裁判所刑事裁判特報)

前橋地決昭三〇・六・三〇労民集六・四・三八九　（労働関係民事裁判例集）

その他に、例えば次のような略語を用いた。

裁判所時報＝裁時　家庭裁判所月報＝家裁月報

判例時報＝判時　判例タイムズ＝判タ

目　次

過失と共犯

内田文昭

過失と共犯

内田文昭

はしがき

「過失と共犯」の問題は、学説上ないしは講学上、過失共働に意思連絡なし、という命題の下に、故意の共働現象の特質——論者のいわゆる共犯の特質——を説明するための材料として扱われてきたにとどまる。尤も、明確に、過失による共同正犯・共犯、過失犯への共犯を肯定する論者もいたが、必ずしも反対説を納得させえなかつたように思われる。判例も、これに有形・無形に影響されて、簡単に、過失による共犯・過失への共犯を否定してきたようである。

わたくしは、大学卒業後、幸運にも、荘子教授の下で、助手として指導を仰ぐことが許されたので、テーマに「過失と共犯」を選び、右のような学説・判例の大勢を検討しようと志し、二三の研究を通して、次第に過失犯に関する共犯を肯定することが妥当ではないか、という考え方をとるようになつた。

今回、本叢書に同じテーマで書く機会が与えられ、従来のものに、主として判例の分析を加え、理論的には、過失犯への故意の共犯をいかに考えるか、を改めて検討してできあがつたのが本書である。自分なりに苦労したのは、過失犯における「注意義務違反」と「実行行為」の関連、および、共犯従属性説をとつた場合の過失犯への故意の共犯の構成、といつた点である。大方の御叱正により、将来、幾分でも補正することができれば幸いである。なお、本書の出にあたつては、有斐閣編集部の屋代洋氏に多大の御尽力をいただいた。厚く感謝の意を表したい。

一　過失の同時正犯

一　序　説

（一）　過失の同時正犯を検討する意義　同時正犯（Nebentäterschaft）は、いうまでもなく、共同正犯を含めた意味での広義の共犯ではないし、教唆犯・幇助犯といった狭義の共犯でもない。単に、数人の行為者が、意思連絡なしに、しかし、時間的には同時ないしは同時に近い前後関係において、同一客体に対し犯罪を実行した場合に成立する。外見上は共犯に類似するが、実体は、単独犯が並立する場合にほかならない（木村・刑法総論（昭三四）四二八頁、荘子「同時犯」木村編新法律学演習講座（昭三五）四〇三頁。なお、内田「過失共同正犯の成否」北法八巻三―四号六頁註(九)、四―一〇頁参照）。この意味では、本稿で過失の同時正犯を問題にすることは、一見、不適当であるかに思われる。しかし、特に過失犯の領域において、過失の同時正犯の実体をいかに理解するかは、「過失と共犯」の問題に影響するところがすくなくない。すなわち、過失犯においては正犯と共犯の区別はなく、あらゆる過失共働（Fahrlässiges Zusammenwirken）（„Fahrlässiges Zusammenwirken" をここでは「過失共働」と訳出することにしたい。「過失競合」としたのでは、過失の共同正犯として議論せられる現象の表現としては、適当でないと思われるし、「過失共同・共同過失」としたのでは、過失の同時正犯の実体を無視することになると思われるからである）は、単純な個々の過失(正)犯として罰せられる（不可罰とする議論はない）、とする立場にたつならば、「過失と共犯」の問題は、実質的には、過失の同時正犯の問題の中に解消せられ、過失の共同正犯・共犯を論じることは、せいぜい理論的な興味しかもたないことになる。しかし、右のような立場そのものが正当かどうか、が問題であり、それは、過失犯の構成要件をいかに把握すべきかという根本的な問題意識の下に、過失の同時正犯概念をいかに樹立するか、によつて決せられるものである。

これに反し、過失犯の領域でも正犯と共犯の区別が行なわれなければならない、とする立場では、過失の同時正犯・共同正犯・共犯の区別が理論的にも実際的にも問題となつてくる。ところが、ここでもまた、過失における正犯と共犯の区別が妥当かどうか、が同様に問題となるわけである。

従つて、本稿が、まず、過失犯における正犯と共犯の区別に関連して過失の同時正犯の実体を検討し、以下、共同正犯、共犯の問題を眺めてゆくことも、決して不当ではない、といいうるであろう。なお、稿を進めるに当り、さらに、つぎの点を意識しておく必要がある。同時正犯は、まさしく、各個の単独犯の並立にほかならないが、講学上、共犯論において扱われるため、一人の行為者を前提として展開された構成要件論、違法論、責任論の考量から、一応遮断された問題として把握されがちである。同時正犯の実体を見誤るおそれなしとしない（これに反し、最近、大塚教授が、共犯を構成要件論の一場面として捉える体系をあきらかにされたのは、注目に値いしよう（大塚・刑法概説（総論）（昭三八）一八六頁以下））。この点、判例は、同時正犯という表現をとらず、また、同時正犯のすべての要件を認定しない場合が多いが、その反面、個々の過失犯を構成しようとしているという点で、より実質的に過失同時正犯に迫つている、と評しうるのである。従つて、われわれは、事案が過失共働に関する場合の判例の態度から、多大の示唆を受けるものであることを、忘れてはならないわけである。

（二）　正犯論・共犯論の概観

(1)　正犯性を基礎づけようという努力は、因果関係論と責任論を拠所として出発した(K. Birkmeyer, VDA. II, 1908, S. 1 ff., 10 ff.; v. Hippel, Deutsches Strafrecht, II, 1930, S. 439 ff.)。これは、第一には、犯罪を成立させるためには客観的要件と主観的要件とが必要である、という一般的認識の帰結にほかならない。第二には、正犯と対立する意味での共犯が同様に犯罪とされるためには、やはり、客観的要件と主観的要件とが必要であるが、二つの要件の両面で、ないしは、いずれか一つの面で、正犯と区別されうる契機が見出されなければならない、という要請の帰結でもある。

(イ)　客観面で正犯と共犯の区別がなされるべきである、とする態度は、まず、容易に因果関係論に結びついた。原因説によるビルクマイアー(K. Birkmeyer, a. a. O. S. 19 ff., insbes. S. 21 ff., 140 ff.)の客観的共犯論がそれであり、相当因果関係説によるザウエル(W. Sauer, Allgemeine Strafrechtslehre, 1955, S. 200 ff., 205 ff., 209, 216)の共犯論がそれである(ビルクマイアーは、原因を設定した者が正犯であり、条件を設定したにとどまる者が共犯である、とする。ザウエルは、構成要件的結果に対し、一般的傾向、すなわち、相当条件を設定した者が正犯であり、単なる条件を設定したにすぎない者が共犯である、とする)。これに対し、一条件の設定も全体を惹起するものである、との条件説によるブーリ(v. Buri, Ueber Causalität und deren Verantwortung, 1873, S. 1 ff., 3, 13, 66 ff., 101 ff.; ders. Die Causalität und ihre Strafrechtlichen Beziehungen, 1885, S. 1 ff., 38 ff.)は、客観面で正犯と共犯を区別することの不可能さを説き、主観的共犯論を強く主張した。

客観面で正犯と共犯の区別を画そうとする態度は、つぎに、構成要件論の助けをかりた。ベーリング(E. Beling, Die Lehre vom Verbrechen, 1906, S. 249 ff., 397, 422 f. usw.; ders. Grundzüge des Strafrechts, 11 Aufl. 1930, S. 33, 34 ff., 64 usw.; ders. Der gegenwärtige Stand der strafrechtlichen Verursachungslehre (G S. 101) S. 12)は、条件説にたちながら、因果関係論による正犯と共犯の区別は妥当でないとなし、構成要件の中核を形

成する行為（実行行為）をなす者が正犯であり、構成要件の周辺的行為をなす者が共犯である、とのいわゆる限縮的正犯論を唱道した（ビルクマイアーの理論を共犯論における実質的客観説といい、ベーリングの理論を形式的客観説と呼ぶこともできる）。M・E・マイアー（M. E. Mayer, Der allgemeine Teil des deutschen Strafrechts, 1923, S. 3, 4, 18, 341 f., 375, 387 ff., 402 f. usw.）も同様の態度をとった。因果関係論としては条件説をとるリスト（v. Lißt, Lehrbuch des deutschen Strafrechts, 21 u. 22 Aufl. 1919, S. 120 ff., 204 f., 206 f., 208 ff., 213 ff.）、相当因果関係説をとるヒッペル（v. Hippel, a. a. O. S. 143 ff., 439 ff., 468 ff.）も、現行法上の共犯規定による制約を認めて、正犯と共犯を区別するために、それぞれの一般原則――一条件あるいは一相当条件の設定により犯罪の客観的側面は充足された、と考える態度――を後退させ、実行行為をメルクマールとした正犯・共犯論に赴いた。ベーリング、M・E・マイアーの思想は、やがて、規範的観察を志向するブルンス（H. Bruns, Kritik der Lehre vom Tatbestand, 1932, S. 14 ff., 49 ff., 71 ff.）やランゲ（R. Lange, Der moderne Täterbegriff, 1935, S. 1 ff., 8 ff., 15 ff., 20 ff., 37 ff., insbes. S. 39 ff.）によって、相当性を契機とした構成要件実現の判定、という形に発展せしめられた。

（ロ）　ベーリングやリスト、ヒッペルの態度は、わが国の学説にも影響を与えた。すでに、旧刑法の下で小疇伝氏（小疇・日本刑法論（明三九）一〇九頁以下、一一四頁以下、一二一頁以下、三三一頁以下。但し、三五八頁、三八四頁以下）は、リストの態度に近接しており、現行刑法になつてからは、岡田（庄）博士（岡田・刑法原論総論（大九）二二二頁以下、二三六頁以下、四三八頁以下。但し、三五七頁以下、三六三頁以下）、岡田（朝）博士（岡田・刑法論（総論）（大九）七二頁以下、二一〇頁以下。但し、七五頁以下、二一九頁以下。なお、岡田・日本刑法論、訂正増補再版（明二八）一〇五二頁以下、一一〇八頁。但し、一〇四〇頁以下、一〇五二頁、一〇八二頁、一〇八八頁）、山岡博士（山岡・刑法原理、訂正増補一六版（大一三）一三四頁以下、一三六頁以下、二二〇頁以下、二二二頁以下、二二七頁以下）、江木博士（江木・日本刑法通義（昭二）六三頁以下、六六頁以下、二〇二頁、二一四頁以下）が、リストとほぼ同一の見地にたつて立論しているといえよう。これに対して、勝本博士（勝本・刑法要論総則（大四）一二三頁以下、四二六頁以下、四三一頁以下。なお、勝本・刑法の理論及び政策（大一四）一一八頁以下、一四三頁以下）、大場博士（大場・刑法総論下巻（大二―三）四六一頁以下、四六五頁以下、四六六頁以下、九九九頁以下、一〇〇六頁以下、一〇三四頁以下、一〇四〇頁以下）、泉二博士（泉二・日本刑法論総論、増訂四三版（昭八）三〇五頁以下、三一三頁以下、六三四頁以下、六八一頁以下、六九八頁以下）は、相当因果関係説をとりながら、実行行為ないしはこれと質的に同視しうるような行為を契機として正犯論を展開している、という意味において、ヒッペルに近いといえよう。一方、ベーリング、M・E・マイアーの思想は、小野博士（小野・犯罪構成要件の理論（昭二八）一二頁、一一〇頁、二四一頁、二六八頁以下。但し、七三頁以下）、滝川博士（滝川・犯罪論序説、改訂版（昭二八）二〇〇頁以下）、佐伯博士（佐伯・刑法総論（昭一九）一三九頁以下、三三七頁以下、三四五―六頁）に継受せられている。団藤教授（団藤・刑法綱要総論（昭三二）三〇頁、一〇九頁、二八〇頁以下、二八二頁以下、二九六頁、三〇〇頁以下。但し、二九五頁）が、いわゆる定型説を強調せられるのも、このような系列の一個の頂点をなすものとして、理解されうるであろう。

（ハ）　ベーリング、M・E・マイアーの見解に反対し、一定の法益侵害を惹起した者はこれをすべて同様に処罰するのが刑法の目的であるとの見地から、構成要件は、ベーリングが原則としてそうであると解したような中核形成行為のみを予定したものではない、となすことにより、拡張的正犯論を樹立したのが、E・シュミット（E. Schmidt, Mittelbare Täterschaft (Frank-Festgabe, II, 1930) S. 116 f., 120; Lißt-Schmidt, Lehrbuch des deutschen Strafrechts, 26 Aufl. Allg. T. 1932, S. 161 ff., 165 ff., 320 ff., 326 ff.）である。メッガー（E. Mezger, Strafrecht, 1931, S. 122 ff., 411 ff., 415 ff.; ders., Kurzlehrbuch, 8 Aufl. 1958, S. 65 ff., 216 ff., 224 ff. 337, 342）も拡張的正犯論をとった。この理論によれば一条件（シュミット）ないしは一相当条件（メッガー）を設定した者はすべて同様に処罰されるべきであるから、本来的意味での正犯とされうるのであるが、現行法は正犯と共犯を区別しているから、特に現行法上共犯とされる共働形式だけは正犯として処罰しえないことになるわけである。ところで、シュミット、メッガーにおいて、正犯と共犯を区別するメルクマールは、限縮的正犯論が掲げる実行行為にほかならない。これは、拡張的正犯論の本質——限縮的正犯論に比し、極めて強く因果関係論に結びついている——からして、妥当な態度とはいい難い。正犯と共犯を区別するならば、むしろ主観的な標準によつた方が自然であろう。現に、メッガー（E. Mezger, Kurzlehrbuch, 8 Aufl. S. 224 ff.）の理解に、このような傾向が認められるに至つた。この限りで、拡張的正犯論は、ブーリの主観的共犯論に接近しているといつてよい。

拡張的正犯論は、わが竹田教授（竹田「正犯概念の拡張と共犯概念の拡張」法と経済五巻八三五—六頁、八四九頁、八六一頁）、武藤文雄氏（武藤「間接正犯論の最近の発展」法学志林三六巻五五頁以下、六六頁以下、七二—三頁、七五頁、八三頁、八四頁）に影響を与えた。さらに、宮本博士（宮本・刑法学粋（昭六）一五三頁以下、一八一頁以下、三九〇頁以下、三九五頁以下、四〇五頁以下、四一五頁以下）は、その独自な主観主義的刑法理論を押し進めて、より徹底した拡張的正犯論を主張せられた。牧野博士（牧野・重訂日本刑法上巻（昭一二）二六四頁以下、四〇七頁以下、四三〇頁以下、四三六—七頁、四六五頁註（一二））の基本的態度も、拡張的正犯論にほかならない。

なお、ここで注意すべきは、リスト（v. Lißt, Lehrbuch, 21 u. 22 Aufl. S. 122, 204 ff.）、ヒッペル（v. Hippel, a. a. O. S. 150, 439 ff.）、勝本博士（勝本・要論四三〇）、山岡博士（山岡・前掲書二三〇—一頁）の理解にも、拡張的正犯論への傾きが充分に認められる点である。

(2)　以上の見解は、なんといつても、因果関係論と責任論を二つの大きな支柱として展開されたものである。すなわち、犯罪概念の基底たる「行為」を解して、その純粋に客観的・外部的側面のみに着目し、法益侵害を惹起した有意の身体的動作としての因果的事実であるとなし（因果的行為論）、これを「因果関係論」および因果関係論に強く影響された構成要件論・違法論で説明し（一定の有意の身体的動作により一定の法益侵害が惹起せられたならば、原則として、構成要件該当性と違法性が肯定される、と考える）、その「行為」を生みだした行為者の意思の内容はこれを純粋に主観的・心理的側面でとらえ、いわゆる「心理的責任論」によつて説明しようとするのが従来の犯罪論であるが、この態度の、一つの具体的・典型的な表われである、といえる（主観的構成要件要素論、人的不法論、規範的責任論の誕生が、上のような態度の反省によるものであることは、いうまでもない。しかし、それが、通説の正犯・共犯論にまで影響を与えたとはいえない）。

（イ）　これに対し、新たに出現してきた目的的行為論は、右のような態度は「行為」の本質従ってまた犯罪概念の重要な要素を見誤り破壊するものであるとなし、犯罪成立の諸要件を因果関係論と責任論に無批判に二分して出発したことが学説の混乱を招くゆえんとなったものであると考え、現実の社会生活において生起する意味に充ちた「行為」――因果性と併存するところの目的性の妥当する主体・結果のつながり――を中核に据えた犯罪概念を樹立することによって、諸説の対立を止揚せんとする（H. Welzel, Kausalität und Handlung (ZStrW. 51), S. 703 ff.; ders. Studien zum System des Strafrechts (ZStrW. 58), S. 491 ff.; ders. Um die finale Handlungslehre, 1949; ders. Das deutsche Strafrecht, 7 Aufl. 1960, S. 26 ff., 96 ff., 143 ff.）。そして、正犯・共犯論の領域では、「目的的行為支配」を主・客統合の契機として唱道し、それにより正犯性の基礎づけを試みようとしたのである（H. Welzel, ZStrW. 51, S. 718 ff.; ders. ZStrW. 58, S. 537 ff.; ders. Deutsches Strafrecht, 7 Aufl. S. 90, 98, 101）。

目的的行為論は、わが学界にも非常に大きな影響を及ぼした。正犯論の領域でも、井上教授（井上・刑法学（総則）（昭二六）二一八頁以下、二二五―六頁、二三五―六頁）、平場教授（平場・刑法総論講義（昭二七）一四二頁以下、特に一五〇頁）は、いち早く「目的的行為支配」を契機とした正犯概念をとり入れられた。これに対し、木村教授（木村・総論三七二頁以下、特に三七九頁以下、三八四頁以下、木村「正犯と共犯」刑法講座四巻五八頁以下、木村「刑法総論入門」法学セミナー一九六三年一〇号二〇頁、一一号一三頁、一二号一九頁）は、目的的行為論の正犯概念をも批判することを通して、新しい意味での一種の主観説（決意標準説）を樹立せられている。

（ロ）　右のような学説の推移は、故意と過失に共通した正犯・共犯概念を前提としているかといえば、必ずしもそうとはいえない。多くは、故意犯をモデルにして展開されたものである。ここに、過失犯の領域における正犯・共犯論の立ち遅れがある。尤も、過失の正犯・共犯が無視されていたわけではない。正確にいえば、充分に分析されていなかつたのである。

(二)　過失の正犯論・共犯論の概観

(1)　過失犯も犯罪である以上、客観的要件と主観的要件が必要であるという認識は、自明のこととして存在した。しかし、従来の理解に従うならば、過失とは、故意とともに、犯罪の心理的・主観的要素として、責任論にその地位を占めるにとどまるものである、と解されてきた。従つて、この限りで、過失犯の重点は、専ら主観面におかれ、客観面は軽視された。すなわち、有意の身体的動作による法益侵害の因果的惹起——条件・相当条件設定——をもつて、過失責任検討のための思考的前提条件は充たされた（構成要件論、違法論が自覚された立場では、有害な結果に対する条件・相当条件の設定により、直ちに、構成要件該当性が承認せられ、違法性が徴憑せられる、と考えられた）、あとは、直ちに、行為者に対する責任の検討が展開されるべきである、と考えられたのである（H. Welzel, Fahrlässigkeit und Verkehrsdelikte, 1961, S. 7, 25, 30 ff. にこの間の事情が的確に指摘されている。なお、本書の紹介として、内田・北海学園大学学園論集七号三一頁以下）。特に、過失行為の分析は行なわれなかつた、といつてよい。一方、過失という心理状態は、「意思から意思への橋渡しに適しない」というベルナー（A. F. Berner, Die Lehre von der Theilnahme am Verbrechen, 1847, S. 173）の立言にみられるように、共犯関係の成立に不可欠の「意思連絡」に親しまない、ネガチィブなものである、と解された。

(イ)　このような基盤は、容易に、共犯規定は故意の共働形式にのみ適用されうる、過失的に（心理的責任論をとるか規範的責任論をとるかで、この場合の「過失」はその内容を異にするであろう。しかし、その差異も、ここでは、度外視してよい）条件・相当条件を設定した者はすべて正犯である、との結論に通じた。現行法上、やむなく実行行為を掲げたリスト（v. Lißt, Lehrbuch, 21 u. 22 Aufl., S. 212 f., 216 f., doch S. 217）、小疇伝氏（小疇・前掲書一〇九頁以下、一二二頁以下、三三一頁以下、三七二頁以下、三八四頁以下。但し三八五頁）、山岡博士（山岡・前掲書一三四頁、一三六頁以下、二二九頁以下）は、直ちに条件説に立ち帰り、「過失＋条件」で過失正犯が構成される、となした。ヒッペル（v. Hippel, a. a. O. S. 138, 150 ff., 399 f., 439, 440, 452, ff., 456 A. 2, 468 ff., 478, doch S. 462 f., 468, 478 A. 6）、泉二博士（泉二・前掲書三一三頁以下、六三三頁以下、六七四頁、七〇〇頁以下）も、相当因果関係説に帰り、「過失＋相当条件」をもつて、過失の同時正犯を肯定した。E・シュミット（Lißt-Schmidt, Lehrbuch, 26 Aufl. S. 337, 342）が、故意・過失行為に関するあらゆる過失の共働形式を、過失正犯と考えるのは、拡張的正犯論から容易に導かれる帰結の一つである（メッガーも、共同正犯といえない過失の共働形式はこれを過失の正犯と考える。E. Mezger, Leipziger Kommentar, 8 Aufl. 1957, insbes. S. 259）。

（ロ）　拡張的正犯論が、右のように考えることは、むしろ当然であろう。しかし、さき程も触れたところであるが、いわゆる限縮的正犯論をとる論者のうちで、過失による共働形式の大部分を過失の正犯とするものがあることは、注目しなければならない（リストやヒッペル、小疇氏は、故意行為に対する過失的関与はこれを無罪としているが）。これに対して、限縮的正犯論を貫く論者もないではない。ベーリング（E. Beling, Methodik der Gesetzgebung, 1922, S. 95 f., 101; ders. Lehre vom Verbrechen, S. 294, 455 f., 459）、M・E・マイアー（M. E. Mayer, a. a. O. S. 382 A. 6, 384 384. A. 11, 402 f.; auch vgl. S. 153）、ブルンス（H. Bruns, a a. O. S. 50, 52 f., 56, 61, 67 ff., 70 ff.）、滝川博士（滝川・前掲書二一〇頁以下、二二五頁以下、二三八―九頁、二四一頁、二四八頁）、佐伯博士（佐伯・前掲書三三六頁以下。さらに、三一七頁）、団藤教授（団藤・前掲書二八〇頁以下、三〇六頁以下、三一六頁註(二)。なお、二九九頁）がそうである（大場・前掲書一〇五〇―五一頁、一〇六一頁、一〇七三―四頁、一〇八一頁、岡田(庄)・前掲書三六五頁、勝本・要論三八六頁以下も、この系列に算入することができる）。過失犯の領域にまで限縮的正犯論を妥当させるならば、当然に、過失の共同正犯、過失による共犯、過失犯への共犯等が検討されなければならないわけであるが、考え方は、論者において、一致してはいない。詳細は、後程、当該個所で紹介するが、ここで指摘しておきたい点は、過失共働内部での正犯と共犯の区別が一般に明確でない、ということである。というよりも、過失共働の内部では、正犯と共犯の区別はなく、可罰的な過失共働はすべて正犯である、という理解が広く行なわれているように思われることである。この点は、たとえば、過失の共同正犯などは認める必要はないとする態度（E. Wuttig, Fahrlässige Teilnahme am Verbrechen (Str. Abh. H. 40) S. 106 ; P. Wolf, Betrachtungen über die Mittelbare Täterschaft, (Str. Abh. H. 225) S. 38, 41 f. ; P. Merkel, Grundriß des Strafrechts, Allg. T. 1927, S. 168. さらに、井上・判例にあらわれた過失犯の理論（昭三四）三二五頁以下。Ähnl. H. Mayer, Strafrecht, Allg. T. 1953, S. 312. ちなみに、ウチッヒ、P・ヴォルフ、P・メルケル、H・マイアーも、基本的には、限縮的正犯論をとっているといえよう）、過失行為の定型性は「ゆるやか」であるとする態度（井上・過失犯の理論三二三頁。団藤・前掲書一一一頁も同旨とみてよいであろう）、故意の正犯に対する過失の共犯は無罪であるが、過失共働においては、外形上の共犯も正犯とされうる、とする態度（前掲したリスト、ヒッペル、小野氏のほか、A. Finger, Lehrbuch des deutschen Strafrechts, I. 1904, S. 342, 344, 356 f.）が有力であるところから、窺い知ることができるであろう（尤も、わが国では、故意・過失の正犯に対する過失の可罰的共犯も充分認められうる、とする理解が比較的広く行なわれている。たとえば、大場博士、勝本博士、佐伯博士の理解がそうである。しかし、大場博士、勝本博士において、過失の正犯行為・共犯行為が、本来の限縮的正犯論の意味で区別されているかどうか、疑問である。大場・前掲書九九九頁以下、勝本・要論一三一頁以下、四三〇頁、勝本・理論及び政策一二〇—一二一頁参照）。限縮的正犯論を明確に一貫させようとしているのは、ベーリング、M・E・マイアー、ブルンス、佐伯博士である、といつて過言ではない。

かくして、過失共働は、因果関係の存在を契機として、極めて容易に、個々の過失の単独正犯すなわち過失同時正犯とされてきた、ということが承認される。

(2)　これに反し、目的的行為論は、有意の身体的動作による法益侵害の因果的惹起をもつて構成要件が実現され違法性が徴憑される、と考える因果的行為論の根本的欠陥が、最も鮮明に表われる場合の一つに過失犯論をあげ、過失犯の構成要件論、違法論を再検討する点に、自説の特色の一つを求めようとするものであつた。従つて、目的的行為論の基礎においては、過失の正犯・共犯の問題は、従来の考え方と違つた形において構成されうる可能性が存在する。だがしかし、変遷を重ねて新しい過失犯論に到達した現在の目的的行為論においてさえ、過失犯の構成要件は、賢明で思慮ある行為者がとるであろう容態に達しないすべての行為によつて実現されるものであるとされ、従つて、過失の正犯とは、このような不注意な行為により、構成要件的結果を相当因果的に惹起した者すべてであつて、過失の共犯は存在しない、とされているのである（H. Welzel, Deutsches Strafrecht, 7 Aufl. S. 89, 113 ff.; ders. Fahrlässigkeit und Verkehrsdelikte, S. 7 ff., 12 ff., 14 ff., insbes. S. 19. Auch vgl. H. Welzel, ZStrW. 58, S. 537 ff.; W. Gallas, Die moderne Entwicklung der Begriffe Täterschaft und Teilnahme im Strafrecht (Deutsche Beiträge, 1957) S. 18; R. Maurach, Deutsches Strafrecht, Allg. T. 2 Aufl. 1958, S. 160 ff., 164 f., 431, 452, 491 f., 521）。井上教授（井上・刑法学二二七頁、井上・過失犯の理論三二〇頁以下）、平場教授（平場・前掲書一五六頁、一六〇頁）も同様の結論をとられる。ただここで、ヴェルツェル（H. Welzel, Fahrlässigkeit und Verkehrsdelikte, S. 14 ff., auch S. 9 Anm. 11, 30 ff.）が、「許された危険」の法理を指導する、規範的視点からの相当性判断（知見的視点からする「賢明な」人間の相当性判断は、相当因果関係の認定に関するものであるが、規範的視点からする相当性判断は、右の相当性判断に関連しながらも、これを超えるもの、すなわち、客観的に予見可能な結果に対していかに振舞うべきか、に関する「思慮ある」人間の相当性判断である、とされている）を通して構成要件的行為を限定しようとしている点、シュトラーテンヴェルト（G. Stratenwerth, Arbeitsteilung und ärztliche Sorgfaltspflicht (Schmidt-Festschrift, 1961) S. 383 ff.; 本論文の簡単な紹介として、内田「過失共働（競合）における『予見可能性』と『実行行為』」警察研究三三巻八号三九頁以下）が、「信頼の原則」（他人の不注意が予見可能であつたとしても、むしろその人の注意深い行為を信頼することが許されはしないか、という問題だとされる）によつて、過失責任の限定を試みようとしている点、井上教授（井上・過失犯の理論四八頁以下、六六頁以下）が、「注意義務」の定型性を求めて、違法行為を限定しようとせられる点を指摘しておきたい（すでに、藤木助教授も、「許された危険」「信頼の原則」から、過失責任を限定しようとする態度を示唆しておられた。藤木「過失犯の考察」法協七四巻一頁以下、二五六頁以下、特に二六六頁以下）。と同時に、ヴェルツェル、井上教授のこの態度も、正犯・共犯の区別がない過失犯そのものが、不当に広げられてはならない、という点を提唱したものであつて、決して過失の正犯から共犯を区別しようとしたものではない、という点をあきらかにしておかなければならない。

(3)　以上眺めたところから、過失の正犯従つてまた過失同時正犯は、現在でも、因果関係を中心として構成され、「許された危険」、「信頼の原則」によつて修正されようとしている、という結論をうることができるであろう。しかして、この「許された危険」、「信頼の原則」は、「注意義務」・「注意深い態度」――それが、行為者の単なる心理的・主観的態度としての「過失」を意味するものでないことは上述の紹介からあきらかであろう――を限定し、その程度を低めてゆく機能を営むものとして構成されているわけであるが、この限りにおいて、ヴェルツェル、シュトラーテンヴェルト、井上教授、藤木助教授の理解には正しい核心があるといわなければならない。「許された危険」、「信頼の原則」が認められる場合には、行為者がその枠内で行動することは法的に「許容」されているのであり、その場合に、たとえ事故が発生したとしても、それは、社会生活上、「甘受」すべき「不幸」であるとして、理解されなければならないからである（Dazu H. Welzel, Fahrlässigkeit und Verkehrsdelikte, S. 8 f., 17 ff., 24 ff., insbes. S. 29 f.）。

(4)　ところで、かような理解を前提にしながら、木村教授（木村・総論三八一―二頁、三八四頁以下、四〇三頁、四〇五頁、四一三頁、木村・刑法講座四巻五八頁以下、木村「刑法総論入門」法学セミナー一九六三年一二号二二頁以下）は、一種の主観説の立場から、一貫して、過失の共同正犯、過失による共犯、過失犯への共犯に基礎づけを与えておられる。わたくし自身は、過失同時正犯に関しても、ベーリング、M・E・マイアーの限縮的正犯論に新しい過失理論よりする過失犯分析の成果をとり入れ、実質的な基礎づけ——過失行為としての型的差異の抽出——を与えうるのではないか、と考えている（内田「過失同時犯の正犯性」北法二一巻四七四頁以下、内田・警察研究三三巻八号三九頁以下参照）。

(5)　一方、判例における過失同時正犯の構成は、「因果関係」を中心として行なわれ、「注意義務」の有無という観点から修正され限定されようとしている。この点では、学説の動向と一致するものがある。以下、因果関係論による構成から順に、二人あるいはそれ以上の行為者が独立して行動した場合と、なんらかの形で共同して行動した場合とを区別しながら、判例の態度を学説との関連において眺めてゆこう。

二　因果関係の存在を基礎とする過失の同時正犯

因果関係を基礎にして過失同時正犯を構成するに当つても、そのよつてたつ因果関係論の相違により、過失同時正犯の実体も違つたものになることはいうまでもない。さらに、「因果関係」による過失同時正犯の構成といつても、因果関係さえあればよいというのではなく、いわゆる「過失＋因果関係」が要請せられているわけであつて（v. Lißt, Lehrbuch, 21 u. 22 Aufl. S. 120 ff., 176 ff.; v. Buri, Ueber Causalität, S. 14 ff., 27 ff.; v. Hippel, Deutsches Strafrecht, II, S. 440, 478. なお、この点につき、内田・北法二一巻四六頁以下、二五三頁以下）、この場合の「過失」をいかに解するかによつても、違いがでてくる。この点を考慮しながら、因果関係論として最も明快な条件説による構成から出発しよう。

（一）　個々の独立した行為の共働による過失の同時正犯

(1)　条件説による基礎づけ　（イ）　周知のように、条件説は、一条件の設定も全体を惹起するものであるとの基本的態度を出発点とし、その行為がなかつたならば、その時そのような形状での結果は発生しなかつたであろうといえる場合には、その行為は結果の「条件」とされるとなし、さらに、「過失」を要請することによつて、過失犯の成立を認めようとするものである。ところで、この場合の「過失」は、（主観的）義務に反した避けえた不知にその本質的特徴をおくものといえる（v. Lißt, a. a. O. S. 176 ff. : Schönke-Schröder, Strafgesetzbuch, 11 Aufl. 1963, S. 407 ff.)。

(a)　このような態度を基礎とした過失同時正犯の構成を示すものとして、つぎの諸判例をあげることができる。

【1】「原判決ノ認メタル事実ニ依レハ被告（A）ハ自己所蔵ノ村田銃ニ弾丸ヲ装塡シタル儘之ヲ自宅座敷ノ床前ニ差置キタルニ十日程前ニモ被告方ニ来リテ右村田銃ヲ弄ヒタルコトアル少年（B、一六年七月）カ（C）ト共ニ被告方ニ来リテ右座敷ニ入ルヤ被告ハ現ニ之ヲ目撃シ且ツ同少年カ前日被告方ニ於テ右村田銃ヲ弄ヒタルコトアルノ事実ヲ知リ従テ（B）ニ於テ右銃ヲ玩弄シ過テ発弾セシメ因テ判示ノ如キ結果ヲ生スルコトアリ得ヘキコトヲ予見シ得タルニ拘ハラス（B）ニ対シ右村田銃ニ付キ何等ノ注意ヲ与ヘサリシヨリ（B）ハ弾丸ノ装塡シアルコトヲ知ラス右村田銃ヲ玩弄シ何気ナク其引金ヲ引キシニ突然発弾シテ当時同座敷ニ居合ハセタル右（C）ノ頭部ヲ貫通シ為メニ（C）ヲ即死セシメタリト云フニ在リテ既ニ被告ニ於テ右判示事情ノ下ニ（B）カ村田銃ノ差置キアル座敷ニ入リタルコトヲ目撃シナカラ判示ノ如ク同人ニ対シテ村田銃ニ弾丸ノ装塡シアル事実ヲ注意セサリシ以上ハ（B）カ右村田銃ヲ現ニ玩弄シ居ルコトヲ目撃シ得タルト否トニ拘ハラ

ス被告ニ過失アリト云ハサルヘカラス次ニ苟クモ自己ノ過失ニ依リ他人ノ死亡ナル結果ニ対シテ一ノ条件ヲ与ヘタル以上ハ其過失カ他人ノ死亡ナル結果ニ対シテ唯一ノ原因ヲ与ヘタルト将タ他人ノ過失カ其中間ニ介在シ之ト相俟テ共同的ニ原因ヲ与ヘタルトヲ問ハス等シク過失致死ノ罪アリトシテ責ヲ負ハサルヘカラス然レハ仮令（B）ニ於テ右銃ニ弾丸ノ装塡シアルコトヲ知ラス之ヲ玩弄シタルハ同人ノ過失ナリトスルモ苟クモ被告ニ於テ判示ノ如ク自己ノ過失ニ由リ（C）ノ死亡ニ対シテ原因ヲ与ヘタル以上ハ（B）ニ過失アリタルコトヲ理由トシテ過失致死ノ結果ニ対スル自己ノ責任ヲ免ルコトヲ得ス」（大判明四三・九・三〇刑録一六・一五八一、同旨、大判明四三・一・一八刑録一六・一七）。

【2】（事実）被告人Aは、Bの飼犬がCの次男（敏雄）を咬傷したため、該飼犬が狂犬病であるかどうかの鑑定を依頼されたところ、狂犬にあらずと診断したため、Cはこれを信じて予防注射を中止した。ところが、敏雄は恐水病にかかり死亡した。

（上告論旨）Aの誤診は、単にCを誤らしめた原因であり、死に対しては間接の原因にすぎない。これを直接の原因と断定したのは、不当である。仮りに、Aに過失があつたとしても、本件においては、他人の過失、すなわち、敏雄の治療に当つた人医D・E等の過失、さらにはCの過失が介入している。従つて、因果関係の中断・責任更新の問題を生じ、Aは未遂として、処罰されない筈である。

（判旨）「刑法ノ過失傷害罪ハ其傷害ト過失トノ間ニ因果ノ関係存スル以上ハ常ニ成立スルモノニシテ其過失カ傷害ノ直接原因タルト否トハ之ヲ問フノ要ナシ……又人医（D）若クハ（E）等ニ於テ敏雄ノ病ヲ恐水病ト診察シナカラ漫然免疫注射ヲ廃止シタリトノ事実ハ原院ノ判定セサルモノナレハ本件ニ於テ所論ノ如キ責任更新ノ問題ヲ生スヘキ理ナ（シ又＝引用者註記）……被告ニ於テ（C）ニ対シ本件飼犬カ狂犬病ナルト否トニ拘ハラス免疫注射ヲ為スヘキ旨ノ注意ヲ為シタル事実ハ原判決ノ認メサル所ナレハ（C）ニ於テ専門家タル被告ノ鑑定ニ信頼シ免疫注射ヲ廃止シタルハ相当ニシテ之ヲ過失ナリト云ヒ得サルヲ以テ敏雄ノ死因ハ（C）ノ過

失ナリト云フヲ得ス……又原院ニ於テハ他人ノ過失ノ介入セシ事実ヲ認メタルモノニアラサルヲ以テ原院カ責任更新問題ニ付キ説明ヲ与ヘサリシハ相当」（大判明四三・二・二二刑録一六・二九二）。

【3】（第二審認定事実）　Aは、某商会の自動車運転手として業務に従事中、大正一五年四月二六日午後五時一〇分頃、山陰線鉄道花見踏切を上井方面より通過する際、同じく上井駅方面より上り貨物列車が進行してきたので、貨車進行線路を注視し衝突を避けるべき義務あるにかかわらず、その注視を怠り、軽忽にも該踏切を横断しようとして軌道の中央に進行したため、列車と衝突、乗客五名を死に致した。

（上告論旨）　「不注意」を過失だというならば、汽車を認識する義務があるかどうか、が問題である。しかるに、Aには、前方注視義務はあるが、後方警戒義務はない。むしろ、衝突した汽車の機関手、助手の過失が重大であつて、Aは被害者である。仮りにAに過失があるとしても、過失には因果関係の中断はないから機関手等の責任は残る。いわんや、Aに過失なきにおいておや。

（判旨）　「自動車ノ操縦其ノ宜ヲ得サルトキハ衝突其ノ他ノ事故ヲ生シ通行人又ハ乗客ノ生命身体ニ危害ヲ及ホスノ虞アルカ故ニ其ノ操縦ニ当リテハ運転手タル者常ニ周到ナル注意ヲ用ヰテ危害ノ発生ヲ予防セサルヘカラサルハ言ヲ俟タサル所ナレハ乗客ヲ搭載シテ鉄道線路ノ踏切ヲ越ヘントスル場合ニ於テハ先ツ汽車進行ノ状況ヲ注視シ衝突ノ虞ナキコトヲ確認シタル後軌道上ニ進出スルコトヲ要ス是危害ノ予防上当然ノ措置ナリトス故ニ若シ鉄道線路カ彎形ヲ為ス等特殊ノ事情ノ為ニ所論ノ如ク後方ヲ注視スルニ非スンハ汽車進行ノ状況ヲ知ルコト能ハストセハ其ノ方向ヲ注視スルコトヲ要スルハ勿論ナリ原判決ノ……右認定ニ依レハ被告ノ過失カ衝突ノ一因ヲ為シタルコト疑ナキヲ以テ該貨物列車ノ乗務員ニ過失アルト否トニ論ナク被告ハ其ノ罪責ヲ免ルルコトヲ得ス」（大判大一五・一二・一四刑集五・五六二、同旨、大判昭一〇・一一・一五新聞三九二一・八、評論二四・一二刑法二七九）。

【4】「（A）ハ往来極メテ頻繁ナル街路ニ於テ自己ノ操縦スル自動車ノ左側ヲ（C）ニ接触シ同人ヲ顛倒セ

シメタル処数秒ノ後（A）ト同方向ニ進行シ同所ニ来レル自動車ノ運転手（B）ハ前方注視ノ義務ヲ怠リタルカ為約六尺ニ近接シテ顚倒セル（C）ヲ認メ狼狽ノ余措置ヲ誤リ其ノ自動車ノ左右両端ノ間車体下ニ（C）ヲ無事通過シ得ヘシト速断シ其儘進行ヲ継続シタル為該自動車ヲ以テ同人ヲ同所路上ニ轢圧シ（C）ヲシテ翌日脳内出血及組織挫滅ニ因リ死亡スルニ至ラシメタリト云フニ在ルヲ以テ（C）ノ死ノ直接ノ原因ハ（B）操縦ノ自動車ニ轢圧セシメラレタルニ存スルコト勿論ナリト雖（A）カ右（C）ヲ顚倒セシメタルハ事後ニ於ケル右轢圧ノ原因タルニ他ナラス随テ判示（A）ノ行為ハ（B）ノ行為ト相俟テ（C）ノ死ノ共同原因タル関係ニ在リテ（A）ハ過失傷害致死ノ罪責ヲ免ルルヲ得サルモノトス」（大判昭六・三・二七刑法一八五、評論二〇・九新聞三二七五・一四）（同旨、東京高判昭三六・九・二七東京高時報一二・九刑一七五。被告人が被害者を轢いたことは、事後に、他の車によつて轢殺されるに至つたことの原因をなしており、他の車に轢かれることに対する予見可能性は、因果関係の成立に必要でない、とする。但し、本件においては、夜間かつ交通頻繁な箇所であるからして、路上に転倒している被害者を他の車が轢くに至ることは何人も当然に予見したところである、ともいつている。なお、東京高判昭三六・六・二三下級刑集三・五—六・四三一は、同種の事件について、明確に相当因果関係を肯定している。）。

【5】「二箇ノ船舶相接近シタルトキハ両船互ニ衝突ヲ予防スルニ必要ナル注意ヲ為スヘキハ当然ナルヲ以テ甲船ニ過失アルモ其過失ノミニ依テ衝突ヲ惹起シタルニアラスシテ乙船ノ注意ニ依リ衝突ヲ避ケ得ヘカリシニ乙船ニ於テ其注意ヲ為ササリシ為メ衝突ヲ来タシタル場合ハ乙船ニモ亦過失アルカ故ニ乙船ノ操縦者ハ甲船ニ過失アルコトヲ理由トシテ自己ノ過失ノ結果ニ対スル罪責ヲ免ルルコトヲ得ス原判決ノ認定シタル事実ニ依レハ被告ノ船長トシテ乗組ミ居リタル汽船佐野丸カ木村甚蔵乗組ノ帆船大正丸ニ接近シタル当時右汽船ノ速力ヲ加フル等ノ方法ニ依リ衝突ヲ避ケ得タリシニ被告ハ不注意ニモ何等衝突ヲ避クルノ方法ヲ講セス遂ニ大正丸ト衝突シ之ヲ沈没セシメ且乗組員木村甚蔵ノ妻みのヲ溺死スルニ至ラシメタルモノナルヲ以テ縦シヤ大正丸ノ乗組員ニ過失アルモ被告ハ自己ノ過失ノ結果ニ対シ罪責ヲ負ハサルヘカラス」（大判大三・五・二三刑録二〇・一〇一八）（同旨、大判昭一〇・二・二刑集一四・五七。評釈として、滝川・刑事法判決批評一巻（昭一二）一一七頁。滝川博士は、船長として衝突を避けるため能う限りの注意を払い万全を期する義務ありとして、この点では判旨を肯定する態度にでられ、衝突した被害漁船の過失を無視した判旨に対しては、被害者の過失の有無が行為者の過失の成否に影響しないとはいえないとして、この点で将来の研究を切望する、とせられる。なお、いわゆる紫雲丸事件に関する高松地判昭三六・五・三一下級刑集三・五—六・五二九頁参照）。

(b)　【1】は、結果の予見可能性（客観的予見可能性を指すか、主観的予見可能性を指すか、不明である。しかし、条件説による以上、論理的には、主観的予見可能性を意味するものとみるべきであろう）すなわち避けえた不知と一条件の設定をもつて、過失犯の構成にでたものであり（Bに対し、なんら注意をしなかつたという外部的態度をも掲げている点で、単なる内面的・心理的態度の検討につきるものではない、という立言も可能である。しかし、「この「注意」は、結果の予見可能性から直ちに導かれる漠然とした、修辞上の「注意」にほかならないように思われる）、Bとの関係で（Bも起訴されたならば）、過失致死罪の同時正犯たりうることを示したものといえよう。

【2】は、「過失」については、特に触れていないが（C、D、Eに過失がないという点については、ある程度具体的な説示がある。しかし、過失があるといえるかどうかが重要なのであつて、右の説示もあまり役にたたない）、C・D・Eに「過失」が認められるならば、同時正犯を肯定することになるだろう。

【3】も、義務に反した結果の不予見と一条件の設定という契機から、過失致死罪の同時正犯（貨物列車の乗務員に「過失」が認められる限り）を肯定するものであろう。特に、「注視」すべきにかかわらず「注視」しなかつた点が、「過失」の根幹をなしている点、興味深いものがある。

【4】においては、Aの行為はCの死の直接の原因ではないが、もし「注視」義務に反したAの行為がなかつたならば、事後におけるBの行為（直接の原因）による死もなかつたであろうという関係を確認することを通して、条件説が適用されている。Bが起訴されたかどうか不明であるが、これまで引用した判例に較べて、より積極的に、A・Bに関する過失致死罪の同時正犯を肯定している点で、注目に値いする。

【5】は、乙船の「過失』がなかつたならば衝突は避けえたであろうに、乙船に「過失」があつたために衝突したのであるから、乙船に責任が帰せられるのは当然である、ということを説示したもの

である。ただ、その「過失」が、速度の増減といった具体的・外部的な行為にでなかった点に求められていることから、これまでの判例と違った実体をもっているように思われる。しかし、それが、滝川博士(滝川・前掲)の理解せられるような「衝突回避への能う限りの万全の義務」の問題であるとするならば、責任を限定する機能を果す「注意義務」とはいえないであろう。この点は、【6】【7】で改めて問題にしよう。

ここでは、一条件の設定も全体を惹起するものであるとなす条件説の基本的態度が、如実に表われたものとして、右の諸判例を把握するにとどめておこう。そして、この基本的態度は、過失共働の場合には他人の過失が介入してもなんの影響も受けず、「因果関係の中断」・「責任更新」はありえないとする【2】【3】【5】のような形をとって表われてくる、ということをも確認しておきたい。ただし、逆に、「因果関係の中断」を問題にすることはすなわち条件説にほかならない、と考えるのは妥当でないから、この点注意しておこう(この点につき、荘子「因果関係の中断」法律時報三一巻一一号五一頁以下、内田・北法一一巻二二三頁以下。なお、後出【20】【23】参照)。

(c)　条件説による「因果関係中断」の否定は、介入する過失が被害者自身のものであっても変るところはない(Keine Kulpakompensation im Strafrecht!)。【6】は、まず、この点を明言するものとしてあげられる。

【6】　「凡ソ道路交叉点ニ於テ夫々停止線ノ表示アリ定時自動的ニ明滅スル信号燈ノ設備アル場合該地点ヲ通行スル人車馬ハ停止線ニ於テ信号燈ノ「止レ」ノ信号ヲ示スヲ見タル時ハ同線ニ佇立シテ「進メ」ノ信号ヲ

待ツヘク次テ「止レ」ノ信号カ「注意」ニ変スルニ及ンテ進行ノ準備ヲ為シ更ニ「進メ」ノ信号ニ依リ停止線ヲ越ヘテ進行ヲ始ムヘキモノト謂フヘク而シテ一旦「進メ」ノ信号ニ依リ停止線ヲ越ヘテ進行ヲ始メタル人車馬ハ之ト交叉スル道路ヲ通行スル者カ「止レ」ノ信号ニ依リ阻止セラルルコトヲ期待シ得ヘキカ故ニ其ノ儘普通ノ速力ヲ以テ進行シ得ヘキハ当然ニシテ敢テ此ノ場合何時ニテモ停車シ得ル様最大ノ徐行ヲ為スカ如キ注意ヲ払フノ義務ヲ要求セラルルコトナク而モ此注意ノ程度ハ進行ノ中途ニ於テ信号カ「注意」ニ変リタリトスルモ渝ルコトナキモノトス……従テ被告人カ「進メ」ノ信号ニ乗シテ其ノ儘交叉点ニ入リ其ノ中途信号カ「注意」ニ変シタルニ拘ラス依然其ノ進行ヲ持続シタルハ正当ニシテ斯ル場合一般ノ場合ト異リ特ニ加重ノ注意義務ヲ課セラルルコトナシ然レトモ凡ソ自動車運転手ハ如何ナル場合ニ於テモ他トノ衝突ヲ避クルニ付其ノ為シ得ヘキ最善ノ措置ヲ講スヘキ業務上ノ義務アルモノナレハ交叉セル道路ヲ通行スル者カ「止レ」又ハ「注意」ノ信号ニ拘ラス敢テ停止線ヲ突破シ其ノ状況ヨリ判断シテ衝突ノ危険アルコトヲ認識シタル場合ニ於テハ須ク之トノ衝突ヲ未然ニ防止スヘキ措置ニ出ツヘキ業務上ノ義務アルモノト謂ハサルヘカラス之ヲ本件ニ付テ見ルニ被告人カ始メテオートバイノ進行シ来ルヲ認メタルハ被告人ノ市電南行軌道上ニ進ミタル際ニシテ当時オートバイハ「止レ」及「注意」ノ信号ニ拘ラス之ヲ冒シテ停止線ヲ通過シ二十五哩乃至三十哩ノ速力ヲ以テ疾走シ来リタルモノニシテ……被告人ハ右ノ瞬間ニ於テオートバイカ被告人ノ自動車ニ気付カス進行シ居リ衝突ノ危険アルコトヲ感知スルコトヲ得ヘキ地位ニ在リシコト明ナルニ拘ラス被告人ハ漫然自己ノ自動車カオートバイノ前方ヲ通過シ得ヘシト軽信シ何等徐行停車等ノ措置ニ出ツルコトナク其ノ儘進行ヲ持続シテ北行軌道ヲ通過シタル後彼我ノ間隔僅ニ一間位ニ迫ルニ及ヒ把手ヲ右ニ切ツテ衝突防止ノ策ヲ講シタルモ時既ニ遅クシテ力及ハス遂ニ両車ノ衝突ヲ来タシ因テ死傷ヲ醸シタルモノニシテ右衝突ニ至リタルハ固ヨリオートバイ操縦者ニ於テ注意ヲ欠キタルコト其ノ多キニ居ルト雖被告人カ其ノ注意義務ヲ怠リタルコトモ亦其ノ一因タルカ故ニオ

ートバイ操縦者ノ過失ノ故ヲ以テ被告人ノ過失ヲ抹消シ得ヘキニアラサルナリ」（大判昭九・七・一二刑集一三・一〇二五）（本件においては、オートバイ操縦者が死亡し、被告人の車の乗客が傷害を受けている。本判決評釈として、滝川・刑事法判決批評一巻九五頁。滝川博士は、オートバイの前方を通過しうべしと軽信してそのまま進行を継続した点に、注意義務違反とこれに基づく認識の欠缺が存在する、として、この点では判旨に肯定的である。しかし、その上で、さらに、徐行、停車等の措置にでることを被告人に期待しうるかどうかという問題、すなわち、故意・過失に共通の規範的要素の問題について、判旨はなにも触れていないがゆえに、理由不備の非難は免れない、とせられる。なお、藤木・法協七四巻二七三―四頁は、本判決のたてた一般的命題には賛成される。そして、この命題の実際の運用にこそ問題がある、とされる。さらに、井上(祐)「交通事故判例における因果関係の予見可能性」刑法雑誌一〇巻二号一一〇頁以下参照)(被害者の側に過失があつたから被告人の刑責はなんの影響も受けない、という一般に承認された態度を表明するものとして、つぎの判決をあげることができる。大判大三・三・一一刑録二〇・二七八(なお、本判決は「許された危険」を意識している)、大判大四・四・二刑録二一・三四五、大判大一一・五・一一刑集一・二七四(評釈として平野・判例民法大正一一年度一一七頁。過失相殺の見地から情状酌量を提唱。さらに、宮本・法学論叢九巻六八〇頁。被害者の過失行為の可能性が、行為者において予見すべき範囲を超えることによつて、責任が阻却されうる、と提唱)、大判大一二・一〇・二二刑集二・七三八(列車機関手が一年半の幼児を轢傷死させた事案。被害者の親権者・後見人の過失の有無は重要でない、とされた。もし、真実、親権者等に過失ありとされるならば、【1】―【5】の論理では、過失同時正犯の成立をみることになろう。なお、法曹会雑誌一一巻五号七四頁参照)、大判大一四・一〇・二二刑集四・六一六(なお、本判決は「許された危険」を意識している。井上・過失犯の理論六八頁、一四一頁、二〇二頁註(10))、大判昭五・一・二〇評論一九・刑法六九、大判昭七・七・九刑集一一・一〇八五、大判昭八・一一・一〇刑集一二・一九六五(井上・過失犯の理論二四八頁註(2))、大判昭九・一一・一二刑集一三・一五八一、大判昭九・一二・一〇刑集一三・一七〇九、大判昭一一・一・二七刑集一五・九、大判昭一三・七・五刑集一七・五四九(評釈として石田・刑事判例評釈集一巻二七二頁)、大判昭一三・一二・九刑集一七・九二二(評釈として出射・刑事判例評釈集一巻四五五頁。その批判、井上・過失犯の理論一九九頁註(1))、最決昭三三・四・一八刑集一二・六・一一〇一、最決昭三四・二・六刑集一三・一・六六。下級審の判例で、ここにあげうるものは数多いが、列挙しない。ただ、注目すべきものとして、つぎの判決をあげておきたい。高松高判昭三〇・七・一一高裁特報二・一五・七六四(被害者にも過失があつたのだから、禁錮二月は重すぎる、というのである))。

（ロ）【6】は、さらに、【5】において指摘したように、「注意義務違反」が「過失」の内容として説示されているという意味で、問題にされなければならない。特に、原審が、「自動車運転手タル被告人ハ斯ル場合斯ル場所ヲ自動車ヲ操縦シテ通過スルニ当リテハ前方及左右ヲ注視シ若シ自己ノ運転スル自動車ノ進路ト交叉スヘキ進路ヲ採リテ進行シ来ル人又ハ車馬ヲ認メタルトキハ其ノ動静ヲ間断ナク看視シ何時ニテモ停車シ得ル様最大ノ徐行ヲ為スカ若ハ一時停車シテ其ノ通過ヲ待ツ等」の業務上の注意義務ありとした（前掲判例集一〇二七頁）のに対し、大審院が、このような広汎な注意義務を否定し、「進メ」の信号で交叉点に乗りだした点ではなんの注意義務違反もない、としたことは、責任を限定する機能を営む「注意義務」の構成に通じるものとして評価できるであろう。しかし、本件について、大審院は、結局、「注意義務」違反があることを説示している。その根拠は、藤木助教授が指摘せられるように、「例外の場合として相手方が規則を無視して不当な行動に出ることが認められる場合には事故防止のために最大限の努力をなすべき責任が負担せしめられる」（藤木・前掲二七四頁）という点にあるだろう。そのような「最大限の努力」が好ましい（互いに傷つけあわないという意味で）とはいえよう。しかし、相手方の無謀操縦が現認できた場合ですら、衝突回避への最大限の義務を負わせることは、問題ではないか。理論的には、無謀操縦に対しては、積極的に正当防衛をなしうる、ということをも意識すべきではあるまいか（Vgl. H. Welzel, Fahrlässikeit und Verkehrsdelikte, S. 24 ff. なお、後出【9】参照）。まして、本件の場合、「衝突ノ危険アルコトヲ感知スルコトヲ得ヘキ地位ニ在」つたというだけで、「例外の場合」としてではあつても、「被告人ハ漫然自己ノ自動車カオートバイノ前方ヲ通過シ得ヘシト軽信」したとなすことにより、「最大限の努力をなすべき義務」に反した、とすることが許されるであろうか。疑問である（滝川博士が、期待可能性の観点から、本判決に疑問を提起せられるのは、理論的には問題があろうが、意識としては正当なものをもつているといえよう。一方、井上（祐）・前掲一一三頁註（二）は、「衝突ノ危険アルコトヲ感知スルコトヲ得ヘキ地位」にあつた被告人には、「警告的な事実の認識があつたことから結果の予見可能性」が肯定されるわけであるから、苛酷な判決ではないとせられる。本件において、結果の予見可能性はあつた、といえよう。しかし、だからといつて、「注意義務」もあつた、とはいえまい。井上助教授の「予見可能性」と「注意義務」の理解については、後出七一頁参照）。このような「注意義務」が課せられたのでは、判旨に正当にも意識せられた「信頼の原則」は、無意味なものとなつてしまうであろう。

【6】も、結局は、広汎かつ一般的・抽象的な注意義務――とにかく事故を起さないよう注意すべきであるという義務――を予定するにとどまるものではなかろうか（H. Mayer, Strafrecht, Allg. T. 1953, S. 141 f. に指摘されるように、過失犯は、このような「注意義務」違反をも含んでいる、とすることは可能である）。かかる「注意義務」と近時の学説・判例（詳細後出六九頁以下、一一四頁、さらに【36】【37】）において分析せられた「注意義務」、すなわち、結果発生の客観的予見可能性が肯定された上で、単に有害な結果の回避のためではなしに、特定の構成要件実現回避のためにはなにをなすべきかという視点から構成せられた具体的・限定的な「注意義務」（K. Engisch, Untersuchungen über Vorsatz und Fahrlässigkeit im Strafrecht, 1930, S. 326 ff.; H. Mayer, a. a. O. S. 141 f.）とか、「許された危険」「信頼の原則」を手掛りとしながら具体化され限定化された「注意義務」（特に、藤木・前掲一一八頁以下、一二六頁以下、一五六頁以下、井上・過失犯の理論三八頁以下、四九頁以下、六六頁以下、G. Stratenwerth, Schmidt-Festschrift, S. 383 ff., 387 ff.）、「賢明で思慮ある人間の容態」（H. Welzel, Fahrlässigkeit und Verkehrsdelikte, S. 15 ff.）のといったものとの間には、すくなくとも、実体的な差異があるといえるであろう。しかも、【6】の「注意義務」が、衝突感知の可能性に直結していることは、いわゆる「回避可能な不知」としての過失と実体的に異なったものをもっているのか、疑いなきをえないのである。

ところが、特に、比較的古い判例中には、【6】の意味での「注意義務」が掲げられることが多い。【5】がそうであったといえよう。特に、ここで一言しておきたい。

なお、ここで今一つ、【7】を眺めておく必要がある。これまでの判例と違って、明確に、業務上過失致死罪の同時正犯を肯定したものとしても興味ある判例であるが、さらに、「注意義務」の点についても注意すべき問題を提出するものといえるからである。

【7】（事実）　自動車運転手たる被告人Aは、時速二十哩の速力で街路を進行中、単に停止信号をだしただけで、左折に必要な成規の信号をなさず、にわかに方向を左斜に転じ、後続自動車の進路を遮断したため、後続自動車の運転手たる被告人BはAとの衝突を避けようとし、あわてて車体を同一方向に左転し、因てその左側進行中のCの自転車に衝突し、Cを死に致した。

（上告論旨）　Aが、左転するにあたり、単に停止信号をだしただけでも、昭和八年内務省令第二三号自動車取締令五三条但書の趣旨からして、注意義務に反したことにはならない。むしろ、先行車と適当な間隔をとらず、停止信号を無視して運転したBの過失が、本件事故を招来したものである。もし、Bが注意を怠らないで運転したならば、事故は発生しなかつた筈である。大審院のとる客観的相当因果関係説によるならば、AがCの死亡を予見しえなかつたことは、明白である。Aの行為とCの死亡の間には、因果関係は存在しない。

（判旨）　「被告人ハ其ノ進行中ノ自動車ヲ道路左端ニ停止セントスルニ際シテハ自己ノ自動車ニ接近進行セル後続車アルヘキヲ慮リ若シ適当ナル信号ヲ為ササルニ於テハ後続車其ノ他ニ不測ノ危険ヲ及スニ至ルヘキヲ考量シ停止信号ヲ為スハ勿論手若ハ方向指示器ニ依リテ左折セントスル信号ヲ為シ以テ後続車ヲシテ道路左端ニ停止セントスル前車ノ措置ヲ了知セシムヘキ義務アルニ拘ラス単ニ停止信号ヲ為シタルニ止リ何等左折ノ信号ヲ為スコトナクシテ左斜ニ車体ヲ転シ以テ後続車ノ進路ヲ遮断シタルハ自動車運転手トシテ当然為スヘキ注意義務ニ違背シタルモノト謂フヘク其ノ結果判示ノ如ク（B）ヲシテ其ノ自動車ヲ（C）ニ衝突セシメ（C）ヲ死ニ致シタルニ於テハ被告人ノ右注意義務違背ニ基ク行為ハ（C）ノ死ヲ惹起シタル一原因ヲ為シ其ノ間因果関係ヲ有スルモノト謂ハサルヲ得ス……原審カ之ヲ業務上過失致死罪トシテ判示法条ニ問擬処断シタルハ正当ニシテ縦令所論ノ如ク（B）ニ過失ノ存スルアリトスルモ該過失ノ存在ハ以テ被告人ノ右罪責ヲ否定スル事由トナラス又所論昭和八年内務省令第二十三号自動車取締令第五十三条ニ依レハ停止燈ニ依ル信号ヲ以テ手信

号ニ代フルコトヲ得ルハ自動車停止ノ場合ニ限ラレ方向転換ノ場合ニハ方向指示器ニ依ル信号ヲ以テ手信号ニ代フルコトヲ得ルモ所論ノ如ク停止燈ニ依ル信号ヲ以テ方向転換ヲ為スヲ得サルモノナルコト明瞭ナルカ故ニ此ノ点ニ関スル所論モ採ルニ足ラス然レハ原判決ニハ所論ノ如キ違法アルコトナク論旨理由ナシ」（大判昭一一・七・一〇刑集一五・九八六、評釈として、滝川・刑事法判決批評二巻（昭一二）七一頁）。

この判決も、「注意義務」およびその違反の確定という面と「条件関係」の確定の両面から、Aの責任を論じているといえよう。後続車を慮り、適当に信号を発し、自己の車の措置を充分後続車に了知させるべきである、というのが問題の「注意義務」である。しかして、本件においては、「注意義務」の認定は、このようなものでよかつたのかもしれない（交通頻繁な東京市内を午後九時すぎに運転していたことが認定される）。だがしかし、もし本判決が「不測の危険の考量」と、判文引用の昭和八年内務省令第一三号自動車取締令第五三条とから、性急に「注意義務」を求め、意を条件関係の確定に注いだのであるならば、問題である（上告論旨が、相当因果関係説によるならば、因果関係は否定さるべきである、と主張するのに対し、大審院は、これになんら答えずに因果関係ありとしている。しかし、相当因果関係説にたつて、かく説示したものとはいえまい）。法令の規定を遵守しただけで「注意義務」を全うしたとはいえない（K. Engisch, a. a. O. S. 360 ff.; 不破・刑事責任論（昭一三）一八一頁以下、井上・過失犯の理論五六頁以下、藤木・前掲一六一頁以下、大判大三・四・一六刑録二〇・五七四、大判大三・四・二四刑録二〇・六一九、大判大七・四・一〇刑録二四・三一七、大判大一二・三・三一刑集二・二八七、大判昭一一・五・一二刑集一五・六一七（評釈として滝川・刑事法判決批評二巻六三頁）、大判昭一四・一一・二七刑集一八・五四四（評釈として、中野・刑事判例評釈集二巻二六一頁）、最決昭三二・一一・一七刑集一一・一二・三二四六、最決昭三七・一二・二八刑集一六・一二・一七五二、東京高判昭二九・一一・一二高裁特報一・一〇・四四四、高松高判昭三〇・九・一二高裁特報二・一二・一一四五。さらに、【9】【13】【28】【31】）と同時に、行政上の取締法規違反は、過失犯の意味での「注意義務」違反の単なる徴憑でしかないのである（H. Welzel, Fahrlässigkeit und Verkehrsdelikte, S. 18 f.; auch vgl. K. Engisch, a. a. O. S. 360 ff.; 不破・前掲書一八三頁、井上・過失犯の理論五七頁、藤木・前掲一六三頁。なお、藤木助教授は、「場合によつては、当該法規に違反することが注意義務の内容をなすことがありうる」として、大判昭八・一二・六刑集一二・二二一をあげられる。このような考え方および右の判決には、問題がある。この点、後出三六頁参照）。一方、本件評釈において、滝川博士（滝川・前掲七二頁、七九頁）は、その依拠せられる「因果関係否定論」が妥当する場合として本件を把握し、結果の発生は、Aにとり予見可能であつたがゆえに、因果関係の範囲と責任の範囲は一致するものである、としておられる。「因果関係否定論」が批判を免れえないものであり、責任の要件としての予見可能性だけから過失犯を論じようとすることも、過失犯論の発展からして当をえていないといわなければならないわけであるが、しかし、本判決には、滝川博士の理解こそがその的確な理解であつた、といわざるをえないような一面が存在することは否定できないように思われる。

（八）　かくして、条件説によつて、独立行為に基づく過失共働の正犯性（それは、各行為者の過失責任の肯定そのものとして表われている）を基礎づけようとする判例は、（主観的に）予見可能な結果を義務に反して予見せず、なんら結果回避措置（この場合の結果回避措置とは、予見可能・回避可能な結果を回避するためのあらゆる措置という広汎かつ一般的・抽象的な措置を意味する）にでなかつた、という形において結果に対し一条件を設定した、となすことに論点をおくものであることがあきらかになつた。

ところで、各行為者が独立して行動する場合には、一行為者にとり、他の者の介入は、偶然的である場合が多いであろう。従つて、相当因果関係説によつて、偶然的なつながりを排除し、刑法上重要な因果関係の範囲を画定することが、より妥当だともいえるであろう。しかし、【1】―【7】をみてわかるように、事案は、他人の介入が偶然的といえない場合に関するものである。だから、このような場合に、判例は条件関係の確定をもつて刑法上重要な因果関係の確定に代えている、とみるならば、その態度を敢て問題とする必要もない、といえるのではなかろうか。尤も、明確に相当因果関係によつてことを解決する判例もある。つぎに、それを眺めてゆこう。

(2)　相当因果関係説による基礎づけ　(イ)　いうまでもなく、相当因果関係説は、条件説によつて因果関係ありとされた行為と結果について、事後において事前に遡り、行為の時を標準とし、人類の全経験的知識を基礎にして、その行為が、ある一定の条件の下で、その結果を惹起するについて一般的に適当であると考えられる場合、すなわち、結果発生の可能性を高めると考えられる場合――一般には、結果発生の客観的予見可能性が存在する場合、として問題にされる――を抽出し、その場合に限つて、その行為とその結果との間には相当因果関係（刑法上重要な因果関係）が存在する、と解するものである。そして、この場合、条件説とは違つて、単にその行為と、発生した一般的・抽象的な意味での結果――「死」とか「傷害」――とを問題にするにとどまらず、当該行為――たとえば、自動車で人を轢いた――以外に介入した諸条件により限定された結果――「ピストルによる射殺」とか「麻酔による死」――を考え、右の「介入した諸条件」中、通常人が認識しえたものおよび当該行為者が特に認識したものだけを基礎にして、その行為と具体的な結果とのつながりの相当性を検討するのである（折衷説）。自動車で人を轢傷した場合、被害者がそのまま死亡したのではなしに、病院に運ばれ、手術の際に行なわれた麻酔によつて死亡したとする。衰弱によつて通常の麻酔にもかかわらず死亡する場合もあろうし、体質が思いもよらぬ異常体質であつたために死亡する場合もあろう。前者であるならば、「轢傷」と「麻酔による死亡」との間に相当因果関係を認めうる可能性が強い。出血多量等による衰弱で、通常の麻酔にもかかわらず死亡する、といったことは、客観的に予見可能であるから。後者であるならば、相当因果関係が認められにくいであろう。相当因果関係が否定されたならば、その具体的結果は、異常（偶然）な条件の介入による異常（偶然）な結果であるとされ、その行為は、ここで、刑法の枠外にふるい落される（最判昭三七・八・二一刑集一六・八・一三〇三は、興味深い。被告人から濃硫酸約五合を浴びせかけられ、殆んど全身に硫酸腐蝕傷を受けた被害者が、入院加療の結果、傷は八割以上治癒しながら、結核性胸膜炎を誘発し、循環器不全におちいり、死亡した事案である。被告人の行為と死亡の結果との間には、約三カ月の期間があった。第一審は、かかる余病の誘発も「稀有」のものではないとして、傷害致死を認めた。これに反し、第二審は、「結核性胸膜炎は結核菌の侵入によつて起るもので、硫酸腐蝕傷を受けた者が結核性胸膜炎に罹り循環機能不全を起すことは極めて稀有の事例に属する」として、傷害のみを認めた。最高裁は、かかる一般的判断のみで因果関係を否定するのは妥当でない、受傷の程度・部位、治療の経過、途上の健康状態等をも考慮にいれて認定しなければならない、として破棄差戻したのである）。未遂が問題となるにとどまる（条件関係すら存在しない場合にも、未遂が問題となりうることは、いうまでもない）。

(a)　このような基本的な態度から、過失同時正犯を問題にするものとして、ここでは、数はすくないが、つぎのような判例をあげることができる。

【8】（事実）　被告人Aは、飲酒酩酊の上、小型貨物自動車を運転し、被告人Bの運転する自動車と約八米の間隔をおき時速四〇粁位で進行していたところ、Bの自動車に衝突して傷害を受け、道路上に転倒していたCを前方約二米位のところで始めて発見し、急停車の措置をとると同時にハンドルを右に切つたが及ばず、Cを轢圧するに至つた。第一審は、A・Bに業務上過失致死罪、道路交通法違反の成立を認めた。名古屋高裁は、Aの業務上過失致死の点につき、これを無罪とした。

（判旨）「本件の事故は、……被告人（B）の自動車が（C）に衝突し、同人を道路上に転倒させこれを轢圧して通り過ぎたために、転倒した（C）が（B）の車の車体下側部からにわかに出現するにいたつたという全く稀有の事情によるものであるから、同人（Aを指す＝引用者註記）がこのような事態の発生を予見せず、従つて、このような事態に備えて被告人（B）の運転する自動車との間に前示八米の間隔をおいただけで、それ以上相当な間隔を保つて追従しなかつたことを理由として、被告人（A）が（C）を轢圧して死に致らせた行為をもつて、同被告人の業務上の過失責任に帰せしめることは、相当でない」（名古屋高判昭三四・四・六下級刑集一・四・八七四）。

【8】は、右のような認定に先立つて「本件のごとく、自動車の運転手が自己に先行する自動車に追従する場合、先行の自動車が急に停車するような場合には、これに追突する危険があり、また、道路を横断しようとするものが、先行する自動車の通り過ぎたのに安心し、追従してくる自動車の進行してくるのに注意を怠り突然側方から、その進路前面の路上に現れ、そのため追従する自動車がこれと衝突するようなことも往々あることであるから、先行する自動車との間に相当な間隔を保たないで、これに追従する自動車の運転者は、このような危険の発生を予見すべき注意義務のあることは、もちろんである。……しかしながら、先行する自動車が通行人に衝突し、これを路上に転倒させて轢圧し、そのまま同所を通過したため、転倒した人が追従する自動車の進路前面路上ににわかに出現し、その結果、同自動車がこれと衝突したり、または、これを轢圧するというようなことは、全く稀有の事態に属するものであるから、追従自動車の運転手に対し、かかる事態の発生することまでもこれを予見すべき注意義務があるものと解し、これを回避するために先行する自動車との間に特段の間隔の保持を要求するがごときことは、この種の運転者に対して、いたずらに、過大な注意義務を課するものというべく、相当でない」（前掲判例集八八一―二）との一般論をたてている。従つて、この判決は、まさに、具体的な「注

意義務」の存否から、A・Bにおける業務上過失致死罪の同時正犯の成否を検討しているかにみえる。しかしながら、この判決は、因果関係――相当因果関係――の存否を問題にしているのだと解すべきである。「全く稀有の事態に属する」ことは、客観的に予見可能でないこと、すなわち、相当因果関係がないことを意味するからである（本件において、Aの行為とCの轢圧との間に、相当因果関係がない、といえるかどうか、問題ではある。後程検討しよう）。「不注意」「注意義務違反」はこれを構成要件で問題とするにせよ、違法論で問題とするにせよ、相当因果関係が確定されることを前提にして論じられなければならない（この関係における相当因果関係の意義については、後述。Vgl. H. Welzel, Fahrlässigkeit und Verkehrsdelikte, S. 16 ff., 30 ff.: 井上・過失犯の理論二九頁以下）。

【8】は、相当因果関係の不存在を理由として、過失同時正犯の否定にでたものである（なお、判旨をそのまま受取れば、【8】は、抽象的な注意義務を肯定し、具体的な注意義務を否定したことになる。しかし、「僅か八米の間隔をおいただけで運転進行したことは、前車との関係において交通の安全を確保するについて、妥当を欠くところがあつたとの非難は免れないであろう」とも述べている。抽象的な「注意義務」、具体的な「注意義務」の実体およびその体系的意義との関係で、後程問題にしよう。後出【37】参照）。つぎにあげる【9】の判決は、相当因果関係の存在をもつて、過失同時正犯を構成するものである。事実は、自動車運転手たる被告人Aが乗客三名を乗せ、午前二時頃、銀座四丁目の交叉点にさしかかり、信号機が黄色の点滅信号だつたので、時速を三五粁に減じて進行したが、同交叉点で直角に交叉する路上を時速四五粁の速度で進行してきたB（起訴の有無不明）の自動車を左前方約数米に発見、急遽ハンドルを右に切り衝突を避けようとしたがおよばず、両自動車に乗車していたC・D等に傷害を与えた、というものである。原審は、Aが交叉点で一応前後左右の交通状況に気を配つており、しかも、三五粁に減速し、車道の中央を進行したのであるから、交通閑散、視界

良好の当時においては、特に警音器を吹鳴しなかつたとしても、自動車運転手としては、相当の注意を払つて進行したものといえるとなし、さらに、道路交通取締法の交叉点における優先順位も、Aにあつたのに反し、Bは六〇粁の高速度で、優先順位の点にも顧慮を払うことなく進行を続けたのであつて、結局、本件事故発生の原因はBにある、として無罪を言渡した。東京高裁は、これを破棄、自判した。

【9】「なるほど、記録全体を通じて本件を観察するときは、衝突の相手方である（B）の側にも業務上の過失が認められるばかりでなく、むしろ、その過失の程度が被告人に比べて一層重いものがあつたと認められるのであるけれども、しかし、右（B）の過失のみが本件事故の原因であり、被告人には、全然過失がなかつたと断ずる原判決の認定は、決して正鵠を得たものとは考えられないのであつて、もし、被告人において、前示の注意義務（交叉点進行上の周到細心の注意義務＝引用者註）に従い、警音器を吹鳴していたならば、（B）の側においても、これによつて被告人の自動車の存在に気付いてこれに留意し、あるいは自らも警音器を吹鳴してその車の存在を被告人に知らせ、又は速度を減じ、あるいは一時停車する等の措置に出ることも期待し得られるのであり、かくして、互に注意して適宜の措置をとるにおいては、本件事故を回避することができたであろうと考えられるのであるから、被告人の側にも、また前示のような過失（単に時速三五粁に減速したにすぎないこと＝引用者註）があり、その過失が本件事故の一因をなしていることは明らかであるといわなければならない。又、原判決は、前示のように、被告人側に優先通行の順位があつたことをもつて、被告人に過失がなかつたことの一根拠としているようであるが、……しかし、およそ自動車運転者たるものは、いかなる場合においても、他との衝突を避けるにつき、そのなし得べき最善の措置を講ずべき業務上の義務があるものであ

って、……道路交通取締法が、安全交通の建前上、その第一七条、第一八条等において、車馬又は軌道車の通行順位を一応定めているからといって、これがため、先行順位の運転者に対し、運転上必要な注意義務を免除し、警音器吹鳴一時停車、徐行等をなすべき義務がないとしたものと解すべきではなく、先行順位にある者であっても、右の法規を無視して進行路上に侵入して来た車馬に対しては、衝突させてもよいという道理はない訳であって、もしこのような交通法規を守らない車馬等があった場合には、これとの衝突を避けるためにも、警音吹鳴、徐行ないしは一時停車等の措置をとり得るよう注意すべき義務があるものと解するのが相当であるから、被告人が先行順位にあったからといって、ただ、それだけで、被告人に過失がなかったと断ずることはできないものといわなければならない。……これを要するに、原審において取り調べた証拠を総合して考察するときは、本件の衝突事故は、相手方である（B）の業務上必要な注意義務を怠った過失と、被告人の犯した前掲業務上過失とが競合し、これが原因となって発生した不祥事であると認めるのが相当であり、被告人にも、……業務上過失のあったことは、これを否定しがたく、かつ、その過失と本件傷害との間には、相当因果関係の存することが肯認し得られる」（東京高判昭三三・七・三一高裁特報五・八・三四七、同旨、東京高判昭三三・七・一七高裁特報五・八・三三二）。

【9】は、このように、「相当因果関係」と「注意義務」違反から、過失同時正犯を構成しようとする。しかし、どうしてAの行為とC・D等の傷害との間に相当因果関係ありといえるのか、という点については、展開するところがない。むしろ、判文中には、条件説によっているのではないかと疑わしめる部分すらある（「互いに注意して適宜の措置をとるにおいては、本件事故を回避することができたであろうと考えられるのであるから、被告人の側にも、また前示のような過失があり、その過失が本件事故の一因をなしていることは明らかである」）。だがしかし、事実関係からすれば、Bの過失も、通常、予見可能であり、彼との衝突も決して偶然のものとはいえないであろう。従って、【9】は、相当因果関係説の基本的な操作を省略してことを解

決したのだ、とみることも可能である。勿論、【8】の態度の方が、より妥当であることは、いうまでもない。ところが、【8】では、さきに指摘したように、相当因果関係を否定することが妥当かどうか、という問題があつた。酩酊運転で先行車との間隔も充分でなく走行する場合には、先行車の急停車とか通行人の突如とした出現による衝突が、通常、予見可能であることはいうまでもないし、先行車に轢かれた人が突然車の前面に現われでることも、「全く稀有の事情」に属するものではなしに、むしろ予見可能の範囲内にある、といえるのではなかろうかと思われるからである（いわゆる轢き逃げが、偶然稀有にしかみることができないとは、もはやいえないであろう。この点、【19】およびそこに援用された【16】【17】参照）。

(b)　わたくしは、相当因果関係が認められない場合というのは、むしろすくないのではないか、と考えるものであるが（内田・北法一二巻二三六頁以下）、この点、さらに【16】―【25】で問題とすることにして、ここでは、因果関係に関する【8】【9】の結論はこれを一応是認しておくことにしよう。

（ロ）【9】では、さらに、「注意義務」の問題がある。【9】は、これまで眺めてきた判例の広汎な「注意義務」をより明確かつ積極的に肯定したものといわなければならない。法令が先行順位を定めているからといつて、先行順位者が、そのことだけを主張して「注意義務」をつくした、とすることができないのはいうまでもない。しかし、「およそ自動車運転者たるものは、いかなる場合においても、他との衝突を避けるにつき、そのなし得べき最善の措置を講ずべき業務上の義務がある」とすることから、「先行順位にある者であつても、右の法規を無視して進行路上に侵入して来た車馬に対しては、衝突させてもよいという道理はない訳であつて」衝突回避の措置にでるべきである、となすのは、広汎な「注意義務」を明言するものにほかならない。本判決の論理を貫けば、「法規を無視して進行路上に侵入して来た車馬」に対し、正当防衛はできないことになる（前出二四頁）。勿論、このような場合に、正当防衛が成立することはすくないであろう。しかし、その要件さえ充たされるならば、正当防衛も充分可能であるといわなければならない。正当防衛にでるにたるべき「切迫性」・「相当性」がない場合において、しかも、自ら避譲したり警告を発したりして衝突等の回避にでることが「相当」であるといえる場合に、はじめて、本判決のような「注意義務」が問題になるのではあるまいか。法規を無視する者に対しても「衝突させてもよいという道理はない」との常識論から、簡単に「注意義務」を構成するのは問題であろう（ここで、前出二七頁割註において指摘した藤木助教授の見解および同助教授引用の判例（大判昭八・一二・六刑集一二・二二二二）が顧みられるべきである。多くの場合、互に交通法規を遵守していたならば、問題は起きない。交通法規を破ることが注意義務の内容をなすような場合というのは、相手方がすでに法規を無視して行動したか、あるいは、不可抗力によつて飛びだしてきたような場合に関して考えられるのが普通である。従つて、法規を破ることが注意義務の内容をなす、といえるのは、法規を無視して、あるいは、不可抗力によつて飛びだしてきた相手方との関係で、正当防衛・緊急避難に訴えることが相当でなく、かつ、当該法規を破つて事故回避措置にでることが相当であると考えられる場合に限局されるべきである。この点、特に、右の大審院判決に問題がある。被告人Aは、自動車を運転して、東西に通じる国道の南側を西行中、同じく西行中の電車を追越し、前方一五間の地点に、Bが北側電車軌道を東進してきたことを認めたが、その間の距離約六間となつたとき、Bは電車を避けるため北側に避譲する余地のないままに、運転する自動車を南側に転向徐行してきたのであつて、Aは、これを避けるためハンドルを北に切つて国道北側電車軌道を西進しようとしたわけであるが、後続の右電車が約一間の距離に近づいていたことに気づかず、Cよりその旨を告げられるや、狼狽して直にハンドルを南に切り軌道を乗り越えその外側にでようとして操縦を失し、Bと衝突するに至つたものである。被告人は、不可抗力を主張したが、大審院は、これを斥け、Bに法規不遵守の譏りあることはいうまでもないが、自動車運転者の注意義務は極めて重大であつて、本件のように幅の狭い（二七尺）国道を通過する場合には、Bとの関係で左側に避譲する余地のない以上、法規を破ることにはなるが、一切の障碍物を注視した上で、とにかく衝突を回避するために右方に進路をとり、場合によつては、電車軌道内を急遽直進するなどの措置にでなければならない、とした。しかし、判旨のような措置にでることが、本当に相当といえるかどうか、吟味する必要があろう。判旨には、自動車運転者の注意義務は極めて重大だから、なにがなんでも衝突は避けなければならないという態度がみられるが、本件では、むしろ衝突したこともやむをえない、といえるような状況が感じられるのではなかろうか。ちなみに、この種の事件で正当防衛を問題にした判例は見当らないが、緊急避難を否定した大判大一三・一二・一二刑集三・八六七、これを肯定した岡谷簡判昭三五・五・一三下級刑集二・五―六・八二三がある）。

かくして、【9】に関する限り、「因果関係」の面で相当因果関係説による限定が示されるだけで、「過失」の内容に関しては、これまでの判例と異なるところがない、といわざるをえない。

（二）共同行為による過失の同時正犯

社会関係が複雑化し、広く分業が行なわれるようになると、各種の事故は、共同して分業を担当する各構成員の「過失」に基づいて発生することが多くなる。むしろ、現今の事故の大半は、このようなものであるといってよい。

ところで、この種の事故においては、他の共同者の「過失」は、通常、予見可能の範囲内にある場合が多いであろう。従って、条件説によっても、事案の解決としては、特に不都合をきたさないともいえるであろう。現に、条件説による判例も見受けられる。しかし、相当因果関係説によるものも多い。これは、相当因果関係説に対する正当な認識に基づくものといえようが、さらに、独立行為に基づく過失共働の場合には、ことの性質上、行為者本人の「過失」と「因果関係」だけを問題とすることをもつて足りる場合が多かつたのに反し、共同行為に基づく過失共働においては、本人と他人との関係が必然的に問題とされざるをえない、という事情にもよるものであるといえよう。

ここでも、また、条件説による基礎づけから出発しよう。

(1) 条件説による基礎づけ

（イ）　まず、つぎの【10】―【14】を眺める必要がある。

【10】　「原判決の判示する所に依れば被告（A）は門司鉄道局広島保線区保線助手として其の保線区管内海田市丁場及安芸中野丁場の鉄道線路を担当し保線区主任の指揮を受けて其の安全を保持し風雨其の他天災事変に際しては予め警備区域として指定せられたる線路は勿論其の他の線路と雖危険の虞あるときは工手長以下を要衝の地点に配置して警戒防備を為さしめ適当の処置を施し事故の発生を予防すべき職責あり又被告（B）は門司鉄道局広島保線区安芸中野丁場線路工手組頭として所属保線区主任並に保線助手の指揮を受けて其の丁場区内の線路の安全を保持し風雨其の他天災事変に際しては予め警備区域として指定せられたる線路は勿論其の他要衝の個所に線路工手を配置し絶えず受持線路を巡視警戒し保線区主任又は保線助手の指揮を受くる違なきときは臨機の処置を為して事故の発生を防止すべき職責あるに拘らず判示の場合判示の如く各其の業務上必要なる注意を怠りたる為東京発下関行一、二等特別急行第一列車は同日午前二時三十分頃右線路築堤流失の個所を通過せんとして脱線顚覆し因て機関車貨物車二等座席車各一輌二等寝台車一輌を破壊せしめ乗客（C）外三十五名を死に致し（D）外三十二名に重軽傷を負わしめたるものにして即ち被告（A）（B）等は各自判示列車の事故の発生を未然に防止すべき職責を有する者に係り若し孰れか一人克く其の業務上必要なる注意を怠ることなかりせば判示事故の発生を未然に防止することを得べかりしに拘らず其の職責を尽さざりし為判示事故を惹起するに至りたるものにして同被告等の過失と判示事故の発生との間に因果関係の存すること明白な（り）」（大判昭二・一一・二〇 新聞二七七五・四）。

【11】　「因テ案スルニ石炭礦ノ坑内保安係員兼発破係員又ハ坑内運転工ノ業務ニ従事スル者ノ注意義務ハ通常人ニ比シ頗ル重大ニシテ其ノ業務ノ執行ニ因リ他人ノ生命身体ニ対シ危害発生ノ虞アル場合ニ於テハ深甚ノ注意ヲ払ヒ之ヲ未然ニ防止スヘキ義務ヲ有スルコト言ヲ俟タス故ニ苟モ其ノ義務ヲ怠リ他人ノ死傷ニ対シテ結

果発生ノ虞アル条件ヲ与ヘタルトキハ縦令其ノ条件カ未タ死傷ノ直接原因ト為ラサリシトスルモ更ニ事後ニ於テ第三者ノ行為ニ因ル結果ノ発生ヲ誘致スル関係ニ在リタル以上当然死傷ノ結果ニ付罪責ヲ負ハサルヘカラサルモノトス蓋斯クノ如キ場合ノ注意義務ノ懈怠ハ結果発生ノ共同原因タル関係ニ在リタルモノト謂ヒ得ヘク第三者ノ行為ニ因リ中断セラルルモノト謂フヘキニ非サレハナリ而シテ原判示ヲ通読スルニ本件死傷ノ発生ハ単ニ昭和八年六月三日午前六時三十分以後ニ於テ一番方坑夫入坑後扇風機ノ運転ヲ開始シタル為左四片詰坑道内ニ停滞シ居リタル「メタン瓦斯」ハ左四片払面一帯ニ充満シタル為ノミニ非ス又同日午前七時四十分頃同払面ニ於テ作業中ノ坑夫カ電気穿鑿器ノ取扱ニ際シ其ノ接続器ヨリ発シタル火花ノミニ因リタルニモ非スシテ被告人（A）カ坑内保安係員兼発破係トシテ被告人（B）ハ同坑運転工トシテ孰レモ注意義務ヲ怠リタル行為カ危害発生ヲ誘致スル関係ニ在リテ共同原因ノ一ニ外ナラサルコト洵ニ明ナリ故ニ原判決ニハ理由不備ノ違法アルヲ見ス論旨理由ナシ」（大判昭一〇・二・二二刑集一四・一六六）。

【12】「原判決ニ認定スル如ク判示旅客列車カ判示ノ如ク脱線顚覆スルト共ニ同車輛ノガソリンタンク破損シテガソリン流出シ之ニ判示火花引火シテ同車輛ヲ全焼破壊シ因テ判示ノ如キ死傷者ヲ生スルニ至リタルハ被告人両名カ夫々判示ノ如キ業務上ノ注意義務アルニ拘ラス之ヲ懈怠シテ右列車カ判示十一号（イ）転轍器ヲ通過シ終ラサルニ先チ被告人（A）ニ於テ場内信号機ヲ定位ニ復帰シ被告人（B）ニ於テ転轍器ヲ反位ニ転換シタル共同ノ過失ニ起因スルモノニシテ被告人両名ノ右業務上不注意ノ行為ト右列車顚覆破壊及乗客ノ死傷トノ間ニ因果関係ノ存スルコト洵ニ明瞭ナリトス尤モ右ノ如ク列車ノ脱線顚覆シタル結果トシテガソリンタンク破損シ其ノ際発シタル火花カ流出ガソリンニ引火シテ車輛ヲ全焼破壊シ因テ判示死傷者ヲ生スルニ至ルカ如キコトハ被告人両名ニ於テ毫モ予見セサリシ事項ニ属スルコト所論ノ如シトスルモ判示業務ヲ有スル被告人両名ニ於テハ斯ル結果ヲ予見シ得ヘカリシモノト認ムルヲ相当トスルヲ以テ原審カ判示結果ニ対シ被告人両名ニ総テ

之カ罪責ヲ負ハシメタルハ当然ニシテ原判決ニハ毫モ所論ノ如キ違法アルモノト謂フヲ得ス」（大判昭一六・九・五判決全集八・三四・一六）。

(a)　【10】【11】は「危険の虞」・「危害発生ノ虞」ある場合に要求される結果回避措置を怠ったという契機と「条件関係」の存在という契機によって、A・Bの過失同時正犯を構成したものである。その意味で、さきに眺めた判例【1】―【7】に異なるところはないといえよう。特に、「判示の如く各其の業務上必要なる注意を怠り」とか、「苟モ其ノ義務ヲ怠リ」とかいつているけれども、具体的にいかなる措置がなされなかつたか、という点の説示がみられないのは、事案の解決としてはおそらく妥当なものだつたと思われるのであるが、「注意義務」違反を過失犯成立の要件として積極的に掲げることに意識的でなかつた、当時の判例の態度を示すものとして興味のあるところである。

この点、【12】では、列車が転轍器を通過し終らないうちに、Aにおいて信号機を定位に復帰し、Bにおいて転轍器を反位に転換したことが「過失」であると認定されているわけであつて、「過失」の内容は、具体化されているといつてよい。しかし、具体的な「注意義務」を意識して、このような認定にでたものであるかどうかには疑問があろう。因果関係の確定が問題だつたのではないか、と思われるからである。

【12】では、さらに、致死に関する「予見可能性」が問題になつている。判示だけでは、相当因果関係を基礎づける「客観的予見可能性」が示されているのか、責任非難を構成するメルクマールとし

ての「主観的予見可能性」が問題なのか、明確でない。しかし、やはり、条件説にたつて、A・Bの主観的予見可能性を肯定したものとみるのが、自然であろう。

(b)　【12】との関係で、つぎの【13】をも同時に眺めておく必要がある。

【13】（第二審認定事実）　被告人Aは、列車機関手、同B・Cは、車掌、同Dは、駅助役、同Eは、操車係、同Fは連結手であつたが、大正一二年一二月二五日午前七時頃、Eは塩尻駅で松本行混合列車を編成し、Fをして、客車三輛を機関車に連結させた。Fは、業務上必要な注意を怠り、真空制動機管の連結を忘れた。Eも連結が完全であることを確認すべき義務あるにもかかわらず、Fが連結したものと過信し、点検を怠つた。Fは、さらに、客車の最後部に貨車八輛を連結したが、その際も客車と次位貨車との連結器を連結したにとどまり、機関車と次位客車の真空制動機管の連結はこれを為さず、Eも点検確認を怠り、混合列車の編成を終了した。A・B・Cは、真空制動器管の連結を点検すべき義務あるにかかわらず、これを怠り、Dは、駅長事務を代行し、列車発車前車輛間の各連結状態を監視し運転に支障ないかどうかを確認すべき義務あるにかかわらず、これまた注意を欠き、軽々、制動機管の連結あるものと臆断し、発車の合図をだした。該線路は、下り勾配なので、通常は真空制動機を主用していたわけであるが、右のような状態だつたため、Aは、前記過失と不可分の過失(該機使用）により、次駅で停車することができず車止めを突破し、脱線、一人死亡、十数人が傷害を受けた。

（E・Fの上告論旨）　明治四三年六月二五日達第五六四号列車組成に関する心得第一条には、旅客列車は貫通制動機を使用すべし、混合列車・貨物列車はなるべくこれを使用すべし、と規定する。混合列車には、だから外に手用制動機があるわけである。ところで、Aは、途中で、真空制動機が無効であることに気付いていた。だから、適時に手用制動機を使用すべきであつた。本件事故の責任は、一にかかつてAにあるといわなければならない。

さらに、因果関係が問題である。E・Fの職務は、発車前のものである。これに反して、Aは、発車前においては、点検確認の任務を負い、発車後は、全責任を負担するものである。殊に、真空制動機の無効に感知した以上、適当の時期に手用制動機を締結し、その操縦を誤らないようにしなければならない。もしAが、義務に違反しなかつたならば、事故は発生しなかつたのであるから、責任はすべてAにある。一般普通のE・Fは、その智識・経験によつては到底如上の事故（Aの制動の過失がない限り発生しない）を予見しえないものである。相当因果関係は、否定されるべきである。

（判旨）「右達ハ平坦軌道ニシテ曲線又ハ勾配率少ク停車ニ関シ輙ク処置シ得ヘキ一般ノ場合ニ於テモ危険ヲ避クル為貫通制動機ノ設備アル混合又ハ貨物列車ニ付テハ成ルヘク之ヲ使用スヘキ旨規定シタルニ過キサルモノニシテ危険ノ伴フヘキ曲線多ク又ハ勾配率ノ高キ下リ軌道ヲ運輸スヘキ列車ニ付テハ其ノ設備ノ存スル場合ニハ之ヲ使用スヘキハ其ノ機管ノ性質上当然ト謂ハサルヘカラス加之前示列車組成ニ関スル心得第一条第二項ノ規定ハ混合列車ニ付テハ従業員ニ対シ貫通制動機ノ使用ヲ為スト否トヲ其ノ判断ニ任シタルモノト解スヘキ趣旨ナリトスルモ特殊ノ危険業務ヲ行フ者ニ対シ行政上特殊ノ取扱規程ヲ設ケテ危険ノ発生ヲ防止スルハ畢竟普通ニ危険発生ノ虞アル行為ヲ取締ルニ過キス其ノ以外ニ於テ業務執行者ヲシテ危険ノ発生ヲ防止スル為法律上慣習上若ハ条理上必要トスル一般ノ注意義務ヲ厳守セシムルコトハ固ヨリ明文ヲ俟タサル所……而シテ原審判決ニ於テ証拠ニ基キ認定シタル被告人等ノ所為ハ……（F）ハ連結手トシテ該真空制動機管ノ連結ヲ遺忘シ（E）ハ操車掛トシテ該真空制動機管ノ連結ノ有無ニ付点検ヲ怠リ他ノ相被告人タル（D）（B・C）（A）等ノ共同過失ニ因リ汽車破壊並死傷ヲ惹起セシメタルモノナレハ叙上列車組成ニ関スル心得第一条第二項ノ規定ニ違背スルノミナラス被告人等ハ塩尻駅勤務ノ連結手又ハ操車掛トシテ同駅ト次駅村井駅間ハ六十六分ノ一乃至百分ノ一ノ下リ勾配ニシテ機関手カ平素真空貫通制動機ヲ主用シテ列車ヲ運行シ危険ノ発生ヲ防止シ居ル

コトハ知悉スヘキ事項ニ属スルヲ以テ業務上該機管ノ連結ヲ遺忘シ又ハ点検ヲ怠ルカ如キハ危険ノ発生ヲ防止スヘキ注意義務ヲ怠リタルモノニシテ他ノ共同過失者ト共ニ到底其ノ刑事上ノ責任ヲ免ルルニ由ナキモノトス而シテ汽車破壊並死傷ヲ惹起セシメタルハ独リ機関手ノ過失ニ帰スヘキモノニシテ被告人等ニ其ノ責ナク真空制動機ノ不連結ト何等因果関係ヲ有セストノ所論ハ原判決ニ於テ採用セサル証拠ニ基キ抗争スルモノニシテ……論旨理由ナシ」（大判大一四・二・二五刑集四・一二五）（参照大阪高判昭三一・四・一二刑集九・三・二五五＝井上・過失犯の理論九一頁以下）。

【13】が、法令の遵守と「注意義務」との関係につき説示した点は、これまで眺めてきたところからして、妥当である。また、Fが連結手として真空制動機管の連結を遺忘した点、Eが操車掛として真空制動機管の連結の有無につき点検を怠つた点に、それぞれの「注意義務」違反があつたものとしているのは、「過失」の内容を具体的に示しているという意味で評価されうるであろう。しかし、「共同過失者」の「過失」の内容を個別化してそれぞれの「注意義務」違反の程度・軽重を問題にするには至つていない。すなわち、本件においては、駅長事務を代行した責任者たるDや直接列車を運転したAの「過失」の方が、より重大ではないか、との疑問が生じうるわけであるが（上告論旨は、Aについて論じている）、この点について、大審院は、別に意識していない。これは、【34】―【37】の考え方と異なるものであり、近時の学説が分析した、「不法の量」（Schwere des Unrechts）を決する「不注意」といった視点（H. Welzel, Das neue Bild des Strafrechtssystems, 4 Aufl. 1961, S. 11, 35）が意識されていないことを示すものである。

この意味で、【13】の「注意義務」も、従来の一般的な「注意義務」にほかならない、といえよう（なお、上告論旨は、相当因果関係なし、と主張するが、大審院は、特に答えず因果関係を肯定している。しかし、相当因果関係説にたつて、因果関係を肯定したとは思われない）。

(c)　このような判例の系列に属するものとして、大判昭二・一二・二四刑集六・五八〇、大判昭一六・一一・二八刑集二〇・六五四（評釈として、沢井・刑事判例評釈集四巻二七八頁）があげられる。現在でも、ここに算入しうる判例が見受けられる。最決昭三四・五・一五刑集一三・五・七一三がそうであるが、つぎの【14】により明確である。

【14】「対馬では昼間送電はしていないがなお誤送電に基く不慮の災害を防止する為本社業務要則に準じ九電対馬営業所は外線工事の請負会社である九工から提出される作業予定日報に基き遅滞なく作業の日時場所、作業内容を（その作業時間の昼夜の別なく）九電対馬発電所に通知すべき旨右営業所、発電所間の協定により定められ実施されて来て居り特に高圧線工事の場合には厳重に守られて来たこと、並右通知を受けた発電所においてはO、C、B（配電盤開閉器）担当者をしてO、C、Bが解放されているか否かを点検せしめなお営業所から通知のあるまで送電中止と記した木札を同盤に掛けさせる仕組になつていたことを明認し得る。そして被告人が営業所から発電所に対する前示通知の担当責任者であることは争のないところであるからして右通知を怠つた被告人は右業務上の義務違反に基く責を辞するに由ないこと勿論である。

よつて進んで被告人の右義務違反と本件災害との因果関係ありや否やの点に付、検討するに本件の誤送電は事故前日七日最後のO、C、B担当者（Y）において同日午後十二時停電と同時にO、C、Bを開放すべき業務上の義務があるに拘らずこれを怠つたことと事故当日所内送電をなすに当り同担当者（S）において右送電に先ちO、C、Bの開閉状況を点検すべき固有の業務上の義務を怠つたことに基因すること原判決の確定通りである。しかしながら原判決にも云つている通り被告人において前示通知を怠らなかつたならば（S）は前示木札をO、C、Bに掛けたであろうし、その際恐らくは新に注意を喚起しO、C、Bの開閉状況を点検することにより本件事故を未然に防止し得たことと思われる。そうだとすれば被告人の通知義務違反は直接本件事故の原因とはなり得なくとも（S）の注意を喚起し得べきに拘らず通知を怠つた為注意を喚起し得なかつた点において本件事故の一条件をなし居るものと云うの外ない。

要するに本件は被告人及び原審相被告人等の過失の競合によつて惹起されたものであつてその犯情に甲乙の差あることはともかくとして被告人において全然その責なしとの論旨は採用できない。なお所論は因果関係に付、所謂相当因果関係説の立場に立つもののようであるが同説は何にをもつて結果に対し相当なる原因となすべきや必ずしも明白でない以上当裁判所の遽かに賛同し難いところである」（福岡高判昭三一・五・五高裁特報三・九・四六五＝井上・過失犯の理論一六二頁参照）。

本判決が、相当因果関係説を否定する立場から、「通知義務懈怠」と「条件関係」の確定という面で、被告人につき「過失」犯の成立を論じ、相被告人との関係で、「その犯情に甲乙の差あることはともかく」過失の同時正犯を肯定しうることについては問題がない、という態度を示している点、注目すべきであろう（本判決において、「過失」の軽重は、犯情の甲乙を示すにとどまるものであつて、「不法の量」を決するものではないのである。なお、【34】―【37】参照）。

（ロ）　これに対して、「注意義務」の具体的・個別的認定が、より鮮明にみられるものとして――事実関係から自然にそうなつたのではないかとも考えられるが――、つぎの判例をあげなければならない。

【15】　「按スルニ医師ガ調剤ノ資格ト能力ナキ者ヲ使用シテ調剤ヲ為サシムルハ自己カ当ニ為スベキ職務行為ノ一部ヲ自ラノ手足ニ於ケルト同一ノ関係ニ於テ担当セシムルモノニ外ナラザルヲ以テ斯ル者ヲシテ調剤ヲ為サシムルニ当リテハ周到ナル注意ヲ以テ之ヲ指揮監督スベキ義務アルモノニシテ殊ニ本件「ネマトール球」ノ如キ数量ノ多寡ニヨリ人ノ身体生命ニ危害ヲ醸ス虞アル薬品ヲ取扱ハシムル場合ニアリテハ一層細心周密ナ

ル注意ヲ以テ監督シ苟且ニモ調剤ニ過誤ナカラシムルヤウ努ムベキハ医師トシテノ業務上当然ノ義務ニ属スルヲ以テ右ノ義務ヲ懈リ人ヲ死ニ致シタルトキハ業務上過失致死罪ノ責ヲ免レ得ザルヤ勿論ナリ原判決認定ノ事実ヲ其ノ挙示スル証拠ト照合スルニ被告人ハ判示診療所ノ医師トシテ同所ニ於テ昭和十二年十月九日患者前山卓二（当時十五年）ニ対シ十二指腸虫駆除剤「ネマトール球」壱個ヲ投薬スルニ際シ「ヘノポヂウム」油ハ劇薬ニシテ一回ノ用量ハ大人一瓦（ネマトール球三個）十五歳以下ハ其ノ半量ヲ限度トシ之ヲ超ユルトキハ中毒死ヲ惹起スル虞アル性質ノモノナルニ拘ラズ之ガ調剤ヲ看護婦ノ免状ヲ有セズ且昭和十二年六月同診療所ニ雇ハルル迄ハ全ク調剤ノ経験ナク同所ニ雇ハレテ後モ未ダ薬剤ノ取扱ニ慣レズ曽テ「ネマトール球」ヲ取扱ヒタルコトナキ同診療所産婆今村ナミヲシテ取扱ハシムルニ当リ院内処方箋ニ横書ニテ（ネマトール1コ）ト記載シテ交付シタルノミニテ何等ノ指示ヲ為サス而モ右処方箋ニ壱個ノ字ヲ表ハス仮名文字コヲ恰モ亜剌比亜数字ノ2ト誤読シ易キ体裁ニ記載シ置キタルタメ右今村ナミヲシテネマトール球12ト誤読シネマトール球十二個ヲ薬袋ニ包装セシメタルノミナラズ該薬袋ヲ自ラ患者ニ交付スルニ当リテモ親シク其ノ内容ヲ点検シテ数量ニ過誤ナキヤ否ヤヲ確ムルコトスラ之ヲ為サズシテ之ヲ右卓二ニ交付シ在中ノ薬品ヲ一回ニ服用スヘキ旨説示シタルヨリ同人ハ其ノ指示ニ従ヒ翌十日午前七時頃右ネマトール球十二個ヲ一回ニ服用シ其ノ結果中毒ヲ惹起シテ同月十二日午後三時頃遂ニ死亡スルニ至リタルモノナルヲ以テ被告人ガ業務上過失致死罪ノ責ニ任ズベキコトハ冒頭説示ノ理由ニ照シ明カナルトコロトス而シテ叙上ノ如ク被告人ノ過失カ卓二ノ死亡ナル結果ニ対シ一ノ有力ナル条件ヲ為シタル以上ハ今村ナミノ過失亦其ノ中間ニ介在シ之ト相俟ツテ共同的ニ原因ヲ与ヘタリトスルモ被告人ノ右罪質ニ何等消長ヲ及ボスモノニアラズ原判示事実ハ原判決挙示ノ証拠ニ依リテ優ニ之ヲ証明スルニ足リ記録ヲ精査スルモ右卓二ノ死亡カ同人自身ノ不注意ニ依リ惹起セラレタリト認ムベキ証左ナキハ勿論其ノ他重大ナル事実ノ誤認アルコトヲ疑フニ足ルベキ顕著ナル事由存セザルヲ以テ論旨理由ナシ」（大判昭一三・一〇・一四刑

集一七・七五九）（評釈として、吉田・刑事法判例研究二九一頁、司波・刑事判例評釈集一巻三六五頁。なお東京高判昭三七・四・一二東京高時報一三・四刑七六、この判決には、相当因果関係説への志向が見受けられる）。

【15】は、調剤の資格・能力に欠ける者を使用して、薬剤を調合させる場合の医師の一般的「注意義務」を説示した上で、本件においては、無資格・無経験者に、誤読されやすい記載方法をもって劇薬を調剤させ、さらに薬袋の内容をも点検せずに患者に交付したという「注意義務」違反を認定したものである。この限りで、「注意義務」が、具体的に示されているといってよい。シュトラーテンヴェルト（G. Stratenwerth, Schmidt-Festschrift, S. 383 ff. insbes. S. 386 f., 390 ff., 393 ff.）は、「信頼の原則」から、個別的・具体的な「注意義務」を構成すべきであるとなし、他人の不注意が予見可能であったとして、彼の注意深い行為を信頼することが許されるかどうかに問題がある、と考える。そして、他の共同者に事象支配の可能性がない場合、すなわち、資格・能力に欠ける場合・意思交換に欠陥がある場合・分業における協調に欠陥がある場合には、彼の注意深い行為を信頼することは許されないのであって、これを信頼することは本人自らが危険の源泉を生ぜしめたことになり、直ちに、「注意義務」違反が肯定される、といっている（シュトラーテンヴェルトは、このような「注意義務」違反を、「第一次的注意義務」違反と呼ぶ。これに反して、他の共同者にも事象支配の可能性がある場合には、原則として、彼を信頼してよいのであるが、具体的な情況上、この期待が無効になるような場合、たとえば、他人の不注意が本人自身によって助長される場合とか他人の不注意によって危険がすでに生じている場合には、その場合に限り、「第二次的注意義務」が生じる、とする。なお、内田・警研三三巻八号五三頁）。従つて、【15】の判示する「注意義務」違反は、結論的には、シュトラーテンヴェルトの「直接的・第一次的注意義務」違反にほかならない、といえるであろう。

しかしながら、【15】が、シュトラーテンヴェルトの分析になるような「注意義務」を意識的に構成しようとしていたかどうか、という点では、多分に疑問が残る。それは「今村ナミ」の扱いに関連する。もし、（ネマトール1ロ）が、通常、（ネマトール12）と読めるならば、ネマトールの性質、用途等につき知識に乏しい「今村ナミ」が、処方箋記載の（ネマトール12）を薬袋に包装したことは、注意義務違反といえない可能性が濃い。それは、看護婦等の側における、医師に対する「信頼の原則」から導かれるものである（この点で、BGHSt. 6, S. 282 が、参照されるべきである。看護婦（尤も正規の看護婦であるが）は、注射を準備する際、医師の指示が適当なものであるかどうかにつき検討する義務はない、としている。dazu G. Stratenwerth, a. a. O. S. 386, 386 Anm. 14 u. 15）。しかるに、【15】は、「今村ナミ」にも「過失」があつたとするもののようである。「今村ナミ」も起訴されたのであれば、当然、過失致死罪の同時正犯ということになろう。果して、右のような検討を経た上で、そのように認定したのか、問題である。【15】の「過失」の実体に、疑問が残るゆえんである（司波・前掲は、医師の「注意義務」の認定および「因果関係」の認定の二点につき、判旨正当とせられる。しかし、「今村ナミ」の「過失」については、なんら論評していない。また、【15】は相当因果関係説に拠るものである、とされる。しかし、判旨から、相当因果関係説依拠の態度が、窺われるであろうか）。

（ハ）　かくして、ここでも、判例は、一条件の設定という契機と一般的・抽象的「注意義務」違反としての「過失」とから、過失同時正犯の構成にでている、といってよいことが理解された。

それでは、相当因果関係説によるものはどうであろうか。

(2)　相当因果関係説による基礎づけ　（イ）　井上教授（井上・過失犯の理論一六四頁以下、二七七頁以下）は、「条件説によれば、因果の関連を当然肯定すべきであろうが、相当因果関係説がこれを否定せざるをえないばあい、判例が因果関係を否定してこそ、相当因果関係説を支持するものといえる。しかし、そういう例はない」

とせられ、特に大審院時代の判例は相当因果関係説をとっていると好意的にみることがむずかしい、とされる。だがしかし、つぎの【16】――【18】は、無罪の究極の根拠を、論理的には、結果発生の客観的予見可能性の不存在、すなわち相当因果関係の不存在に求めたものである、として把握されなければならないであろう。

(a)　ただ不当に相当因果関係を否定したのではないか、と考えられるものもある。

【16】「凡ソ専用軌道ヲ有スル電車ハ高速度ヲ持シテ一定ノ軌道上ヲ疾走スル公許ノ交通機関ニシテ其ノ進退操縦普通人ノ如ク自由ナラサルカ故ニ電車線路ト人道トノ交叉セル踏切ニ於テ通行人ト電車トカ衝突スル虞アル場合ニハ通行人ハ宜シク線路ノ外側ニ在リテ電車ノ進行ヲ待避シ其ノ通過シ去ルヲ待チテ線路内ニ入ルヘク電車ノ運転手ハ進行中ノ電車ヲ停止シ通行人ヲシテ先ツ線路ヲ横断セシメタル後電車ノ進行ヲ継続セサルヘカラサル義務アルモノニアラス換言スレハ進行中ノ電車ノ前面ニ於テ通行人カ線路ヲ横断スルニ因リテ生スル衝突ノ危険ヲ予防スルノ責任ハ主トシテ通行人ニ在リトナスヘク電車ノ運転手ハ通行人カ其ノ姿勢態度其ノ他ノ状況ニ依リ電車ノ進行ニ介意セスシテ線路ヲ横断セントスルモノト信セラルヘキ特別事情ナキ限リ通行人自ラ危険ヲ回避スルニ必要ナル注意ヲ為シ電車ノ進行シ去ルヲ待チテ線路ヲ横断スヘシト予期スヘキ理由アルヲ以テ踏切地点ヲ通過セントスル場合ニモ運転手カ特ニ電車ノ速力ヲ低減シ又ハ其ノ進行ヲ停止シテ不慮ノ衝突ニ備フヘキ注意義務アルモノト為スヘキニアラサルコトハ当院ノ夙ニ判例トスルトコロ（大正二年(れ)第二六七六号大正三年三月十一日判決）ナルニ依リ本件ニ付案スルニ記録ニ徴スレハ前示芝尾ノ踏切ニ遮断機自動警報機等ノ設備ナク且ツ其ノ踏切附近ニ存スル県道陸橋ノ東側手前ヨリ右踏切方面ニ対スル見透ノ十分ナラサル事実カ公訴事実記載ノ如クナルコトハ之ヲ認メ得ルモ被告人カ電車ヲ運転シテ宇部岬駅ヲ発車シタル後山形

「キヌ」ノ姿ヲ初メテ発見セル陸橋手前ノ地点ニ至ル迄ノ間ニ衝突ノ危険ヲ予想セシムヘキ通行人其ノ他特別事情ノ存シタルコトハ之ヲ認メ難キカ故ニ被告人カ特ニ電車ノ減速其ノ他臨機急停車ヲナシ得ヘキ応急措置ヲ講セスシテ芝尾ノ踏切ニ向ヒ電車ノ進行ヲ継続シタレハトテ此ノ点ニ於テ被告人ニ注意義務ヲ怠リタル責任アルモノト謂フヘキニアラス」（大判昭一五・七・二三刑集一九・六〇九）（なお、本判決は、さらに、運転速度表に従つて運転することが、被告人にとつての法律上の義務でもある、という点、被告人は陸橋にさしかかつた際、常例に従い警笛を吹鳴している、という点を認定し、結局、山形キヌの死亡は被告人の業務上の過失に基因するものとはいえない、としている。批評として、出射・刑事判例評釈集三巻二六六頁。さらに、井上（祐）・刑法雑誌一〇巻二号一二〇頁、藤木・法協七四巻二八〇頁。なお、大塚「過失による交通事犯と危険の分配」刑法雑誌一〇巻二号九二頁）。

【16】は、判旨からも是認されるように、「信頼の原則」から、通常、電車運転手に「注意義務」が課せられない場合を説示している、といえる（出射・前掲も、本件をこのような角度から把握し批判せられる）。しかし、事案に即して考えてみると、【16】は、「信頼の原則」を適用して「注意義務」を否定したのではなく、「衝突ノ危険ヲ予想セシムヘキ通行人其ノ他特別事情ノ存シタルコトハ之ヲ認メ難」いという理由をもつて、「注意義務」を否定したものである、といわなければならない。けだし、「信頼の原則」とは、結果発生の危険性が予測可能である場合に、どの程度他人の注意深い行為を期待することが許されるか、という問題であるから（G. Stratenwerth, a. a. O. S. 386 f.; auch H. Welzel, Das deutsche Strafrecht, 7 Aufl. S. 115 f. なお、この点で、西原「西ドイツにおける過失交通事犯」刑法雑誌一〇巻二号三四頁以下には、誤解があるように思われる）。従つて、【16】は、論理的には、衝突の危険を予想させるような特別な事情が存在しないがゆえに、課せられるべき「注意義務」もない、ということを示したものであるといわなければならない。さらに論理的にいえば、被害者が突然現われでて轢かれたことと、被告人の行為との間には、相当因果関係が

ない、ということでなければならない（前出参照【8】）。

しかし、本件において、相当因果関係を否定することが妥当かどうかは、別問題である。遮断機、警報機の設備がなく、しかも見透しが困難な事情は、とりもなおさず、危険を予測させる「特別事情」である、といいうるからである（この「特別事情」を、出射・前掲は、「注意義務」認定の契機として考慮し、井上(祐)・前掲は、結果発生の客観的予見可能性肯定の契機として把握し、共に【16】に対し疑問を提起せられる）。右のような「特別事情」の存在にもかかわらず、汽笛吹鳴のみで減速徐行等の措置にでなかったことは、結果に対し相当因果関係にたつ、といいうるであろう。この意味では、【16】は、不当に相当因果関係を否定したものとして理解されなければならない。しかし、とにかく、論理的には、相当因果関係の不存在を認めたことになるわけである。

(b)　この点、【17】には、すくなくとも、【16】のような疑問はないと考えられる。

【17】　「注意汽笛ハ汽車ノ進行ニ因ル危険ヲ覚知セスシテ線路ニ差蒐ラントスル者ニ警戒ヲ与フル必要アリ且其汽笛ニ依リ危険ヲ防止スルコトヲ得ヘキ場合ニ之ヲ鳴ラスヘキモノニシテ特定ノ通行人ニシテ既ニ自ラ其危険ヲ覚知シ線路ニ差蒐ルコトヲ避ケツツアリト認ムルヲ相当トスル場合ニハ必スシモ此汽笛ヲ鳴ラスノ必要ナク又其通行人ニシテ一旦危険ヲ避ケ居リタルニ拘ハラス忽チ其意思ヲ翻ヘシ突差ノ間ニ線路ニ進入シ既ニ注意汽笛ヲ以テ危険ヲ防止スルニ由ナキ場合ニ於テモ等シク此汽笛ヲ鳴ラスコトヲ要スルモノニ非ス……(A)カ判示事実ノ状況ニ照ラシ被害者ニ於テ既ニ危険ヲ覚知シテ汽車ノ通過ヲ待合ハスモノト判断シタルハ相当ナリト認ムヘク又(B)カ既ニ線路ニ進入シタルトキハ注意汽笛ヲ以テスルモ之ヲ防止スルコト能ハサリシモノナルコト明カナレハ(A)カ判示列車ヲ運転シテ判示踏切ヲ通過スルニ当リ此汽笛ヲ鳴ラササリシトスルモ之

ヲ以テ其ノ過失ナリトシ（B）ノ死亡ヲ（A）ノ過失行為ニ帰スヘキモノニアラス論旨ハ理由ナシ」

「（A）カ注意汽笛ヲ鳴ラササリシ事ハ同人ノ過失ニアラス右（A）ノ不作為ハ（B）ノ死亡ト何等交渉スル所ナ（シ）」

「（B）ノ死亡ハ（A）ノ注意汽笛ヲ鳴ラササリシニ基因スルモノニアラス」（大判大八・二・一五刑録二五・一五七）（井上・過失犯の理論二〇三頁註(15)参照）。

井上教授（井上・前掲書二〇三頁註(15)）も、【17】は、「突飛な事件として因果関係の存しないばあいではないか、と疑わしめる」とせられる。危険を覚知して一旦線路外に避譲したものと合理的に判断しうるような行動をとつた被害者が、再び突然線路内に入り込んできた、というような出来事は、偶然稀有の現象といえるであろう。被告人が、注意汽笛を吹鳴しなかつたことは、被害者の死の一般的可能性を高めるものではないといえよう（尤も、【17】は、汽笛を吹鳴しなかつたという不作為を問題にし、その因果関係そのものを否定しているのではないかとも考えられる。しかし、大判大二・五・六刑録一九・六〇一、大判昭二・一〇・一六刑集六・四一三からして、判例が、不作為の因果性を否定するものであるかどうかには、疑問がある。さらに、ここで、汽笛を吹鳴しなかつたという点だけをとりあげ、その因果性を問題にすることが妥当かどうかにも、疑問があろう。なお、不作為の因果性については、機会を改めて検討したい）。

(c)　ここで、さらに、【18】を眺めておこう、

【18】「過失致死罪ハ自己ノ過失ニ因リ他人ニ死ノ結果ヲ惹起セシムルニ依リ成立スルモノニシテ苟モ自己ノ過失ト他人死亡トノ間ニ因果関係ノ存在スル以上其ノ過失カ他人ノ死ノ結果ニ対シ唯一ノ原因ヲ為スモノナルト将タ他人ノ過失カ中間ニ介在シ之ト相俟テ共同的ニ原因ヲ為スモノナルトヲ問ハサルモノナリト雖モ過失ノ有無ハ普通一般人ノ注意力ヲ標準トシテ定ムヘク此ノ注意ヲ用キナハ死ノ結果ヲ予見シ得ヘカリシニ拘ラス予見セサリシ場合ニ過失アリト為スヘキモノニシテ「塩酸キニーネ」四・九瓦ハ普通致死量ニモ平均致死量ニモ非サルコト叙上ノ如クナル以上右分量ヲ一時ニ服用スレハ特異体質ヲ有スルモノハ死亡スルニ至ルコトハ普

通一般人ノ注意力ヲ以テシテハ予見シ得ヘカラサルコトニ属スト解スルヲ妥当トス果シテ然ラハ被告人カ注意ヲ怠リ「塩酸キニーネ」ヲ「リシタール油」ト誤認シテ晦日ニ交付シタレハトテ晦日イトノ死ノ結果ニ対シ過失致死ノ責ヲ負ハシムヘキモノニ非ス」（朝鮮高判昭八・四・二〇評論二二・一〇刑二四一）（Vgl. RG. 29, S. 218. 事案は、被告人が、被害者に火傷を負わせたところ、病院で未恢復の皮膚に移植が行なわれ被害者は身体に不適当なクロロフォルム麻酔によつて中毒死した、というものである。ライヒスゲリヒトはクロロフォルム麻酔は致命的たるべく余りにも稀であるとし、過失致死罪を否定した。内田・北法一一巻二三七頁以下参照）。

【18】は、因果関係論としては条件説をとり、過失固有の問題として客観的予見可能性を論じているように解されるわけであつて、批判されるべき点もあるが（なお、RG. 29, S. 218 は、条件説的見地にたちながら、「主観的予見可能性」で条件の広がりを限定しようとして、その実、予見可能性の標準を日常の経験に求めたのである。そこで、エクスナー、エンギッシュ、ヒッペルは、この判決を捉えて、相当因果関係説をとるものとなしている。内田・北法一一巻二四五頁（25））、一般人の予見しえない結果を行為者に帰属させてはならない、として、相当因果関係説の主張を肯定したことになる。

(d)　かくして、大審院時代にも、論理的には、相当因果関係の否定に帰着する立論を行なうものというべき判例の存在することが承認される（ちなみに、相当因果関係を肯定するものとして、過失犯に限定して主要な判例をあげると、大判大一一・五・一一刑集一・二七四、大判大一三・三・三一刑集三・二五九、大判大一四・六・九刑集四・三八五、大判大一四・六・一〇刑集四・四〇一、大判大一五・二・四刑集五・一七、大判昭二・一・一九刑集六・一、大判昭二・一・三一刑集六・一八、大判昭二・一二・二二刑集六・五四一、大判昭六・一〇・二六刑集一〇・四九四、大判昭八・一一・一一刑集一二・一九八九、大判昭一〇・七・六刑集一四・七八〇（同旨、大判昭一三・八・一九刑集一七・六三八＝評釈、城・刑事判例評釈集一巻三一〇頁、大判昭一三・一二・九刑集一七・九一二＝評釈、出射・刑事判例評釈集一巻四五五頁）、大判昭一一・五・一二刑集一五・六一七）。

（ロ）　最高裁の時代に入り、相当因果関係を正面きつて問題にした判例として、すでに【8】があげられたわけであるが、最高裁判所としては、傷害事件に関し、昭和二三年三月三〇日の判決（刑集二・三・二七三）において、まず、相当因果関係説への志向を示し、その後、主として過失共働に関して、【19】―【22】のような一連の判例を樹立したのである。直ちにそれらを眺めてゆこう（なお、傷害罪に関するものであるが、前出最判昭三七

・八・二二刑集一六・八・一一三〇三参照)。

(a)　相当因果関係が認められにくいようにみえる場合から考えてゆこう。

【19】　(事実)　某病院勤務の薬剤師たる被告人Aは、昭和二六年八月一日、製剤室でブドウ糖注射液六五〇〇cc、耳鼻科で使用する三%ヌペルカイン溶液一〇〇ccなどを製剤した。ヌペルカインは劇薬だから、その容器に赤枠赤字で品名と「劇」の字を記した標示紙を貼布しておくべきだつたが、Aはそれを怠り、単にブドウ糖液と同じように一〇〇cc入のコルベン容器に入れ、ブドウ糖液と同色同型の標示紙に青インクで「三%ヌペルカイン」と記入したにとどまつた。しかも、それをブドウ糖液在中の一〇〇ccコルベン容器数本と共に同一滅菌器に入れ、翌日まで放置した。翌朝、薬剤科勤務の事務員たる被告人Bは、滅菌器からコルベンをとりだし、普通薬を貯蔵する棚に整理していたが、これをみてもAは前日のことを忘れてしまつて、Bに何の注意も与えなかつた。Bは、ヌペルカインのコルベンをブドウ糖のコルベンと誤信し、ブドウ糖注射液一〇〇ccを求めてきた看護婦Cにブドウ糖液として交付してしまつた。Cは、それを内科処置台に運んだが、後、その液体が三%ヌペルカインであることに気付き、処置台の隅に片寄せておいた。同日午後、看護婦たる被告人Dは、その処置台にヌペルカインなどの劇薬が放置された前例が絶無であつたところから、このヌペルカインをブドウ糖液と速断し、患者二名に注射して中毒死させた。第一審は、A・Bの不注意な行為はCが該液をブドウ糖でなくヌペルカイン液であると確認したことによつて「補足され是正された」となすことにより、両人の行為と結果との間には「相当と認めるべき因果関係」がないとし、業務上過失致死罪の成立を否定した(Dのみ有罪)。これに対して、第二審は、Cの行為は何らA・Bの不注意な行為を「補足し是正」するにたるものではなく、むしろ彼等の行為と「連結」し彼等の行為の危険性を「維持増大」せしめるものであるとなすことにより、A・Bの行為と結果との間に因果関係を認め、第一審判決を破棄し、業務上過失致死罪の成立を肯定した。

（A・B・Dの過失致死罪成立を肯定）。

（上告論旨）「本件ヌペルカインを滅菌器から取出し、製剤室に搬入したまでの行為には、本件過失致死を惹起するに足るべきものと認むべき過失の原因は存在せぬ」から、Aは本件過失致死と無関係であり、「本件の結果発生に対する因果関係は（C）又は（D）の看護婦として当然払ぅべき注意を払わず行動したことから（偶発原因）改めて始まつたものであつて、（B）の（C）に対する本件薬剤の交付とは別個のものであり刑法上の規範的因果関係はないと云ぅべきである」

（判旨）「（……その他被告人等の過失並相当因果関係に関する原審の判断は正当である）」（最判昭二八・一二・二二刑集七・一三・二六〇八）（評釈、下村・刑事判例評釈集一五巻三八八頁。研究、井上・過失犯の理論三一一頁以下、内田・北法一一巻二四六頁以下参照）。

【19】は、A・B・Dに、業務上過失致死罪の同時正犯を認めたものである。現実に注射をしたDは別としてA・Bの行為と結果との間には相当因果関係が存在する、といぅ判断が、同時正犯成立の根拠をなしている。しかし、ここで相当因果関係を認めることには、かなり問題があるように思われる。現に、第一審は、A・Bの不注意な行為はCが該液をブドウ糖液でなくヌペルカイン液であると確認したことにより「補足され是正された」となすことにより、両人の行為と結果の間には「相当と認めるべき因果関係」がない、としているのである。これに対し、第二審は、Cの行為はなんらA・Bの不注意な行為を「補足し是正」するに足るものではなく、むしろ彼等の行為と「連結」し彼等の行為の危険性を「維持増大」せしめるものである、として相当因果関係を肯定し、最高裁もこれを是認したのである。

それでは、いかに考えることが、相当因果関係説に忠実であろうか。

いうまでもなく、問題は、ヌペルカインであることに気づきながら、処置台の上に該液を片寄せておいただけで、劇薬処理の措置にでなかつたCの行為をいかに把握するか、という点にある。つまり、右のようなCの行為は、A・Bからみて、客観的に予見可能かどうか、である（因果関係の「連結・維持」とか「補足・是正」さらには上告論旨の「改めて始まつた」因果関係というような視点から、Cの行為を問題にすることは、相当因果関係説の先駆者バールの中断論や条件関係すら存在しない場合を指称するビルクマイアーの中断論との関係で、まぎらわしいばかりでなく、実体的にも適切でない。この点、内田・北法一一巻二四八頁）。

ところで、Cの不注意な行為は、劇薬ヌペルカインを扱う行為としては、異常なものである、ということはできる（井上・前掲三三―五頁は、この点で、相当因果関係を否定せられるようである）。しかし、いやしくも看護婦たる者は、ヌペルカインに気づいた後、これを処置台の隅に片寄せておくことはないと、いいきれるだろうか。むしろ、ありがちだ、といえるのではなかろうか。これは、場合によつては極めて慎重に行動する反面、時には、思いもよらぬうかつな行動にでる人間の実体から説明されうるであろう。このような人間の実体が、『生活の通常の姿』（Regel des Lebens）の基礎をなすものであるから、右のCの行為も、この「生活の通常の姿」という幅のある流れを、変容させることにはならない、すなわち、客観的予見可能の範囲内にあるということができるのではなかろうか。トレーガー（L. Traeger, Der Kausalbegriff im Straf- und Zivilrecht, 1904, S.159, 160 ff., 167ff., 188）、タルノウスキー（H. Tarnowski, Die systematische Bedeutung der adaequaten Kausalitäts-theorie für den Aufbau des Verbrechensbegriffs, 1927, S. 217 ff., 227, 339）、エンギッシュ（K. Engisch, Kausalität als Merkmale der strafrecht-lichen Tatbestände, 1931, S. 46）、シュトラーテンヴェルト（G. Stratenwerth, Schmidt Festschrift, S. 384 ff.）の理解する「客観的予見可能性」も、このような範囲をすべて包含しているといつて過言ではない（この点、さらに、内田・北法一一巻特に二四六頁以下、二五〇頁）。

かくして、【19】は、相当因果関係の存否に関する限り、結局正しかった、と思われる（Aにとり、B・C・Dの不注意は、客観的に予見可能であり、Bにとり、C・Dの不注意は、客観的に予見可能であった、ということになるであろう）（尤も、このように考えると、【16】【17】において、突然線路内にたち入った被害者の行為も、客観的に予見可能ではなかったか、という批判がでてくるであろう。飛込み自殺も稀ではない、という点からしても右の批判は、重大だと思われる。しかし、問題は、汽車・電車の進行に際し、人間の「生活の通常の姿」はどのような形をとるか、にある。単に統計的な頻度の問題ではない。汽車・電車を避譲するのが、「生活の通常の姿」である、とはいえるが、ヌペルカインに気づいても、必ずしも適切な措置にでるとはいえない、という点に違いがあるだろう）。

(b)　このような理解の下では、つぎの【20】―【22】に相当因果関係を認めることは、比較的容易であろう。

【20】（事実）　被告人Aは、国鉄宇野線信号保安係であつたところ、昭和二八年七月二四日、迫川駅構内五一ポイントの標識板取替作業を行なつたが、誤つて、夜間用の標識板を汽車の線路の開通方向と反対にしたまま作業を終えた。一方、同日夜、下り列車発車に際し、同駅転轍手Bは、標識板を確かめたが、実際は上り線が開通であるのに、下り線が開通になつているのを知り、誰かが自分に代つて転轍してくれたものと誤信したまま、レールの尖端の密着状態を確認せずにいた。さらに、同駅長代理Cは、標識板が下り線開通であるのをみて、発車合図の信号機のレバーを引いたが、現実には下り線が開通になつていないため、レバーが引けず危険信号を示したままになつていたにもかかわらず、レバーの故障だろうと思つて、手で発車の信号を行ない、該列車を脱線させた。第一審は、標識燈の現示によつて列車の発着が左右されるものではないということ、Bは必ずポイントの現位置に赴いて転轍し線路尖端の密着状態を確認すべき義務を負つていること、Cが非常識にルーズな代用手信号によつて列車を発車させたこと、Cがこのような偶然稀有の重大過失をおかすにおいては、ポイントの切り替えの有無を現示する連動箱の信号レバー、出発信号機等の諸施設が全く無意味のものとなることを認定し、結局、Aの過失行為と結果の間には相当因果関係は存在しない、として無罪を言渡した。

これに対し、第二審は、国鉄の組織・機構が、列車の定時安全運転という最高目的のため有機的に統合されている結果、他の職員・機械設備への信頼が過信となり、順次誤りを重ね、重大な結果を発生させる可能性を常に包蔵していること、標識燈の性質にはたしかに一審判決の説くような面もあるが、しかし、その標識の現示に左右されてつぎの職務遂行に移る職員がいるであろうことは当然に予想できるものであること、Bの過失もCの過失も、それ自体はまことに偶然稀有であるには相違ないとしても、全く予見不可能なことに属するものではなく、Aの過失がBの過失を誘発し、さらにCの過失をも誘発して、機関車脱線にまで発展したものであること、一審判決はB・Cの過失により因果関係が中断すると説くが、それは誤りであつて、因果関係の中断とは、中間原因それ自体が偶然稀有である場合に認められるのではなくして、当初の条件（原因）と全く無関係な、全く予想もできなかつたような偶然な原因の介入によつて始めて認められるものであること、以上を認定して一審判決を破棄し、Aに業務上過失往来危険罪の成立を認めた。

（上告論旨）　一個の国鉄職員の犯した過失が順次に他の職員の過失を誘発する可能性というのは、極めて抽象的なものであり、これを前提にして因果関係を求めるならば、条件説に赴くことになる。しかし、この抽象的な危険性が現実化することがないとはいえない。だからこそ、連動装置――信号レバー、出発信号機の危険信号等――があつて、右のような可能性を防止しようとするわけである。それゆえ、Bの過失もさることながら、連動装置の意義を全く否定するようなCの過失こそ、予見不能な異常稀有のものといわなければならない。

（決定要旨）　「（なお、原判決が、被告人の本件標識板取替作業中になした夜間用の標識燈をポイントの上下線開通方向と反対にしたまま放置し作業を終了した業務上の過失と本件列車の機関車前輪の脱線との間に因果関係ありとした判断並びに右脱線が汽車往来に危険を生ぜしめたものとした判断は、いずれも正当である）」（最決昭三二・一・二四（刑集一一・一・二三〇）（井上・過失犯の理論一六四頁以下、内田・北法一二巻四八五頁以下）。

【20】は、B・Cの不注意が介入してもなおかつAの不注意と結果との間に相当因果関係は存在する、ゆえにAは業務上過失往来危険罪の罪責を負うべきである、となすものである。B・Cも起訴されたならば、当然、同様に業務上過失往来危険罪の同時正犯とされるであろう。

しかし、本件においても、相当因果関係の存否をめぐり、第一審と第二審・上告審とで見解は異なつたのである。ところで、第一審が相当因果関係を否定した根拠は、B・Cの不注意が客観的に予見可能でなかつたから、という点にあるとは思われない。むしろ、B・Cの行為が、当該状況下において、どのような実体的意味をもつのか、という観点で、特にCの不注意な行為が決定的な意味をもつている、ということを強調する点にあるといえよう。しかし、このような態度は、相当因果関係の存否を問題にするのではなく、「実行行為」の存否を問題にするものではあるまいか（内田・北法二一巻四八五頁、さらに、後出【37】参照）。この点、第二審は、「Bの過失もCの過失も、その事柄自体はまことに偶然稀有であるには相違ないとしても、全く予見し得ないところのものではなく」という観点から相当因果関係を認めようとしているが、この態度の方が、妥当であるといえよう（但し、「因果関係の中断」に関し、ビルクマイアー流の中断論をとっているかにみえるが、この点は妥当でない。けだし、そもそも因果関係が存在しない場合以外は、常に相当因果関係が肯定される、といった結論に通じる可能性があるから。後出【23】参照）。そして、【19】において理解した点からするならば、本件においても、B・Cの不注意は客観的に予見可能な事柄に属するといいうるであろうから、結局、相当因果関係に関しては、【20】は正当であると考えられる（井上・前掲は、B・Cの過失が「一般に予見し得ない性質のものではない」程度ならば、相当因果関係として定型性を欠く、とせられる。しかし、相当因果関係の定型性が、そのように厳格なものであるかどうかには問題がある（前出五六頁のトレーガー、タルノウスキー、エンギッシュの見解、さらに、内田・北法二一巻二五〇頁参照）。さらに、「生活の通常の姿」を基準として考えた場合、B・Cの過失を、「一般に予見し得ない性質のものではない」程度の問題として位置づけうべきかどうか、にも疑問がある。なお、上告論旨は、因果性の問題と実行行為の問題とを混同しているように思われる。抽象的危険が感得されうるかどうかは、予見可能性の問題であり、その危険の現実化の問題は、実行行為の問題であると思う。後出〔37〕参照)。

【21】(事実)　被告人Aは、桜木町駅附近において、電力工手として吊架線の碍子の取換作業に従事中、吊架線と包縛線とを締め付けていたワイヤクリップのナットをはさんだ自己のスパナの尾部を、誤ってビームに接触させたため、電弧を発生させた。そして、これに驚いて反射的に身をよけて飛び下りた同僚の動作のため、包縛線と碍子枠との接触による電弧を生ぜしめ、さらに、当初の電弧発生の際に右両名のうちいずれかが反射的な逃避行為にでたため、スパナが吊架線と碍子枠等に接触しながらビームから落下したのであるが、これに起因する電弧をも相次いで発生させた。その結果、同所碍子附近で上り吊架線(山側)を熔断し(第一事故)、上り電車線と亘り電車線との間に約三〇cmの高低差を生ぜしめ、電車が下り線(海側)の一一ポイントから亘り線を通って上り線(山側)に進入することに危険な状態を生ぜしめた。被告人Bは、電力工手長として、当該碍子取換作業の指揮をしていたものであるが、前記架線の垂下状態の下で、電車を停車させるための何の措置もとらず、電力工手副長たる被告人C等に対し、「信号所に連絡に行ってくるから、後を頼むぞ」とだけいい残して同所を立ち去り、信号所勤務の信号係たる被告人Dに対し、上り線には上り電車も下り電車も運行させないようにという趣旨を単に「架線を断線させたので上りはいけない」とか「下りは差し支えない」といっただけにとどまり、Dをして次の下り電車を下り線から亘り線を経て進行させても差し支えないものと誤信させた。Cは、Dが立ち去った後、上り線には電車は入らないものと盲信して何らの措置をもとらず、Dは、Bの報告だけで下り電車を該危険個所に進入させてもかまわないと信じて、これまた何の措置にもでなかった。そこへ、被告人Eの運転する下り電車が定刻より九分遅れて進入してきたわけであるが、Eは、自己の進路に不安を感じる程度の架線の垂下を認めながら、場内信号も電力工手達の挙動も異常でなかったので、同乗の同僚と「大丈夫だろうね」と問答の上、大丈夫だろうと軽信してそのまま進行し、先頭車のパンタグラフの集電

舟を垂下した吊架線と電車線の間に突入させ、パンタグラフの碍子を破損、絶縁機能を破壊したため（第二事故）、急停車もおよばず電弧を四分間継続発生させ、乗客一〇〇名以上を死亡させ八〇名以上に傷害を負わせたものである（桜木町駅電車焼失事件）

（決定要旨）「特定の過失に起因して特定の結果が発生した場合に、これを一般的に観察して、その過失によつてその結果が発生する虞のあることが実験則上予測される場合においては、たとえ、その間に他の過失が同時に多数競合し或は時の前後に従つて累加的に重なり、又は他の何らかの条件が介在し、しかもその条件が結果発生に対して直接且つ優勢なものであり、問題とされる過失が間接且つ劣勢なものであつたとしても、これによつて因果関係は中断されず、右過失と結果との間にはなお法律上の因果関係ありといわなければならない。原判決がこれと同一見解の下に、本件において被告人（A）、（B）、（C）の各過失と本件致死傷の結果との間に、相被告人(D)、(E)の各過失が競合し、又当時横浜変電所の高速度遮断器の給電回路がπ型でなくT型であり、第二事故発生の際右変電所の高速度遮断器は動作したが鶴見饋電室の高速度遮断器は動作しなかつたため四分間に亘り継続給電されたこと、本件電車がいわゆる六三型電車であつてパンタグラフの絶縁が二重絶縁装置でなかつたこと、車体に木造部分が多く耐火的に構造上弱いものでありその他幾多の欠陥のあつたこと等悪条件が存在していたとしても、右被告人等の過失と本件結果との間には因果関係の存在を肯定すべきものとし、本件の結果である致死傷も右被告人等にとつて予見不可能の事柄ではなく、その程度が数量的に未だ経験しなかつたような甚大なものであつたとしても、右過失と結果との間の因果関係はないということはできず、結果の甚大である点は過失者にとつて責任の大小、軽重に関する情状の問題ではなく責任の存否の問題であるにすぎないと解すべきであるとした判断は相当である」（最決昭三五・四・一五刑集一四・五・五九一）（評釈、八木・法学新報六八巻八号七六頁、真鍋・法学論叢六九巻二号一〇六頁、内田「他人の過失その他の条件の介入と因果関係」＝刑法判例百選二四頁。なお、田原・ジュリスト二〇三号七一頁。井上・過失犯の理論二九一頁以下は、本件原判決につき、批判を展開せられる）。

【21】は、バール流の中断論（v. Bar, Die Lehre vom Causalzusammenhange, 1871, S. 3, 4, 5, 11. 12, 22 f.; ders. Gesetz und Schuld, Ⅱ, 1907, S. 161 ff., 180 f., 192, 201. 後出【23】参照）を根柢にして、相当因果関係説の基本的態度を表明することにより、A・B・C・D・Eに業務上過失致死傷罪の同時正犯を認めたものである。特にD・Eの過失だけではなしに、電車車体の構造上の悪条件、高速度遮断器の不備等をも勘案した上でも、なお、A・B・Cの行為と結果との間には「法律上の因果関係」がある、という点を肯定したものとして、相当因果関係説により忠実であったといえるであろう（介入した過失、車体の欠陥、高速度遮断器の不備も、決して偶然の条件とはいえない。従つて、これらは相当性判断の基礎をなすものとして考慮される。かくして、Aについていえば、B・C・D・Eの過失、車体の欠陥、器械の不備を前提として、第一事故→第二事故→火災→死傷のつながりが検討されることになる。とすれば、「死傷」は、充分客観的に予見可能といえる。なお、内田・刑法判例百選二四―五頁）。さらに、因果関係とは別個に、被告人等にとつての結果の予見可能性をとりあげ、これを肯定しているかに窺われるのは、興味のある点である（福岡高宮崎支判昭三三・九・九高裁特報五・九・三九三、名古屋高判昭三六・七・一刑集一四・六・三七一、静岡地判昭三二・八・二七判時一三一・三九、福島地判昭三四・二・一八下級刑集一・二・四一五参照）。

【22】（事実）　被告人Aは国鉄大分機関区の機関士として日豊線旅客列車の機関車運転の業務に、同Bは門司駅門司操車場下り運転室の運転係としてその業務に、同Cは門司駅甲て子取扱所の信号係としてその業務に各従事していた。Aは、下り準急旅客列車を運転して門司駅を発車し、小倉駅に向けて進行中、不注意にも信号注視の義務を怠ったため、進路予告機が下り貨物本線の進路を現示していたのにこれに気付かず、下り旅客本線の進路を現示しているものと誤認してそのまま進行、さらに、門司操車場下り運転室附近にある第三出発信号機が下り旅客本線停止、貨物本線進行の信号を現示していたのにも気付かず該運転室前を通過した。Bは、前示運転室において、下り列車通過の際は必ず事前に信号機と線路の状態を点検すべき義務あるにもかかわらず、列車改正時刻表に読み耽り、A運転の列車が通過したことに気付かず、かつ漫然右列車を通過させた。C

は、門司操車場下り運転室前を通過した下り貨物列車が第二三号ポイントを通過した後速かにポイントを定位に復して次に通過すべきA運転の列車が下り旅客本線を進行しうるよう構成すると共に、下り第三出発信号機に下り旅客本線進行の信号現示措置をなすべき義務あるにもかかわらず、これを怠り列車改正時刻表の検討に気を奪われ、右第二三号ポイントを定位に復することなく放置した。

被告人三人の右のような過失が相互に競合したため、A運転の列車は、第二三号ポイントより正規の下り旅客本線を進行せず、進行してはならない下り貨物本線を進行し、東小倉駅下り貨物二番線に進入、Aは九〇米前方に先行貨物列車が停車しているのを発見し狼狽して急制動をとつたが及ばず、両列車は追突し、機関助士、乗客等に傷害を与え、両列車をして脱線破損するに至らしめた。第一審、第二審共に各被告人に業務上過失傷害、業務上過失往来危険の成立を認めたのである(A・B・Cの「注意義務違反」は結果に対し、相当因果関係にたつ、という判断が、その根拠になつている)。

(上告論旨)　第二点　Bは監督者の地位にあるだけであつて、本件事故はBに従属するD(信号掛兼運転掛)の職務怠慢に帰せしめられるべきものである。また、Cは、本件当時休憩時間中であり、ポイントを定位に復すべき職務を有していたのは、相役のEだといわなければならない。原判決は職務法規の解釈を誤り、職務慣行を無視した違法なものである。

第三点　国鉄の信号機は、次に設置してある信号機間の線路につき、その責に任ずる装置である。本件下り第三出発信号機は、次に設置してある自動閉そく信号機間の線路につきその責に任ずるものであり、次に設置してある信号機は自動的に作用し更に自動閉そく信号の次に設置してある信号機は東小倉駅場内信号機であつて、これは東小倉駅で操作するものである。ところが、本件事故は、これらの信号機を超えて発生したものである。従つて、被告人等の過失と事故との間には相当因果関係がない。それゆえ被告人等には刑責がない。

（決定要旨）　「第二点は、単なる法令違反の主張に帰し（なお、列車乗務員の信号誤認とともに本件のごとき高速度専用軌道列車等の運行に際し、安全運行の職責を有する地上勤務者である運転係（B）及び信号係（C）両名の本件過失が相競合して本件事故発生の原因をなした旨並びに（B）の補助者（D）及び（C）に代る（E）にも本件事故発生につきその一因があるとしても、これがため両被告人に刑事責任なしとする理由は発見することができない旨の原判示は、相当である。）、同第三点は、事実誤認の主張にほかならないものであり（なお、原判決が（B）、（C）両名の本件各業務上の過失と本件五〇五号列車の追突事故との間に因果関係があるとした判断は、正当である。）、同第四点は量刑不当の主張であつて、いずれも刑訴四〇五条の上告理由に当らない」（最決昭三六・九・二六刑集一五・八・一五二一）。

【22】で、上告論旨は信号機の機能・責務を問題にして、相当因果関係なしと主張するが、一信号機が受持つ区間内の出来事かどうかという問題と、区間内ないしは区間外の出来事の客観的予見可能性の問題とは、別物である。【22】が、B・Cに、結果に対する相当因果関係を認めたことは、正当であろう。

（ハ）　下級裁判所で、相当因果関係が存在するという点からして、過失同時正犯を構成するものに、すでに【9】があつたし、【32】【33】【37】【53】も、相当因果関係が存在することを当然の前提としてことを論じているると考えられるのであるが、ここでは、つぎの【23】をあげることができる。

【23】（事実）　被告人Aは、メタノールを拾得したが、水で薄めて試飲してみたところ変つたこともなかつたので、これをアルコールと軽信して被告人Bに販売した。Bも、有毒でないことを確認してから販売すべき

義務があるのに、これを怠り、ウイスキーないしは焼酎名義で販売し、飲用した者を死亡あるいは失明するに至らしめた。弁護人は、Bの過失により、Aの因果関係は中断されると主張する。

（判旨）「所謂因果関係の中断は中間に或る事実又は人の過失行為が存在するという一事により直ちに起きるものでなく前行為がなくとも該中間の事実又は行為だけで結果が発生したであろう場合とか、中間事実や行為が異常稀有のものである場合には仮令これと前行為が競合して結果を発生した場合でも前行為の因果関係は遮断若しくは中断せられるがその然らざる場合には後の過失行為によりその前行為の因果関係が中断されることはない。従つて仮令所論のような（B）が検査するといつたに拘らずこれをしないで販売したという行為の介入があつたとしても只それだけで被告人の行為の因果関係が中断されることはありえない。（B）の過失行為は異常稀有のものではない。論旨援用の（B）の言は商人が日常の取引に於て屢々用いしかもそれが必ずしも実現せられないことは日常の経験に徴し疑ない所であるに拘らず、これを軽信したのは被告人過失の責任あるを免れない。論旨は被告人と（B）との本件取引に於て（B）に検査の全責任を負わすよう確約が成立しておつたようにいうが引用の文詞の重点は寧ろ原判決引用の如く『被告人が飲んで別に異状がなかつたからこれを飲用に供しても差支えない』と軽信した点にある。かかる他人の行為不行為の介入は被告人の本件酒精の未検査のままの販売と（B）の未検査のままの販売とが共同的の原因となつて他人の致死の結果を与えたものであるから所謂因果関係の中断はない」（東京高判昭二四・一〇・一五刑集二・二・一七七）。

【23】は、「因果関係の中断」ありとされうるのは、「前行為がなくとも該中間の事実又は行為だけで結果が発生したであろう場合」（ビルクマイアー流の中断論）とか、「中間事実や行為が異常稀有のものである場合」（バール流の中断論）に限るとなし――ここで、「中断論」と条件説とは必然

的に結びつくものではない、とする態度が示されている——、本件においては、バール流の「中断論」は適用されえない、すなわち、相当因果関係ありといわなければならない、として、A・Bに業務上過失致死傷罪の同時正犯を認めたものである。「因果関係の中断」を問題にしながら、実質的には、相当因果関係の存否を問うことができる、という態度を根柢にしたものとして、興味深い（前出二一頁参照。但し「因果関係の中断」という用語が不適当なのは、周知の通りである。また、ビルクマイアー流の「中断論」を考えることも、妥当でないことはいうまでもない。さらに、「因果関係が中断」される今一つの場合としてあげられているリスト流の中断論、すなわち、「責任能力者の自由にして故意ある行為の介入」がある場合においても、因果関係は決して「中断」しないことをつけ加えておく必要がある。内田・北法一一巻二二三頁以下）。

（二）　さて、相当因果関係の存在を基礎にして、過失同時正犯を構成する態度は、必然的に、相当因果関係の不存在をもつて、過失同時正犯の否定にでなければならない。ところが、この見地から、過失同時正犯を否定した最高裁判所の判例は、見当らない。しかし、下級裁判所の判例中には、独立行為に基づく過失共働に関する【8】がそうであつたように、若干のものが存在する。ここでは、つぎの【24】【25】をあげることができる。

【24】は、中学校の校長、教頭、体育主任が生徒の海水浴を実施中、現場で監督・指導を怠つたため多数を溺死させたとして、それぞれに業務上過失致死罪の成立を認めた第一審判決を破棄し、無罪をいい渡したものである。

【24】　「本件水難事故は一つに前叙の如き急激な水位の上昇と異常流の発達という不可抗力に起因するものであつて、この事態に処した被告人等の所為につき検察官の所論のような過失を認むべき証拠が十分でない」

（名古屋高判昭三六・一・二／四下級刑集三・一一一二・五）。

すなわち、ここでは、「急激な水位の上昇と異常流の発達」という、通常予見不能な条件の介入になる事故・「不可抗力に起因する」事故は、共同行為者に、過失同時正犯の不成立をもたらす、ということが示されている。

【25】は、炊事用かまどの煙突からの飛火に起因する火災につき、かまどの設置者等に結果発生の予見可能性がないと判断したものである。

【25】「本件火災の発生が被告人（A）において被告人（B）が職人に築造させた本件竈に、前記日時頃、皮付き杉製材屑木を数本焚付け、二〇数分に亘つて燃したことに基因することは……明らかである。しかし、それだからといつて、直ちに被告人両名の所為に注意義務違反があつたとは断定できない。検察官は（B）に対し、同人が一般民と同程度の注意を払つておれば、本件竈の性能として粉火の飛散の蓋然性が高いのを知つていたのであるから、本件火災発生の予見が可能であつたとし、（A）に対しては同人も右事情を知悉していながら、その取扱に注意を怠つたため、本件火災が発生したと主張するが、諸般の証拠によると本件竈の性能として、杉製材屑木を燃すだけで直ちに煙突からの粉火飛散の蓋然性が高かつたと断定できない。故に本件火災の発生原因を他の具体的事実に求めなければならないのに本件についてはこれらの証明がなく注意義務認定の基準となる具体的事実の認定ができない」（米子簡判昭三六・六・二九下級刑集三・五一六・五八七）。

【25】も、「本件竈の性能として、杉製材屑木を燃すだけで直ちに煙突からの粉火飛散の蓋然性が高かつたと断定できない」、すなわち、火災発生の客観的予見可能性があつたとはいえない、従つて、

「注意義務認定の基準となる具体的事実の認定ができない」、として失火罪の同時正犯を否定したものである。

この関係で、さらに、東京地判昭三三・四・一五第一審刑集一・四・五六三が、外見上は勿論通常の点検では認められない建築上の欠陥と異常な人数の通行に起因して駅の跨線橋の側壁が破損し、多数の列車客が線路上に落下し、さらに轢死傷した事件につき、駅助役、建築区長等に対し、業務上過失致死傷罪の同時正犯の否定にでていることを忘れてはならない（そのほか、多くは過失共働に関するものではないが、相当因果関係の否定に帰着する立論を行なう主要な判例として、つぎのものをあげることができる。福岡高判昭二七・一二・二五刑集五・一三・二五八七、名古屋高金沢支判昭二八・八・一刑集六・九・一二三一＝井上・過失犯の理論六九頁、東京高判昭二八・一二・一七判時二二・三〇、福岡高判昭三〇・一一・七刑集八・一〇・一一九五＝井上・前掲書四四頁、東京高判昭三一・二・二一高裁特報三・七・二九二＝井上・前掲書一〇六頁、大阪高判昭三一・五・一九高裁特報三・一〇・五三五＝井上・前掲書一一〇頁、福岡高判昭三一・七・一九刑集九・八・八二五＝井上・前掲書三八頁、東京高判昭三二・一二・九高裁特報四・四・四七＝井上・前掲書一七八頁、大阪高判昭三四・一一・三〇下級刑集一・一一・一五、札幌高判昭三七・二・二三刑集一五・一・六五）。

（ホ）　共同行為に基づく過失共働において、相当因果関係の存否を契機として過失同時正犯の成否を問う判例の態度は、右に眺めた通りであるが、ここで興味深いのは、以上の判例の殆どが、相当因果関係の存否だけから、ことを解決している点である。このことは、条件関係のもつ意義と相当因果関係のもつ意義の相違に由来するものと思われる。

そもそも、「一条件」の設定をもつて犯罪の客観的側面が充足された、となすことは問題であつた。だから、たとえば、ベーリングは、さらに、「実行行為」が必要であると考え、ビルクマイアーは、「最有力条件」の設定を、ヒッペルは、「相当条件」を要請したのである（前出五一六頁参照）。しかし、たとえば、ブーリは、「条件」に固執したがゆえに、その反面、主観的側面の確定に傾注せざるをえなかつたわけである（v. Buri, Ueber Causalität, S. 14 ff., 27 ff., 66 ff.; ders. Causalität und ihre strafrechtlichen Beziehungen, S. 1 f., 26 f.; ders. Kausalität und Teilnahme (ZStrW. 2) S. 289 ff. なお、前出五頁、内田・北法一一巻四六頁以下）。このような態度が、暗黙のうちに判例の中に浸透するところとなり、条件説による判例は、「過失」の認定により積極的になつていつたのではあるまいか。

　これに反し、「相当因果関係」ありということで、犯罪の客観的側面はいうに及ばず、主観的側面も充たされたと考えることは、さして困難ではないと解せられていたように思われる。まず、ザウエルの理解する「相当条件」、ビルクマイアーの理解する「原因」は、「実行行為」にほかならなかつたことを想起しえよう（前出五頁参照。なお、ビルクマイアーの「原因説」が「相当因果関係説」に無縁でない点については、W. Sauer, Allgemeine Strafrechtslehre, S. 83）。さらに、（客観的）「予見可能性」という契機は、一方において、「客観的注意義務」の構成に通じ、他方においては、「主観的予見可能性」・「主観的注意義務」への橋渡しとなつていつたことを意識する必要があろう。すなわち、結果の発生が客観的に予見可能・回避可能であるから、一般に人は、その結果を予見しこれを回避するためにどうしなければならないか、という「客観的注意義務」が構成され、さらに、客観的に予見可能な結果ならば、行為者個人もこれを予見し回避しうるのが通常であろう、として「主観的予見可能性」が容易に肯定され、ついで、この予見可能・回避可能な結果を回避すべく、行為者個人の立場でも、自己の意思を適法に決定すべきであり、また決定しえたであろう、という「主観的注意義務」が導かれるわけである。ところが、このような過失犯成立要件の分析は、近時の学説の理論的開拓によってもたらされたものである（「客観的予見可能性」、「客観的注意義務」、「主観的予見可能性」、「主観的注意義務」を明確に掲げるのは、W. Maihofer, Zur Systematik der Fahrlässigkeit (ZStrW. 70) S. 159 ff. である（これにつき、井上・過失犯の理論二九六頁註（5））。ヴェルツェルは、「客観的注意義務」よりも「社会関係上必要な注意」を好む。そして、相当因果関係説の相当性判断は、「注意」概念の一部をなす知見的視点からの相当性判断、すなわち、危険に関する「賢明な」認識より導かれる相当性の判断と同化する、となす。また、「主観的注意義務」という用語は避けられ、責任非難の知的要素たる「主観的予見可能性」に対して、責任非難の意的要素としての「期待可能性」として構成されている (H. Welzel, Deutsches Strafrecht, 7 Aufl. S. 114 ff., 138 ff.)。しかし、ここで問題とすべき範囲では、ヴェルツェルとマイホーフェルとで、実質的に異なる点はないといってよい。わが国では、すでに、藤木・法協七四巻一頁以下、二五六頁以下、四二二頁以下が、さらには、井上・過失犯の理論、木村「刑法総論入門」法学セミナー一九六一年一〇号一八頁以下、一一号二六頁以下、一二号二六頁以下、一九六三年三号一九頁以下、福田「過失犯の構造」刑法講座三巻（昭三八）一一九頁以下が、基本的には、ヴェルツェルと同様の体系をとっていると考えられる）。かつての学説、および、大多数の判例は、右のような分析に意識的でなかったといわなければならない（尤も、福岡高宮崎支判昭三三・九・九高裁特報五・五・三九三頁は、新しい学説の分析の方向を意識している。井上・過失犯の理論二八六頁）。「過失」の本体を「予見可能な結果の不予見」に求めたことは、たしかに、「予見可能性」の分析・構成を緻密にすることに貢献した。相当因果関係説の抬頭により、「予見可能性」を「客観的予見可能性」と「主観的予見可能性」に区別して考えるようになったことも、理論的進歩であることは、いうまでもない。しかし、「客観的予見可能性」はあるが「主観的予見可能性」はないとされる場合は、現実には、むしろすくないのであるから、実質的には、「客観的予見可能性」を問うだけで足りることになってしまう（これまでに眺めた判例、特に【1】―【7】、【10】―【15】の「予見可能性」がどのようなものであるかは、この意味では、さして重大ではない）。また、従前の学説・判例が、「注意義務」を無視していなかったということは、いうまでもないところである。しかし、「客観的注意義務」についての明確な理論的反省に欠けていたことが原因となって、一方では、次元を異にする二つの「注意義務」が、無差別に「主観的注意義務」の観点において眺められるところとなり、他方では、「予見可能性」から直ちに導かれる広汎な「注意義務」の懈怠が、「予見可能な結果の不予見・不回避」としての「過失」の内容をなすものとして構成されるに至ったのである。しかも、「客観的注意義務」と区別されない「注意義務」が、予見可能性から導かれる広汎な「注意義務」の内容をなすという形をとっている(Vgl. Schönke-Schröder, 11Aufl. S. 399 ff.(尤も、相当因果関係説にはたっていない)Auch vgl. H. Welzel, Fahrlässigkeit und Verkehrsdelikte, S. 30 f.)。従って、結局は、結果の客観的な予見可能性の存在をもって、過失に固有の「注意義務」までもが肯定されることになるわけである。判例が、相当因果関係の存否だけからことを解決しているのも、右のような理解の下では、充分納得のゆくところである(井上(祐)・刑法雑誌一〇巻二号一四〇頁註(四)は、つぎのように指摘するが、判例の理解として正しいものをもっているといえよう。いわく「第一に、注意(意志の緊張)じたいを問題にしないで常に因果関係——結果の予見可能性を先づとりあげ、予見できる結果を予見せず、したがつて回避できる結果をさけなかつたときに不注意＝注意義務違反があるという。第二に、判文の中には『予見すべき』とか『回避すべき』とか『なすべき注意』とかそれぞれの『義務』を示しているが、これらの義務もそれじたいを認定せず、『結果の予見可能性』がある限り、一切の義務性をいう。過失特有の規範的要素といわれるものも、これでは過失概念ではなくて、過失犯と認定された行為の特徴を示す義務違反性でしかなくなつている。概念要素としては『予見できるのに予見しなかつた』ということであつて、それが確定される限りは常に義務違反が結論される。そのような義務違反性はいわば国法上の義務違反であろう。『犯罪から遠ざかるべし』という刑事責務違反でしかない」。なお、前出二四頁)。だがしかし、さらに「注意義務」を要請する判例もある。つぎに、それを眺めてみよう。

三　「注意義務」違反を根拠とする過失の同時正犯

ここでは、因果関係ありとせられた場合において——条件関係は勿論、相当因果関係もある、といえる場合——、さらに「注意義務」違反の有無を検討することから、過失同時正犯の構成にでる判例を扱うことになる(井上(祐)・刑法雑誌一〇巻二号一一〇頁以下は、「注意義務」の相当不相当の問題も、結局は「結果予見の可能性」に還元されてしまう、とせられる。しかし、これから検討しようとする判例の中には、固有の「注意義務」を問題にするものがある。この限りで、井上(祐)助教授の判例理解には充分でない点がある、といわなければならない)。

ところが、判例は、「注意義務」を正面からとりあげながら、依然として広汎な義務に固執しているものと、限定的な義務を構成しているものとにわかれる。なお、ここで検討する判例の多くは、なんらかの形での共同行為に関するものであるし、また、「注意義務」の点に関しては、このような場合と個々の独立した行為の共働の場合とで特に区別する必要もないと思われるので、これからは両者を区別せずに扱うことにする。

（一）　広汎な抽象的な「注意義務」による基礎づけ

(1)　ここでは、つぎの一連の判例をあげることができる。

（イ）　まず、独立した行為の共働の場合に当る【26】から順次検討してゆこう。

【26】（事実）　被告人A・Bは自動車運転手であったが、昭和七年八月四日午後、京浜国道において衝突し、A自動車の乗客三名に傷害を与えた。

（判旨）　「前方ヨリ進行シ来レル自動車カ二十間ノ間隔ニ近ケル頃自己ノ進路即チ道路ノ左方ニ進入シ来レル場合ニ於テハ之ニ向ツテ進メル自動車ノ運転手ハ前方自動車ノ異常ナル行動ニ稽ヘ次ノ瞬間ニ如何ナル行動ニ出ツルヤ明確ニ察知シ得ルニ至ルマテ須ク一時停車スルカ又ハ何時ニテモ停車シ得ヘク徐行スルノ用意ニ出テ該自動車ノ採ルヘキ行動ニ備フヘキ業務上ノ注意義務アルモノニシテ斯ル場合軽々ニ判断シ該自動車カ停止スルナラントノ予測ノ下ニ快速力ヲ以テ其ノ右側ヲ摺リ抜ケントスルカ如キハ右ノ義務ニ反スル措置ナリト認ムヘク仮令前方自動車カ其ノ運転手ノ過失ニ因リ普通ノ事例ニ反スル行動ヲ採リタリトスルモ苟モ其ノ行動ニシテ予見シ得ヘキ範囲ニ属スル限リ宜シク之ニ備フルノ処置ヲ採ルヘク前方自動車ニ過失アルノ一事ヲ以テ直ニ注意義務ニ反セスト做スヘカラサルナリ本件ニ於テ原判決ノ認メタルトコロハ被告人ハ自動車ノ運転手トシ

テ自動車ヲ操縦シ時速約十七、八哩ヲ以テ横浜市ヨリ東京市ニ向ヒ進行中原判示場所ニ於テ前方ヨリ（B）ノ操縦スル貨物自動車カ時速約十哩ヲ以テ進行シ来リ其ノ間約二十間ニ切迫シタル際該貨物自動車カ道路ノ西側即チ左方ニ進入シ来リタル場合ニシテ斯ル場合被告人トシテハ上叙ノ理ニ依リ前方自動車ノ動静ヲ間断ナク注視シ何時ニテモ停車シ得ル程度ノ徐行ヲ為シ或ハ一時停車スル等事故ノ発生ヲ未然ニ防止スヘキ注意義務アリト認ムヘク従テ被告人カ右ノ場合貨物自動車カ前方左側歩道寄ニ停車スルモノト軽信シ速力ヲ緩ムルコトナク漫然把手ヲ右ニ切リテ進行シタルハ其ノ業務上遵守スヘキ注意義務ヲ懈リタルモノニシテ仮令貨物自動車ノ運転手ニ過失アリシトスルモ右自動車カ停止セス依然進行スルコトアルヘキコトカ被告人ニ於テ正ニ予見シ得ヘキコトナリシ以上右過失アルカ為ニ被告人ノ右注意義務ニ消長ヲ及ホスコトナシ然レハ則チ原判決カ被告人ニ業務上過失アリトシ刑法第二百十一条ヲ以テ処断シタルハ正当ニシテ論旨ハ理由ナシ」（大判昭九・六・七刑集一三・七九一）。

【26】においては、「前方自動車ノ異常ナル行動」までを慮り、「動静ヲ間断ナク注視シ何時ニテモ停車シ得ル程度ノ徐行ヲ為シ或ハ一時停車スル等」ノ「注意義務」を尽さなければならない、として極めて広汎な「注意義務」を課するわけである。

（ロ）　共同行為に基づく過失共働として、つぎの【27】―【33】があげられる。

(a)　【27】は、電車運転手と運転見習者との過失共働につき、同時正犯を認めたものである。

【27】　「五歳前後ノ幼児ハ電車ノ危険ヲ理解スルノ能力ナキヲ普通トスルヲ以テ危害ノ切迫セルヲ自覚セスシテ電車軌道内ニ進入スルコト亦稀有ノ事例ニ非ス従テ電車運転手カ電車ヲ操縦スルニ当リ其ノ前方電車軌道ノ附近ニ於テ幼児ノ佇立又ハ徘徊スルヲ認知シタルトキハ危害予防ノ為特ニ周到ナル注意ヲ為スヘキハ其ノ業務ノ性質上当然ノ義務ナルカ故ニ運転手ハ絶ヘス該幼児ノ姿勢態度其ノ他情況ニ留意シ警鈴ヲ鳴ラスハ勿論緩

急ニ応シテ随時停車シ得ヘキ処置ヲ執リツツ進行スヘク若シ電車操縦ノ経験ナキ運転手見習員ヲシテ自己ニ代リテ電車ヲ操縦セシメ傍ヨリ之ヲ指揮監督スル場合ニ在テハ其ノ者ヲ罷メシメテ自ラ操縦スルヲ相当トス幼児ノ保護者カ電車軌道ニ沿フタル街路ニ於テ幼児ノ嬉戯シ徘徊スルニ放任スルハ不注意ノ責ヲ免レスト雖之カ為ニ電車運転手ノ業務上ノ注意義務ニ消長ヲ来スヘキニ非ス又交通機関トシテ電車ノ機能ノ発揮ハ電車従業者ノ業務上ノ義務ノ遵守ト相俟ツヘキモノナレハ其ノ義務ノ遵守ヲ以テ電車公許ノ目的ニ反スト為スハ当ラスト云フヘシ原判決ノ認定事実ニ依レハ被告（A）ハ金沢電気軌道株式会社ノ電車運転手ニシテ運転手見習タル被告（B）ヲ同車セシメテ電車ヲ操縦シ金沢市野田寺町三丁目停留場ヲ発シタル際（B）カ未タ電車操縦ノ経験ナク自ラ運転スルノ能力ナキコトヲ知リナカラ同人ヲシテ運転セシメ被告ハ傍ニ立テ監督シツツ進行中同市桜畠二ノ小路二番地先ニ差蒐リタル際（C）（五歳）カ電車ノ前方二十四五間ノ軌道左側歩道ノ中央部ニ単身佇立スルヲ発見シタルニ拘ラス（B）ニ代リテ自ラ運転スルカ又ハ（B）ニ右事実ヲ告知シ危害予防ノ為警鈴ヲ鳴ラシ又ハ随時停車シ得ヘキ処置ヲ執ラシムル様注意ヲ与フルコトヲ為サス依然トシテ未熟練ナル（B）ヲシテ運転セシメ該幼児カ電車ノ前方二三間ノ地点ニ於テ軌道内ニ立入リタルヲ見テ始メテ（B）ヲ突除ケ自ラ急停車ノ処置ヲ執リシモ惰力ニ依リ該幼児ヲ轢傷シタル結果之ヲ死ニ致シタルモノナレハ被告（A）カ其ノ業務上ノ注意ヲ怠リタルコト明白ナリ……故ニ被告（A）ニ関スル論旨ハ理由ナシ次ニ被告（B）カ未タ電車操縦ノ経験ナク運転可能ノ自信ナクシテ自ラ電車ヲ操縦シ且前方注視ヲ怠リタル為軌道附近ニ幼児ノ佇立セルヲ発見スルコト能ハス警鈴ヲ鳴ラサスシテ進行ヲ継続シ電車前方二三間ノ地点ニ於テ該児カ軌道内ニ立入ルニ及ンテ始メテ之ヲ発見シ被告（A）ニ於テ急停車ヲ為シタルモ惰力ニ依リ該児ヲ轢傷シテ死ニ致シタルコト原判文上明白ニシテ被告ノ業務上当然為ササルヘカラサル危害防止ニ関スル注意ヲ怠リタルモノナルコト言ヲ俟タサル所ナレハ被告自ラヲシテ（A）ノ一手足一機関タルニ過キストシテ罪責ヲ否定シ得ヘキニ非ス故ニ被告（B）ニ関ス

ル論旨理由ナシ」（大判大一三・九・一一刑集三・六一九）（本判決は、さらに、熟練した運転手が自ら運転する場合と無経験者を指揮監督して運転させる場合とでは違いがあること、警鈴を鳴らすべきは当時の情況上必要であること、時速五哩は適当でないことを認定している）。

事件の解決としてはおそらく妥当であろう。しかし、【27】においては、表面でこそ「条件」ないしは「相当条件」が問題になつてはいない（この点では、たしかにこれまでの判例とは違うわけである）わけであるが、実質的には、「五歳前後ノ幼児ハ……電車軌道内ニ進入スルコト亦稀有ノ事例ニ非ス」という点で、相当因果関係説の相当性判断がなされ、そこから直ちにA・Bの「注意義務」が構成されているのであるから、この限りで、これまでの判例と異なるところはない、ということになる（特に、前出五三頁割註引用の判例と、原理的には、同一の見地にたつている）。

(b)　【28】は、駅長、列車機関手等に、過失同時正犯の可能性を認めたものである。

【28】（事実）　被告人Aは、甲駅駅長として業務に従事中、上り貨物列車を発車させ次駅乙駅に対し該貨物列車進発の通信を発したところ、間もなく、後続の旅客列車（甲駅無停車通過）がすでに甲駅に向つて進行してきたことを認めた。鉄道運転取扱心得によれば、一駅と次駅の間に同時に二つ以上の列車が進行することは禁じられていたのであるから、Aは、先行貨物列車が乙駅に到着したことを確認してから、後続旅客列車を進発させるべき職責を有していたのであり、乙駅より該貨物列車到着の通信がなかつた以上、該旅客列車を甲駅から進発させてはならなかつたわけである。ところが、当時、上り線出発信号機は故障で消燈していた事情もあつたので、Aは、同列車が無停車のまま通過する虞ありと思料し、急遽、プラットフォームにおいて手信号燈をもつて合図を発したが、狼狽のあまり、赤燈を点じないで、緑燈を点じたため、機関手Bは安全通過の信号と誤信してそのまま甲駅を通過してしまつた。Aは、事の意外に驚き、且つ自己の過失を認め、即時乙駅駅長Cに対し、後続旅客列車を進発せしめた旨連絡したが、Cは、規則上、二列車が同時に進行してくることはな

いと考え、Aの過失を感知しえず、さきに貨物列車進発の通知があつたのは旅客列車の誤りであろうと速断し、乙駅上り二番線に貨物列車を進入させるべく手配していたのを、旅客列車を三番線に進入させるべく転轍し、二番線の信号燈も緑燈より赤燈に変更し、三番線のそれを赤燈より緑燈に変更してしまつた。そのため、該貨物列車は、場内信号燈附近に停止するのやむなきに至つた。そこへ後続旅客列車が突進してきたわけであつて、急停車したがおよばず、追突脱線顚覆し、乗務員、乗客が傷害を負つた。

(上告論旨)　運転規程によれば、信号を現示すべき所定の場所に信号の現示がないときは、赤色信号に準じて停車しなければならない。ところが、本件追突列車は、無法にも突進してきたのである。それで、Aは驚愕のあまり、赤色燈をだしたつもりで緑色燈をだしてしまつたわけである。しかし、この場合の緑色信号は運転規程上何等の価値をも有していない。Bは、Aの合図信号をまつまでもなく当然停車しなければならないものである。Aには、停車手配をなすべき義務はない。

(判旨)　「縦令所論ノ如ク運転取扱ニ関スル特別ノ規定アリトスルモ駅長其ノ他鉄道係員ハ其ノ以外ニ於テ列車ノ運転ニ関シ危険発生ヲ防止スルニ付法律上慣習上若ハ条理上必要トスル一般ノ注意義務ヲ厳守スルコトヲ要スルハ固ヨリ明文ヲ竢タサル所ニシテ駅長其ノ他ノ鉄道係員ハ単ニ右運転取扱ニ関スル特別ノ規定ヲ遵守スルノミニ依リ其ノ義務ヲ尽シタルモノト云フヲ得ス然レハ被告人カ原判示ノ如ク注意義務ヲ懈リ不注意ニモ緑色燈ヲ現示シ其ノ結果判示ノ如キ汽車顚覆及傷害ノ結果ヲ生スルニ至ラシメタル以上ハ到底刑事上ノ責任ヲ免ルルニ由ナキノミナラス又仮ニ所論ノ如ク機関手ニモ過失アリタリトスルモ之カ為被告人ノ注意義務懈怠ニ因ル刑法上ノ責任ニ消長ヲ来スヘキ謂レナク被告人ハ其ノ共同過失者ト共ニ其ノ刑法上ノ責ニ任スヘキハ勿論ナリ」(大判昭九・六・二二刑集一三・八六三)(なお、大判昭八・一一・一〇刑集一二・一九六五＝前出二三頁割註引用、大判昭一一・五・一二刑集一五・六一七＝前出二七頁割註引用)。

【28】においては、当然停車措置にでるべき職責にありながら、これを怠つたBの「無法」がある

以上、Aに刑責はない、との上告論旨が斥けられ、運転規定以外において守るべき「注意義務」、Bの「注意義務」に無関係な「注意義務」という、それ自体は正当な、しかし危険防止のための「一般の注意義務」が課せられたわけであつて、これまでの判例と異なる点はない。

しかし、本件において、Bの甲駅侵入は、常規を逸した「無法」・無暴なものとはいい難いであろう（もし、この意味での無暴な行為であるならば、駅長としてのAにとつては、追突回避のために、たとえば、該旅客列車を脱線させる等の措置にでることもやむをえない場合があろう。その場合には、Bに対しては、正当防衛、乗客等に対しては、緊急避難の問題となるであろう（前出三六頁参照）。ただ、この場合が、権利行使であると同時に、駅長としての「義務」であるとして構成されなければならないかどうかは、問題である。もし、これが肯定的に答えられるべきならば、その限りで、右の「義務」は、本判決の「一般の注意義務」と重なる部分をもつことになると思われる。しかし、Aは、逆に、Bの「違法な侵害」を助長するような通過安全の緑燈をだしてしまつたことになる。Bの常規を逸した無暴な行為のために、完全に「狼狽」したのであるならば、「期待可能性」が問題となりうるであろう。この点で、H. Welzel, Deutsches Strafrecht, 7 Aufl. S. 159）。なぜならば、Bの運転する旅客列車は、もともと甲駅を無停車で通過することになつており、本件当時は、さらに、上り線出発信号機が故障していたのであるから。それゆえにこそ、Aは、運転取扱の規定にもかかわらず、無停車通過の危険性があると考えたのである。とするならば、駅長として、このような危険性に対処するためには、充分慎重に、赤色危険信号燈を掲げるべき「義務」が生じてくることになるであろう。シュトラーテンヴェルト（G. Stratenwerth, Schmidt-Festschrift, S. 390 ff.）のことばをかりて、Bの運転取扱規定遵守を信頼することが無効になるような、具体的情況から導かれる「間接的・第二次的注意義務」を考えることは、充分可能であろう。従つて、事案の解決としては妥当なものだつたと思われるのであるが、大審院が、右のような考量からではなしに、「危険発生ヲ防止スルニ付法律上慣習上若ハ条理上必要トスル一般ノ注意義務」といつた別の観点から、ことを解決した点に、問題が残るわけである。

(c)　【29】は、電車運転手と踏切信号者との同時正犯を認めたものである。

【29】（第二審認定事実）　京成電気軌道株式会社の電車運転者たる被告人Aは、甲駅を発し乙駅に向い業務に従事中、信号人の配置ならびに遮断機の設備ある某踏切（甲駅より約六百米）にさしかかつた。該踏切の信号は、電車が甲駅に入つた頃、予め遮断機を降すと共に合図燈を白色安全燈に切換えるのを常としていたのであるが、Aは、甲駅発車当時から該踏切の合図燈が引続き赤色危険信号を現示していることを認めていたのであるから、遮断機の開放を予期すべきは当然であり、人車が遮断機の開放のみに信頼して、不用意に踏切を横断しようとすることもあるのだから、細心の注意をもつて遮断機閉鎖の有無を確認すべきは勿論のこと、速度を調節し、臨機の処置をとりうるよう手配するなどして危険を未然に防止すべき業務上の注意義務があるにもかかわらず、これを怠り、軽卒にも、右合図燈が往々にして甲駅発車後踏切に至る途中において白色燈に切換えられていたので、今度もやがて白色燈になるだろうと考え、警笛を吹鳴し速力をやや減じた程度で漫然進行した。一方、該踏切の信号人たる被告人Bも、業務上の注意を怠り、踏切を遮断しなかつた。Aは、踏切が遮断されていないことを、踏切手前約三、四十米の所ではじめて知り、急停車の措置をとると共に非常警笛を吹鳴したが、時既に遅く、踏切手前約十米の所で踏切に乗入れたバスを認めながら、自己の電車の前部をバス後部に衝突させ、乗客二名を死に致し、十二名に傷害を与えた（第二審は、A・Bに業務上過失致死傷罪の成立を認めた。両被告は、上告した）。

（Aの上告論旨）　専用軌道を有する電車は、進退操縦普通人のように自由でないのに、高速度交通機関として重大な社会的機能を負わされている。だから、電気鉄道運輸事業者は、公認の運転速度表を設け、電車の正確な運転を期する一方、踏切に対し遮断警報機等の設備を為し、事故防止に万全を期している。だから、遮断機の設備ある踏切を通過する際には、これを横断する人車は遮断機の開閉に信頼してよいわけであるが、同様に、電車運転者も、踏切上に特に障碍が認められない限り、信号人の義務履行により遮断機は降下せられるものとの信頼の下に、高速度運転を継続してよい筈である。本件は、Aがかかる期待の下に走行したところが、Bの不測の職務懈怠とバスの不用意な横断があったために発生したものであって、Aに責任はない。原判示のように、一々徐行していたのでは高速度交通機関の使命は達せられない。電車運転手は、通行人がその姿勢態度その他の状況により、電車の進行に介意せず線路を横断しようとしていると信ぜられるような特別の事情がない限り、特に減速し、またはその他停止して、不虞の衝突に備えるべき注意義務を負うものではない。大判昭一五・七・二三刑集一九・六〇九頁（前出【16】＝引用者註）、大判大三・三・一一刑録二〇・二七八頁が明言しているところでもある。殊に、本件赤色信号は、本件会社独特の設備で、踏切上の具体的危険を示すものでもなければ、積極的に電車の停止を命ずるものでもない。もし、電車を停止させようとするならば、踏切番は、別に用意してある手提赤色燈もしくは赤色発火信号を現示しなければならないことになっていたのである。この点は、弁護人の屢々主張したところであるが、何等の説示もなしに斥けられてきた。要するに、Aが警笛を吹鳴しつつ減速進行し、具体的危険を発見するにおよんで急停車の措置をとったのは、正当である。

（判旨）「電車運転手ノ業務ニ従事スル者ハ電車ヲ操縦シテ踏切ヲ通過スルニ当リテハ合図燈カ赤色危険信号ヲ現示シ居ル以上遮断機ノ開放シアルコトヲ予期スヘキハ当然ニシテ踏切横断者ハ遮断機カ開放シアル場合ハ往々之ノミニ信頼シテ踏切ヲ通過スルコトアルヘキヲ以テ何時側面ヨリ進行ノ自動車等カ不用意ニ進出シ右踏切ヲ横断セントスルヤモ計リ難キヲ慮リ啻ニ会社ノ服務規則ヲ遵守スルノミヲ以テ足レリトセス更ニ細心ノ注意ヲ以テ前方ヲ注視シ遮断機ノ閉鎖シアルヤ否ヤヲ確ムヘキハ勿論速度ヲ調節シ万一遮断機ノ開放シアルトキハ踏切手前ニ於テ停車シ得ル様機ニ臨ミ変ニ応スルノ手配ヲ為シ危険ノ発生ヲ未然ニ防止スヘキ業務上ノ注

意義務アルモノトス故ニ運転手ハ踏切ノ合図燈カ赤色危険信号ヲ示シ居ルニ拘ラス漫然進行シ踏切ノ手前約三、四十米ノ個所ニ至リ初メテ之ヲ発見シ非常警笛ヲ吹鳴シ急停車ノ措置ヲ執リタルモ遂ニ及ハス開放セル踏切ヲ横断シ来リシ乗合自動車ニ衝突セシメ乗客ヲ死傷ニ致シタルトキハ業務上過失致死ノ罪責ヲ免レサルモノトス従テ此ノ場合ニ於テ踏切信号人及乗合自動車ノ過失ノ軽重ヲ云為スル所論ハ当ラス原判決ノ認メタル事実ハ……刑法第二百十一条ニ該当スルコト洵ニ明ナリ故ニ所論ノ如ク電車自体ノ性能其ノ社会的機能又ハ運転速度表職務規定ノ如何ニ拘ラス本罪ノ成立ニ消長ナキモノトス論旨引用ノ本院判例ハ本件ニ適切ナラス」（大判昭一六・三・一三刑集二〇・二四六頁。評釈、植松・刑事判例評釈集四巻二〇頁。なお、井上・過失犯の理論二〇八頁）。

【29】において、上告論旨は、電車の社会的使命、踏切の意義等から、踏切を横断する人車馬は、遮断機の開閉を信頼してよいわけであるが、同様に、電車運転者も、踏切上に特段の障碍が認められない限り、信号人の義務履行により遮断機は降下せられるものとの信頼の下に、高速度運転を継続してよい筈である、特に本件の場合、赤色信号によつて停車等の措置にでる必要もない、と主張したが、これが斥けられるところとなつた。とにかく、赤色危険信号の現示が認められた以上、遮断機が開放されていることを予期し、遮断機の開放に信頼して踏切横断の挙にでる人車馬のありうることを慮り、前方注視・徐行・遮断機閉鎖の有無の確認等の措置にでるべき業務上の「注意義務」がある、とされたわけである（結果発生の「客観的予見可能性」のあることが、前提となつている。この点、【16】と異なる）。

たしかに、該踏切の信号は、電車が甲駅に入つた頃、遮断機を降し、白色安全燈に切換えるのを「常」としていたのであろうから、Aは、赤色信号を現認した以上、危険性を慮らなければならないであろう。この点では、判旨は、正当である。しかし、本件において、Aは、時刻表による正常運転をしていたものと思われる。だから、遮断機は、当然降下されるべきであつたし、Bが義務を履行して遮断機を降していたならば、全く問題はなかつた筈である。その上、信号が、「往々」途中で白色燈に切換えられるのであるならば、Aは、一応、それを信頼し、警笛吹鳴の上、やや速度を落す程度で運転してよいのではあるまいか。この点で、上告論旨には、正しい核心があるように思われる(植松・前掲は、事故発生の危険性から、運転手に高度の徐行義務が生じるとなし、信号切換が「往々」途中で行なわれることがあるとしても、六百米の距離がありながら、踏切手前三、四十米までなんら危険防止措置にでなかつたのは、著しい失態である、とせられる。しかし、問題は、急停車により事故を回避することが可能な距離において(それが三、四十米では足りないかどうか、ここでは不明)、さらに、信号人を信頼することが許されるべきかどうか、そう認定できる情況が存在するかどうか、にあると思われる)。本件のように正常運転の下で、しかも、安全燈に切換る可能性がある場合と、なんらかの事情で通過時刻を違えて運転したり、安全燈に切換る可能性もないのに漫然運転したりする場合とでは、同じ危険信号の現示によつても、課せられるべき「注意義務」に差異がでてくるであろう。【29】が、このような見地にたつていないことはあきらかであろう。

(d)　最高裁の時代に入つてからも、同様に広汎な「注意義務」を課するものがみられる。まず、貨車入替の際の過失共働たる【30】から検討してゆこう。

【30】　(事実)　被告人A等は、無看視踏切を通過する貨車入替作業に従事していたが、二台の貨車が一旦停車するにおよび、転轍手Bはポイントを換え、操車掛Cに合図し、制動手たるAは制動機の点検を行ないこれまたCに合図し、ついでCは機関士Dに突放を合図した。かくして、貨車は、機関車が動きはじめると同時に連

結手Eによつて切り離され、Aの乗車した貨車は時速一〇粁で踏切まで約一分を要する地点に突放された。一方、踏切附近で知人と立ち話しをしていた被害者は、該踏切を横断しようとして、前示貨車と衝突し、足首を切断して死亡するに至つた。第二審は、右の事実を認定し、さらに、当該貨車の同日のあり方では、Aの乗車すべき乗車台からは前方見透しは利かないが、貨車が安全線に停車中、Aが、一旦下車してさらに乗車する際、前方を確認したとすれば、被害者は当然Aの視野に入るべき位置にあり、且つ、同人は貨車の通過を待避している姿勢をとつているのではなく、突放に気付かず踏切に歩み進む姿勢であつて、危険発生の虞ある状態にあつたことが窺知される、となし、「制動手も突放貨車に乗車するに際し、その前方の安全確認義務があることが窺われるのみでなく、本件貨車入替の作業に従事する一員である制動手である被告人は制動手としての固有の作業をなして、なお余裕のある場合は、他の係員の作業範囲内に亘つて、貨車入替作業に関し危険の発生を未然に防止するについての注意義務のあることは条理上当然のことに属する」にもかかわらず、Aはこの義務に違反した、として、業務上過失致死罪を認めた（B・C・D・Eが起訴されたかどうかは、不明である）。

（上告論旨）　本件作業の最高責任者はCであり、前方安全確認の直接の責任者はBであつて、制動を本務とするAの前方確認義務は、本務に附随した附随的義務にすぎない。しかも、BもCも、Aの乗車位置より遥かに事故現場に近い地点で、危険発生の蓋然性を容易に判定しうる場所にあつて、本務を遂行しつつあつたわけであるから、Aが、彼等に信頼して、乗車の際特に前方確認の義務を尽さなかつたとしても、彼に過失があつたということはできない。

（決定要旨）　「本件事案は、原判示のように、無看視踏切を通過する貨車入替業務に当り、制動手である被告人の前方安全確認、危険防止についての注意義務を認めた上、当時貨車停止地点西方約百二十米の前記踏切北方五、六米の地点において、右踏切を通過するに先立ち立話中であつた被害者が、貨車入替作業に気付かずして踏切横断に向う危険発生の虞ある状態であるにかかわらず、被告人が前記前方確認の注意義務を尽さなかつたため生じたところの、被告人乗車の切放貨車と右踏切を横断しようとした被害者との衝突事故の過失責任を認めたものであつて……本件被告人の過失責任に関する原判示は正当である」(最決昭三二・一二・六刑集一一・一三・三一八七)。

【30】は、制動手たる被告人Aの本務は制動に関する職務であつて、前方確認義務は附随的義務であるにしても、自己の本務を遂行してなお余裕のある場合は、他の係員の作業範囲に亘つて、前方確認等の義務に任ずるべきである、としたものである(後出【36】参照)。

たしかに、具体的情況によつては、他人の本務であつて本人の附随的義務にすぎないような「義務」をも履行しなければならない場合があろう。しかし、それは、飽くまでも原則ではない、といわなければならない(G. Stratenwerth, Schmidt-Festschrift, S. 392)。そうでなければ、たとえば、本件のB・Cの職責は、無意味なものとなるであろう。本判決と同様に、「余裕のある場合には、他の係員の作業範囲に亘り事故防止に努むべし」という趣旨を述べながら、【36】は、そのような「義務」が生じる場合をできるだけ限定しようとしている。これに反し、本判決は、安易に、「余裕のある場合」から「義務」を認定しているのではなかろうか。上告論旨が指摘しているような情況の下においては——もし、それが本当だとすると——、Aに「前方確認義務」を求めるべきではないとする主張には、充分理由があろう。

(e)　【31】も、列車の衝突事故に係わる過失共働に関するものである。

【31】(事実)　被告人Aは、西鉄宮地獄線甲駅助役、同Bは、同線列車運転手、同Cは、同線列車車掌、同

Dは、国鉄香椎線乙駅助役として、夫々その業務に従事していた。某月某日午前七時四分頃宮地獄線列車運転手Eは、下り一〇七列車を運転し、乙駅に向い甲駅を発車した。右両駅間は、タブレット閉そく方式による単線運転区間であつたが、同日午前七時十分頃、甲駅より約二五四〇米の地点（乙駅より約一三〇〇米）にさしかかつた際、土砂の崩壊による線路の故障により運転不能となるに至つた。そこで、Eは、同乗していた車掌Fをして、乙駅助役に右の状況を報告させるため、一〇七列車のタブレットを所持せしめて同駅に急派した。Dは、七時二十五分頃、Fの報告により、右状況を了知し、且つ右タブレットを受領し一応これを保管した上、直ちにAに対し電話で右状況を通報し、さらに、一一〇七列車と乙駅において離合するため当時乙駅待機中の上り一〇六列車を指導式（但しタブレットを指導者に代用）により、又、甲駅に待機中の下り九列車を指導式により、夫々線路故障現場附近まで折返し運転することを決定した。その上で、Dは、午前七時三十分頃、前記タブレットをBに手渡し、同人に対し単に「折返し運転をすべき」旨指示して上り一〇六列車を発車せしめた。BはCと共に、Dの指示により上り一〇六列車に乗務し、午前七時三十三分頃現場附近に到着し、タブレットをEに手交すると共に、同所に停車中の下り一〇七列車に乗りつぎ（宮地獄線の慣行として、折返し運転の際は事実上の折返しを行なわず、互に折返し地点をこえて、進んで来た方向へ乗りつぎすることが公然と行なわれていた）、一〇六列車の乗客を一〇七列車に乗車させ、Cと一緒に午前七時三十六分頃甲駅に向つて同所を発車した。Cは、Bに対し、発車を見合わしては、と勧奨したが、Bが「よか、行こう」と発車を強調したため、ついに発車の措置に同調したのである。Eは、Bよりタブレットの手交を受け、Fと共に一〇六列車に乗務して一〇七列車の乗客を収容して乙駅に折返したが、この間、自己の列車のタブレットを一旦放棄してDに手交するといつた極めて異例に属する措置にでながら、自己の列車の措置については、乙駅より何分の指示があるものと期待していたにとどまり、接近する他の列車に備えての信号等の防護は全くこれを実施していなかった。一方、Aは、Dの通報により、一〇七列車停車の事実を了知し、さらにDとの間に折返し運転の具体的方法につき協議決定した上、午前七時三十八分頃、運転手G、車掌Hに対し、下り九列車を「指導式により折返し運転すべき」旨指示し、且つ駅員Iを指導者として乗車せしめ、同列車を発車させた。この結果、午前七時四十分頃、一〇七列車と九列車は衝突し両列車乗客四名を死亡させ、九十七名に傷害を与えた。

第一審は、このような事実に基づき、各被告人の注意義務違反をつぎのように認定し、それぞれに業務上過失致死傷罪の成立を認め、Bを禁錮一年、A・Dを禁錮八月、Cを禁錮三月・執行猶予二年に処した。

一〇七列車の停車に介意せず、これを故障車に準じて移動不能ならしめる措置にでることなく、九列車を発車させた点に、列車衝突のおそれのない方法を選ぶべきAの業務上の注意義務に反する過失がある。

自己駅と故障現場区間の問題ではなくして、甲駅と故障現場区間のことではあっても、一〇七列車に介意せず、九列車運転方を協議決定した点、および、Bに対し単に「指導式により折返し運転すべき」旨指示したにとどまり、進んで、甲駅と現場との間に運転されるべき列車、それとの連絡方法、一〇七列車に対する措置につき何等指示しなかった点に、Dの業務上の注意義務に反する過失がある。

Dの注意義務違反の第二点に対応する注意義務違反（甲駅と現場との間に運転されるべき列車およびそれとの連絡方法、ならびに一〇七列車に対する措置につき、何等指示を求めていない）および、一〇六列車から一〇七列車に乗りついだ結果、一〇七列車にはタブレットも指導者も存在しないのに、甲駅に向って発車した重大な注意義務違反が、Bの過失である。

タブレットも指導者も存在しない列車を発車させることは、事故発生の危険を著しく濃厚にするにもかかわらず、Bが「よか、行こう」というので、容易に可能な発車合図避止の措置にでることなく、却って安全だろうと軽信して発車に同調した点に、Cの業務上の注意義務に反する過失がある。

第二審も、基本的には第一審を支持したが、A・Dに対しては執行猶予を云渡すべきであるとなし、A・Dに関する一審判決を破棄するところとなつた。

（C・Dの上告論旨）　停車中の一〇七列車の移動防止措置は、間接的にもせよDの職務に属するものではなく（西鉄運転心得から明白である）、九列車の運転も、Dの関知すべき事項でない。すべて、A・E・G等の職責に属するものである。また、Bに対し、単に「指導式により折返し運転すべき」旨の指示をしたにとどまつたとしても、西鉄運転心得よりも厳格に規定する国鉄運転心得ですら、右のような指示をもつて不完全な指示となすべき規定はないのであるから、DのBに対する指示に欠けた点はない筈である。要するに原判決は、Dに対し、極めて抽象的で不当な注意義務を課するものである。

車掌は、電車の運行については、運転手の指示、行動に従うのみで、運転手に指示を与えたり、自己の意見によつて出発したり、それを拒否したりすることはできないものである。ところが、Cは、タブレットのないことを知つていたので、出発を見合わせた方が安全だと思つてその旨をBに警告したのである。しかるに、Bは出発しようと主張したのであつて、Cにこれ以上出発合図を拒否する権限・義務はないわけである。原判決には、電車車掌、運転手の注意義務につき正当な分析をなした大審院判例（本稿引用の【34】＝引用者註記）に反した違法がある。

（決定要旨）　「（D）の……上告趣意は、単なる法令違反および事実誤認の主張であり……Cの……上告趣意は、判例違反をいう点もあるが結局は単なる法令違反および事実誤認の主張……に帰し、いずれも刑訴四〇五条の上告理由に当らない。論旨は要するに、原判決は西日本鉄道および日本国有鉄道の運転心得ならびに刑法二一一条の解釈適用を誤り、被告人らに不当な注意義務を認めたものであるというにほかならない。しかし、駅長その他の鉄道従業員は、単に列車の運転取扱に関する特別の規定を守るだけでその義務を常につくしたものということはできず、いやしくも列車の運転に関して危険の発生を防止するに可能なかぎり一切の注意義務をつくさなければならないのであるから（昭和九年（れ）五三三号同年六月二二日大審院判決、刑集一三巻一一号八六三頁参照）（本稿引用の【28】＝引用者註記）……被告人らに刑法二一一条の業務上必要な注意を怠つた過失があつたものと認めた原審の判断は正当である」（最決昭三二・一二・二七刑集一一・一三・三三四六）。

【31】は、【28】を引用しながら、単に運転規定を遵守するにとどまらず、危険防止に関する可能なかぎりの一切の注意義務をつくさなければならないとして、「注意義務」につき、これまでの判例がとつてきた態度をより鮮明に確立するものである。このような広汎な「注意義務」が要求される以上、乙駅管轄外の問題についてまで該乙駅助役たるDに「注意義務」を求めるのは不当であるという主張、「折返し運転」の指示だけでとがめられるべき点もないという主張、さらには、車掌たるCには運転手たるBの発車要求を拒否する権能・義務はない、といつた主張が斥けられるのは当然である。しかし、これまで眺めてきたところ、特に、【30】において考えたところからするならば、【31】のような態度は、妥当でない、といわなければならない。だが、事実関係をよくみると、Cにとつても、Dにとつても、他の共同者の義務履行を信頼することが許されるべきでないような情況、例外的に他人の職域に介入することが必要とされるべきであるような情況が存在している、といいうるのではなかろうか。【31】の基本的態度が、このような情況認定の必要性を感じるに至つていなかつたために、理論的には右情況認定の契機を与える上告論旨が、簡単に斥けられたことになる。

(f)　【32】は、バス運転手と踏切番等の過失共働に係わるものである。

【32】（控訴理由）　本件衝突事故による死傷の結果は、踏切番が勤務時間中にもかかわらず、遮断機を揚げたまま帰宅していたという重過失と、列車運転士が踏切における安全信号もないのに、しかも予定通過時刻より七分も早く該踏切を通過せんとしたという過失によつて発生したものである。バス運転士たる被告人は、踏切前で徐行し警笛を吹鳴し、列車通過の危険性がもしあるならば、踏切番がでてきて遮断機を降下するであろうと、しばし前方を注視していたのであるが、踏切番はでてこなかつたし、該列車の通過時刻より七分も早いので、このまま踏切を通過してもかまわないと考え、踏切に乗り出したところ、進行してきた該列車と衝突したものである。因に、道路交通取締法一五条によれば、自動車は、原則として、踏切手前で一旦停車せねばならないが、例外として、信号機の表示等がある場合はその必要なしとされている。被告人には注意義務違反はない。

（判旨）　「証拠に現われた事実によれば、被告人は原判決が認定しているように『金山踏切の遮断機の昇降如何に拘らず自動車を停車させるか車掌を下車先行させる等の適宜の方途を講じて同踏切通過の安全であることを確認して後に同踏切の通過をせねばならぬ業務上の注意義務があるのに拘らず当時たまたま右金山踏切番人をしていた挾間実五郎が右遮断機を降ろさずこれを上方に揚げたままにしてその職場を離れていた重過失によつて、軽卒にも列車との衝突の危険なきものと軽信して前記注意義務を怠つた業務上の過失を』免れないのであつて、本件事故は前記踏切番人の重過失及び被告人等の業務上の不注意が相互に競合して発生するに至つたものとみるのが相当である」（福岡高判昭二六・四・九刑集四・三・二六七。なお、踏切番、列車運転士の起訴の有無は不明である）。

【32】の「注意義務」も広過ぎて苛酷であると思われる。「遮断機の昇降如何に拘らず自動車を停

車させるか車掌を下車先行させる等の適宜の方途を講じ」るべき「注意義務」は、道路交通取締法一五条によるだけでは安全確認義務をつくしたといえないような、具体的な情況が存在する場合に生じるものである。ところで、第一審の認定によると、本件は、夜間、見透し困難な踏切上で起きたものである（前掲判例集二七二頁）。この限りでは、右の「注意義務」が考えられる可能性は強い。しかし、被告人が予期していた軽便鉄道列車（第一審認定による。判例集二七二頁参照）が、七分も早く同踏切を通過したのであれば（この点は、第一審も認定してはいない。しかし弁護人援用の証拠によれば、そうであつたろうことが推測される。判例集二七〇頁）、踏切通過列車が頻繁だつたとは考えられない点からしても、当時、危険性を予測させるような特別な情況は存在しなかつたといいうるのではなかろうか。従つて、被告人が、踏切前で徐行し、警笛吹鳴の下に、踏切番の指示を求めた上で、遮断機の開放を信頼したこと（これは、道路交通取締法の趣旨を行つたことを意味する）は、結局、相当な措置であつたと思われる（なお、被告人の立場は違うが、同じ踏切上での事故であつた【29】の運転時刻の問題と本件のそれとを比較してみることも、興味のある点であろう）。

(g)　このつながりで、つぎの【33】をも眺めておく必要がある。

【33】　「論旨は要するに原判決は重大な事実の誤認ないし法律の適用の誤をおかしている、即ち被告人はたまたま小型自動三輪車の補助席に乗せられたが該自動車の運行については被告人は毫も助手的義務を負うものではなく、従つて被告人は前方より来る人に対して特に注意しなければならぬものでもなく、又その際特別に自己の身体の動揺を来さないように注意すべき義務もなく更に運転手の過失による致死の結果に対する予見の可能性もなかつたのであるから被告人に対して原判決の如き特殊の注意義務を期待することは経験則に反するのみならず、被告人の身体の一部が自動車の動揺のために運転手の身体に触れる虞のあることは運転手たるも

のの正に心掛けて善処すべきものであつて、かかる重大な結果の発生は被告人においては実験上予測せられないものである。たとえ被告人の身体の動揺が運転手の高速度、酩酊並びに片手運転等重大な過失と競合して結果を発生せしめたとしても、右被告人の身体の動揺は因果関係を中断され被告人は責任を問わるべきものではないというにある。

なるほど被告人は運転者岡昭三の運転する小型自動三輪車に同乗はしたが、同人の助手ではなく単なる便乗者にすぎないものであるから小型自動三輪車の運行するについて業務上特別の注意義務を負担するものでないことは所論のとおりである。

然しながらこのような高速度の交通運輸に関する機関の単なる便乗者にすぎない者といえども不測の危険の発生を防止し安全なる運行を確保するため運転者の運転操作を妨害することのないよう注意すべきであることは社会生活上一般人に課せられた最少限度の注意義務であるといわなければならない。

之を本件について原判決の挙示する証拠に照らすと被告人は岡昭三と共に飲酒酩酊の上右小型自動三輪車に乗り、しかも岡は酩酊しているのにも拘らず道幅もさまで広くない（幅員約四、六米）曲折と凹凸の多い道路上を時速三十粁乃至四十粁の超スピードで運転するという無暴操縦を敢えてしていたものであることが認められる。

此のような状況を観察すると、危険此の上もなくそれ自体でも何時如何なる事故を惹起するかも知れないし、又若し通行人でもあるときは之に衝突するかも知れないという危険があることは何人も容易に予測し得るところであるから、単に便乗したにすぎない被告人といえども此処に思いをいたし少くともその運転操作に支障を来さないよう戒心を加え、特に原判示の如く前方から三名の婦人の歩行して来る姿を認めた場合に於ては小型自動三輪車が之等に接触することのないよう運転者をして正常な運転を確保せしめるため、補助席にある被告人としては特に車体に取付けてある取手その他の箇所を固く掴み腰を充分落ち着ける等して車の動揺によって被告人の身体がたやすく揺れて運転者の身体又はハンドルに触れるなどして運転の妨げとならないよう注意すべきであるのに拘らず、原判決挙示の証拠によると、被告人は此の注意を怠り漫然として進行して原判示の事故現場に差しかかつた際、突然腰を浮かせ中腰になつて立上つたため、被告人の身体の一部が左ハンドルに触れ岡運転手の前記のような無暴操縦に加えて同運転手が左手をハンドルから放していたという過失と相俟つて左ハンドルを前方に押す結果となり該三輪車は突如右前方に転進し、同方向より歩行して来た前記三名の婦人の一団に後部車輪を激突せしめ、その中一名を死亡するに至らしめ、他の二名に傷害を負わしめたというのである。然して被告人が突然右のように中腰になつたことは、被告人が酔余三名の婦人をからかうためであつたか或は又三輪車の動揺のための偶然の結果であつたかはいずれとも判然し難いところではあるが少くともそれは不可抗力の結果であるとは認め難く被告人にして前記のように補助席にある者として当然に尽すべき注意義務を怠つていなかつたとしたならば此の結果は明かに防ぎ得たと認められるから被告人の過失の責任を免れることは出来ないものと認める。

更に又本件事故の発生は右のような被告人の過失と、岡運転手の過失とが競合した結果であることはいうまでもないところであるが、その根本は被告人の過失に基因しているわけであるからその間の因果関係は当然認め得べく、所論の如く中断ありとはいえない。

従つて原判決が被告人の過失を認めて有罪としたのは正当である」（広島高岡山支判昭二九・一一・一六刑集七・一二・一七一九）（井上・過失犯の理論一七六頁註(16)）。

【33】も、事件の解決としては妥当なものだつたといえるかもしれないが、そこに掲げられた一般論には、問題がある。まず、高速度交通機関の単なる便乗者たる被告人には、「社会生活上一般人に課せられた最少限度の注意義務」が課せられるべきであるというのは、「業務上特別の注意義務を負

担するものでない」からかどうか、が問題になる。つまり、業務者とそうでない者の「注意義務」の程度は異なるのかどうか、である。【33】が、「注意義務」の程度に差異を認める態度から出発しているならば、妥当でない（この態度は、「注意義務」を、認識・予見義務として捉える態度に由来するものであるから。藤木・法協七四巻四三六頁以下、井上・過失犯の理論七九頁以下、一七六頁註(16)、二九九頁以下。さらに、荘子「業務上過失罪」木村編法律学演習講座刑法(昭三二)一六一頁、荘子「重過失による失火と延焼」平野等編判例演習刑法各論(昭三六)九二頁以下。なお、後出一二〇―一二二頁）。つぎに、「運転者の運転操作を妨害することのないよう注意すべき」ことが、被告人に「課せられた最少限度の注意義務である」として、この意味での「注意義務」違反が、直ちに、過失致死傷罪の予定する「注意義務」違反といえるかどうか、が問題になる。【33】は、これを肯定することになるが、疑問である。走行中のバス等で運転者にみだりに話しかけることは禁じられているが（自動車運送事業等運輸規則参照）、これなども、まさに「運転者の運転操作を妨害することのないよう……社会生活上一般人に課せられた最少限度の注意義務」といえるであろう。ところで、この場合、一乗客が不用意にも運転者に話しかけたところ、運転者がこれに応じ（運転者が応じることも禁止されている）、ために前方注視がおろそかになり、通行人を死傷に致したとする。【33】の論理を貫くならば、右の乗客も過失致死傷罪の責任を負うべきことになる。しかし、それは苛酷であろう。だから、単に運転者に話しかけるような行為と、本件のように、助手席に便乗しながら途中で腰を浮かせてハンドルの操作を誤らせたような行為とは、同一に扱われるべきではない、との正当な議論もでてくるであろう。ところが、かような議論は、もはや、【33】の「最少限度の注意義務」を前提にしたものとはいえなくなる。なぜならば、「運転操作を妨害することのないよう……社会生活上一般人に課せられた最少限度の注意義務」違反という点では、右の二つの妨害行為に差異はないのであるから。われわれは、さきに（前出二五頁、六九頁以下）、単なる有害な結果回避のための「注意義務」ではなしに、特定の構成要件実現回避のための「注意義務」を考えたわけであるが、【33】は、まさに、そのような「注意義務」構成の必要性を示唆するものである。

(2)　右に眺めた判例は、「注意義務」違反を契機として、過失同時正犯の構成にでるものであるが、そこで把握された「注意義務」は、危険防止のための「一般の注意義務」・「一切の注意義務」（【28】【31】）といった広汎な義務であり、「最少限度の注意義務」（【33】）とはいうものの、これをそのまま過失致死傷罪に関する「注意義務」とすることは常識はずれの結果になつてしまうという意味で、さらに広汎な「注意義務」といわざるをえないようなものである。しかも、この「注意義務」が要求される根拠は、危険性が認められうるから、ということであつて、それ以外のものではない（【27】―【33】は、すべてこの態度から出発している）。

結果の予見可能性が認められるという点から、直ちに広汎な「注意義務」を課そうとする右の諸判例の態度は、さらに多くの判例中にも見受けられるものである。まず、専用軌道を有する高速度交通機関たる電車の運転手は、通常、通行人自らの危険回避行為を期待して運転を継続してよいが、例外的に、通行人が線路に進入する虞のあるような時には、衝突回避のために警笛吹鳴・徐行等の「注意義務」が生じてくる、というそれ自体においては妥当な態度をとりながら、その例外的場合を広く解しようとする判例があげられる（大判大三・四・一六刑録二〇・五七四は、この種の事案に対する指導的判例とされる大判大三・三・一一刑録二〇・二七八（藤木・法協七四巻二七七頁、井上・過失犯の理論六八頁、一九三頁、二〇〇頁等、大塚・刑法雑誌一〇巻二号九六頁、井上（祐）・刑法雑誌一〇巻二号一一四頁）の説示する「例外的場合」の考量をむしろ「原則」として掲げ、被害者において極めて僅かの注意さえ払えば衝突は回避しえたであろうに、とする上告を斥ける。大判大三・四・二四刑録二〇・六一九は、前掲大正三年三月一一日判決の「原則論」・「例外的場合」の考量を祖述する態度の下に、幼児が大人用の下駄を穿いて線路に二間の距離に佇立していた情況を、「例外的場合」として、「注意義務」の根拠たらしめる。しかし、「過失犯ハ行為ノ結果ニ付キ認識シ得ヘク而カモ認識スルコトヲ要スルニ拘ハラス其義務ニ違背シ注意ヲ欠キタルカ為メに之ヲ認識セス其結果ヲ発生セシメタルニ因リ成立ス」としている点、興味深いものがある。該幼児の側に保護者がいたならば、どうであろうか。「義務に反した結果の不予見」という観点からすれば、上告論旨に対し、「小児ノ保護者カ其看視ノ義務ヲ欠キタル事実ハ被告ノ罪責ヲ消長スルニ足ラス」の一般的帰結が導かれるのは当然である。この系列に属するものとして、大判大一四・六・九刑集四・三八五（本判決は、前出五三頁割註にも引用）、大判大一四・一〇・二一刑集四・六一六、大判大一四・一〇・二一刑集四・六二五、大判大一四・一一・九刑集四・六四八等）。このような態度は、車と車が摺れ違う際、対向車の後方から進路を横断する通行人のあることを慮り、いつでも停車しうるよう措置しなければならない、とする判例に通じるものであり（大判大一四・一〇・三刑集四・五七〇は、「自動車運転（手）ハ其ノ就業中ハ業務上必要ナル注意を用ヒ有ラユル方途ニ依リ危険を防止スルコトニ努カスル義務ヲ負フモノナレハ之カ為自動車本来ノ効用ヲ減殺スルモ亦止ムヲ得サルモノト謂ハサルヘカラス従テ電車ト摺レ違フ際ニハ其ノ後方ヨリ自己ノ進路ヲ横断スル者アル如キ虞アルトキハ何時ニテモ停車スルヲ得ヘキ措置ニ出」るべきである、とする。同旨、大判昭一七・二・六新聞四七五八・一二）、自動車運転手は、助手を同乗せしめ、これに危険の有無の確認を行なわしめている場合であっても、単に、助手が「オーライ」といったからといって、これを軽信してはならない、とする判例（大判昭四・一〇・一〇刑集八・四七一。なお、大判昭七・七・九刑集一一・一〇八五参照）、被害者が優先順位を守らなかったため衝突した場合であっても、被告人に前方注視・徐行等の「注意義務」を守らない過失がある以上は、過失の責任を免れない、とする判例（最決昭三四・二・六刑集一三・一・六六＝評釈、板倉・警察研究三二巻七号七四頁（判決に批判的）、東京高判昭三三・九・二五刑集一一・八・四七六。なお、前出【6】【9】参照）にも通じてゆくものである。

（二）　限定的・個別的「注意義務」による基礎づけ

(1)　近時の判例、特に下級裁判所の判例は、よくいわれるように、たしかに、過失犯の「注意義務」に関し、個別的・具体的・限定的な「注意義務」の構成に意を注いでいる。これは、学説的な発展にも対応するものである。しかし、すでに古く大審院時代にも、この志向をみせていたものがいくつか見受けられる。まず、それらを眺めてみよう(なお、その前に、一般論としては、広狭いずれの「注意義務」を考えているのか、必ずしも明確ではないが、具体的事件の解決としては承認されるであろう判例をあげておこう。大判大一〇・一一・一七刑録二七・一、大判大一三・四・四刑集三・三〇三、大判大一四・三・九刑集四・一五五、大判大一四・六・四刑集四・三六三、大判大一五・二・二刑集五・一〇、大判大一五・一一・一六刑集五・五二七、大判昭二・六・二五刑集六・二二五、大判昭六・一一・一九刑集一〇・六二〇、大判昭九・三・二七刑集一三・三二八、大判昭九・一一・五刑集一三・一四五九、大判昭九・一〇・一三刑集一三・一七〇九、大判昭一〇・二・一四刑集一四・九六、大判昭一〇・八・二刑集一四・八六九、大判昭一四・一一・二七刑集一八・五四四＝評釈、中野・刑事判例評釈集二・二六二、大判昭一七・二・六刑集二一・一一一＝評釈、平出・刑事判例評釈集五・七、最判昭二三・三・一三刑集二・三・二〇三＝評釈、小野・刑事判例評釈集八・一二三、最判昭二三・八・一一刑集二・九・一一五五＝評釈、江里口・刑事判例評釈集九・三二三、福田・判例研究二・六・一二三、最判昭二三・一一・二五刑集二・一二・一六三八＝評釈、植松・刑事判例評釈集一〇・一七七、最判昭二四・三・一七刑集三・三・三一一＝評釈、福田・刑事判例評釈集一一・一一〇、最判昭二四・四・二三刑集三・五・六二五、最判昭二六・七・五刑集五・八・一三七九、最決昭三〇・二・二三刑集九・二・一九四＝批判、井上・過失犯の理論一五〇頁(因果関係の存否について、さらに、「注意義務」の構成について、疑問を提起せられる)、最決昭三三・九・八刑集一二・一三・二八七三、最判昭三四・一二・二五刑集一三・一三・三三三三、最決昭三七・一二・二八刑集一六・一二・一七五二、最決昭三八・一・二四刑集一七・一・一(原審は、かなり具体的な注意義務を認定している))。

(イ) 第一に、電車車掌と運転手の注意義務を個別的に認定しようとする【34】をあげなければならない。

【34】(事実) 被告人Aは、京都電燈株式会社嵐山電鉄部電車車掌として、嵐山発東行第一八号電車に乗組み、運転手B(起訴の有無不明)と共にこれを操車して東行中、某停留場において西行第一四号電車と離合したが、当時一四号電車は続行運転の先発車として後続車の続行を離合反対電車に知らしめる円板信号を掲げていたのにかかわらず、Aは右信号に気付かず、後発車が未だ離合地に入らないうちに発車信号を発したところ、Bもまた容易にこれに応じて発車し、西行第四号電車と正面衝突して死傷者をだしたものであるが、第二審は、本件車掌には、常に前方を注意し危険がないことを確めた後はじめて発車信号を発するべきであるとの責任が

あるわけではない、として無罪を宣告した。これに対して、検察官は上告した。

（判旨）「按スルニ電車ニ乗組ミ操車ノ任ニ当ル車掌並ニ運転手タル者ハ常ニ乗客及ヒ他ノ乗組員並ニ一般公衆ニ対シテ危険ノ虞ナカラシムル為メ十分ナル注意ヲ為ササルヘカラサルハ固ヨリ当然ノ事理ニシテ法令ノ規定ヲ竢テ後知ルヘキニアラサルノミナラス京都府令電気鉄道取締規則第二十六条ニ車掌運転手ハ線路又ハ車輛ニ故障アルカ又ハ牛馬諸車若クハ公衆ニ対シ危険ノ虞アリト認ムルトキハ運転ヲ停止スヘシトアルハ則チ此注意義務アルコトヲ明ニシタルモノト云フヘク而シテ此注意ハ危険防止ノ為メナルヲ以テ苟モ危険発生ノ虞アル所ニハ此注意義務存シ車ノ前方タルト後方タルト将タ左右タルトニ拘ハルヘキモノニアラス唯車掌運転手ハ各其任務ヲ異ニシ運転手ハ車ノ前方ニ在テ主トシテ之カ運転ヲ掌リ車掌ハ車ノ内部又ハ其後方ニ在テ主トシテ乗客ノ乗降ニ注意シ車内ノ秩序ヲ保チ又ハ改札其他ノ雑務ニ従事スルヲ以テ運転手ノ注意ノ及フ所ニシテ車掌ノ注意ノ及ハサル所アリ又車掌ノ注意ノ及フ所ニシテ運転手ノ注意ノ及ハサル所アルヘキハ睹易キ道理ナレハ車掌及ヒ運転手ノ注意義務ハ常ニ同一ナリト云フヘカラス故ニ場合ニ依リ運転手ニ過失アリテ車掌ニ過失ナキコトアルヘク又車掌ニ過失アリテ運転手ニ過失ナキコトアルヘシト雖モ此両者ハ共ニ危険防止ニ関シテ注意ヲ怠リタルカ為メ危険ノ生シタルトキハ当然過失ノ責ニ任セサルヘカラス原判決ヲ閲スルニ上告趣意書所掲ノ如クニシテ被告カ第十四号電車ニ掲ケタル円板信号ニ気付カスシテ発車信号ヲ為シタルハ正当ノ理由ニ基クモノナリトセハ被告ニ過失ノ責任ナキヤ固ヨリ弁ヲ竢タスト雖モ若シ然ラスシテ被告カ之ニ気付カサリシハ相当ノ注意ヲ怠リタルカ為メナリトセハ被告ハ過失ノ責ヲ免カルヘカラス換言スレハ若シ被告ノ乗組ミタル第十八号電車ニ於ケル被告ノ位地ヨリ第十四号電車ノ円板信号ヲ見ルコトハ車体ノ構造又ハ其他ノ事情ニ因リ不可能ナルカ或ハ不可能ナラサルモ之ヲ見ルコト困難ニシテ相当ノ注意ヲ為スモ見ルヲ得サル場合アリテ被告ハ其場合ニ遭遇シタルカ又ハ其当時被告カ之ニ気付カサリシハ他ニ正当ノ理由アリタリトセハ固ヨリ被告ニ過失アリト

云フヘカラスト雖モ若シ之ニ反シ第十八号電車ニ於ケル被告ノ位地ヨリスレハ第十四号電車ノ円板信号ハ被告ノ眼前ニ横ハリ別段ノ注意ヲ要セスシテ看取シ得ヘカリシカ或ハ然ラサルモ相当ノ注意ヲ為スニ於テハ之ヲ認ムルコト難カラサリシトセハ被告カ之ニ気付カスシテ発車信号ヲ為シタルハ不注意ニシテ過失ニ出テタルモノト云ハサルヲ得ス上来説明スルカ如クナルヲ以テ本件被告ニ犯罪ノ責任アリヤ否ヲ断スルニハ須ク被告ニ注意義務ヲ怠リタル過失アリヤ否ヲ審究セサルヘカラス然ルニ原裁判所ニ於テハ漫然京都電燈株式会社嵐山電鉄部電車車掌ハ常ニ電車ノ前方ヲ注意シ危険ナキコトヲ確メタル後ニアラサレハ運転手ニ対シ発車信号ヲ為スヘカラサル責任アルコトヲ認メ難シト説示シ輒ク被告ニ対シテ無罪ヲ言渡シタルハ理由不備ノ違法アリテ上告論旨ハ其理由アリ」（大判大八・一一・二七刑録二五・二一五五）。

さて、運転手と車掌の過失共働に関し、【31】は、一般論としては広汎な「注意義務」を課していた。ここで特に注目すべきは、【31】においては、本判決【34】を引用した上告論旨が無視された形をとつていた点である。それでは、【34】は、すでに古く、限定的な「注意義務」を構成していた妥当な判決として評価されるべきであろうか。

これまでの判例が、法令を遵守するだけで「注意義務」をつくしたとはいえない（この点で【34】の第二審判決には問題があるようにみえる。第二審がいかなる見地から無罪を言渡したのか、必ずしも明確ではないが、京都府令電気鉄道取締規則上、車掌には、常に前方を注意し危険のないことを確めてから発車信号を発するべしとの義務があるとはいえない、という点に無罪の根拠を求めているように思われる。もしそうであれば、第二審の態度が妥当でないことは明白であろう。【34】は、この点で、正当である。しかし、【34】をこの面で評価しても余り意味がない）との立言を、広汎な「注意義務」構成のために援用していたことは、すでに眺めた通りである。しかるに、【34】は、基本的には、広汎な「注意義務」構成に通じる従来の立場にたちながら、そしてまた、危険の虞あるところには直ちにこれを回避すべき

「注意義務」が生じる、といった従来の立場と変りない見地にたちながら（この点では、【34】には批判されるべき欠陥がある）、個別的な「注意義務」の構成が必要である、と説示するものである。尤も、「法令遵守」と「注意義務」、「予見可能性」と「注意義務」の関係から、無罪を言渡した第二審判決を否定しているわけであるから、実質的な傾きは、これまでの判例と大差のない立場にある、ということもできよう。しかしながら、とにかく個別的「注意義務」構成の必要性を強調している点で、【34】は、比較的初期の段階において、個別的・限定的「注意義務」の構成に通じる態度を表明した数すくない判例の一つとして、評価されうるものである（【31】と【34】を比較してみよう。【34】の態度をもってしても、【31】の事案について、【31】と異なった結論を生むことはできないであろう。危険発生の虞は、【31】の車掌にとっても明白に意識せられていたのであるから。しかし、鉄道係員は「いやしくも列車の運転に関して危険の発生を防止するに可能なかぎり一切の注意義務をつくさなければならない」とする【31】の態度と、同様の前提にたちながらも、「車掌運転手ハ各其任務ヲ異ニ……スルヲ以テ運転手ノ注意ノ及フ所ニシテ車掌ノ注意ノ及ハサル所アリ又車掌ノ注意ノ及フ所ニシテ運転手ノ注意ノ及ハサル所アルヘキハ賭易キ道理」と立言する【34】の態度の間には、相違があるといわなければならないであろう。なお、この点で、【31】に近い後出【53】参照）。

（ロ）　【35】は、列車機関手と転轍手の過失共働に関して、転轍手のみに「注意義務」違反の責が帰せられるべきであるとして、過失同時正犯を否定したものである。

【35】（上告論旨）　「原判決は被告人（A）を業務上汽車顚覆業務上過失傷害罪に問擬したり而して其之を認めたる理由としては(一)判示場所の如き分岐点に於ては或は転轍器が反位に開き無難信号なき場合もあるべきを以て事前に停車し得べき速力にて運転すべきに（A）は十三四哩の速力にて運転したること及当時無難信号なかりしに之に気付かずして依然列車の進行を継続したりとの二点に在り然れども本件記録及運転取扱心得等を閲するに判示馬場駅と浜大津駅の間一哩三分にして此運転時間は公定七分なるを以て一時間以下の速力にては運転不能に終るべきを以て（A）は一時間十三四哩の速力にて進行を継続したるは当然にして何等業務上

の義務に反したるものと謂ふを得ず次に（A）当日無難信号なきことに気付かざりしや否かを案ずるに……当時（A）は無難信号を認めて判示列車を進行せしめたること明かにして（A）には何等の過失なく本件の事故は相被告（B）（転轍手＝引用者註記）の過失に基くものなりとす仍て原審に於ては（A）に対し無罪を言渡すべきものなるに事玆に出でざりし原判決は……破毀すべきものと信ず」。

（決定理由）「記録を精査するに原判決には重大なる事実の誤認あることを疑ふに足るべき顕著なる事由ありと認むべきを以て本院は本件に付事実の審理を開始すべきものとし……主文の如く決定す」（大決大一五・六・三〇新聞二七二〇・八）。

大審院は、本件につき、さらにつぎのように判示して、Aに無罪を言渡した。

（判旨）「本院事実審理の結果に徴すれば右事故の発生は該分岐点に勤務する転轍手に於て其職務上の義務に違背し予め転轍器の転換を為すべきことを遺忘しながら該列車運転の際に至り転轍の完全に行はれたるものと誤信し進行し来れる本件貨物列車に対し緑色旗を示して無難信号を為し（A）は該貨物列車の機関手として其無難信号を確認したるに基因するものにして過失の責は単り転轍手に帰せしむべく（A）に之れなきものと認めざるを得ず」（大判昭二・六・二九新聞二七二〇・一七）。

【35】において、原判決は、危険発生の虞があるとの理由で徐行義務を課し、さらに、信号確認義務を課した。そして、Aは、この二つの義務に違反した、となした。しかし、信号確認義務を遂行し、安全信号を確認したならば、特に、徐行しなくてかまわないのか、という点は、あきらかでない。上告論旨は、Aにおいて、右の二つの義務に違反した点はない、と主張したが、これが大審院の容れるところとなり、結局、Aは無罪となつた。Aは、Bの発した無難緑色信号を確認し、転轍が完全に行なわれたものと信頼したのであるから、責任は、転轍器の転換をなさずに無難信号を発したBのみが

これを負うべきである、というわけである。つまり、信号確認義務を果した以上は、Bの義務遵守を信頼することが許されるのであり、あるいはありうるかもしれないところのBの義務不履行——転轍器の不転換——を慮り、徐行等の措置をとる、といった態度にでなくともよい、ということになる。この意味において、【35】の予定する「注意義務」は、限定的なものであり、特に、「危険発生の虞」から直ちに導かれる広汎な「注意義務」とはその実体を異にするものである、と評価しうるであろう。尤も、本件において、Aの列車運転継続と事故発生との間には、相当因果関係すらない、とみることも不可能ではない。

(2)　【35】にみられたような、相当因果関係の問題と具体的な「注意義務」の問題に関して、さらに、つぎの【36】を検討しなければならない。

(イ)　【36】は、機関手において、結果発生が客観的に予見可能であっても、通常は操車掛の「注意義務」履行を信頼してよい、とするものである。

【36】（事実）　機関士たる被告人Aも操車掛代務たるEも、共に第一五号転轍器が反位であることに気付かず、結局、A運転の列車を、進行させるべきでない線路に突進せしめ、列車の切離作業中の連結手を死に致した。

（判旨）　「機関士ハ当然容易ニ危害ノ発生ヲ予知シ得ル場合ニ其ノ之カ防止措置ニ出ツヘキハ勿論ナルモ然ラサル場合ニ於テハ自己固有ノ作業ヲ為シ仍ホ危害防止ノ為特別ノ動作ヲ為スヘキ余裕アル場合ニ於テ初メテ他ノ係員カ注意義務ヲ負ヒ責ニ任スル作業ノ範囲ニ亘リテ危害防止ノ為注意ヲ為スヘキ義務アルモノトス而シテ操車掛カ機関手ニ対シ機関車ヲ運転シウヘキ合図ヲ為スニ当リテハ転轍器ノ標識ト一致シタル信号ヲ為スヘ

キハ其ノ当然ニ課セラレタル注意義務ニ属シ機関手ハ専ラ其ノ信号ニ基キテ運転ヲ為スヘキモノナレハ機関手ニ於テ操車掛ノ信号カ転轍器ノ標識ト一致セルヤ否ヤヲ検討スルヲ要スル場合ハ機関手カ自己ノ座席ニ坐シツツ当然ニ之ヲ注意シ得ル場合ナルカ若クハ自己ノ作業ヲ為シ而モ仍ホ之カ注視ノ為ノ動作ヲ為シ得ル余裕ノ存スル場合ニ限ルモノト謂ハサルヘカラス……本件ヲ稽フルニ被告人ハ……機関車ニ乗務シ客車及郵便車等……ヲ連結シタル客車ノ後端（北端）カ第十一号転轍器ノ標識ヨリ南方約二米ノ地点ヨリ逆行セントセシ場合ニ操車掛代務（B）ノ推進信号ヲ受ケ左手ニ加減弁ヲ操縦シ乍ラ座席右横窓ヨリ前方ヲ望見シタルニ右転轍器ノ標識ハ定位ト為リタルヲ認メ列車推進ヲ開始シタルトコロ間モナク曲線ヲ蛇行セル為第十五号転轍器ノ標識次テ第十一号転轍器ノ標識モ順次車輛ニ遮断サレ客車北端ハ四番線又ハ臨港線ノ何レニ進行セルヤヲモ認メ難キコト……明ナリトス若シ夫レ被告人ニシテ操縦セル加減弁ヨリ左手ヲ放置シ右横窓ヨリ半身ヲ外部ニ出シテ望見シタランニハ或ハ全部標識ノ変化ヲ認メ得タリシナランモ之カ為ニハ機関手トシテ其ノ際当然ニ為スヘキ運転ノ職務ヲ放置セサルヘカラサレハ此ノ如キ措置ニ出テサリシコトヲ以テ被告人ヲ責ムルヲ得ス或ハ曰ク機関手ハ発車ノ前予メ第十一号及第十五号各転轍器ノ標識ヲ注視スヘシト云フ論ナキニ非スト雖右転轍器ノ標識ハ一直線上ニ設置セラレサルヲ以テ発車前予メ一切ノ標識ヲ当初ニ於テ注視スヘシト云フカ如キハ云フヘクシテ行ヒ難キコトヲ責ムルニ該リ機関手固有ノ職務ニ余裕アル場合及容易ニ前方ヲ望見シ得ヘキ場合ニ注視義務ヲ課スルヲ相当トスル本件ニ於テハ到底相容レサル論タルヲ免レス要スルニ本件致死ノ結果ハ被告人ノ責ニ帰スヘカラサル事由ニ因リ発生シタルモノト解スルヲ相当ト認メ被告人ニ対シテハ無罪ノ言渡ヲ為スヘキモノトス」（大判昭一二・一一・一六刑集一六・一四七六）（参照、大判昭一九・五・九刑集二三・一一一。事案は、操車掛たる被告人が、空炭車を駅構内に推進させるに当り、先頭より五輛目の空炭車に添乗し、機関士に対し信号しつつ前方見透しの作業に従事中、ポイントを掃除していた連結手に気付かず、これに先頭空炭車を衝突せしめ、傷害を与えた、というものである。大審院は、前方を望見しながら機関士に信号を発するためにとりうる最善の方策が五輛目の車輛に添乗することであつたと認定し、さらに、当該駅構内の状態からして、その場合にも、前方見透しが不能となることあるを認定し、本件事故はかような場合に発生したものであるとなし、加えて、駅構内において作業に従事する従業員は、職務上、危険性について知悉しているのであるから、前方注視が不能の場合には、従業員の特別の注意に信頼してかまわない、としたのである。そして、本件事故は、入換車輛の進行中、突如として前方線路にたち入り、車輛の進行に気付かずポイントの掃除に従事していた被害者の過失に基因するもので、被告人の責に帰すべからざる事由により発生したものであるとして、無罪を言渡したのである）。

【36】は、一見、相当因果関係の不存在を説示した判例とみるべき【16】と同旨の判決であるかにみえる。しかし、両者は、実体的には、異なったものである。なぜならば、【36】は、機関士は操車掛の信号を信頼して運転してよい、との原則論に立脚しつつ、例外的に、安全確保のための特別な措置が容易に可能な際には、操車掛の職務範囲に亘って「注意義務」を分担すべしと展開し（この意味で、【30】とも異なっていることは、前出八三頁。なお、【36】の「注意義務」は、シュトラーテンヴェルトの「第二次的注意義務」ではなしに、【30】の上告論旨が唱える「附随的義務」、より実体的には「補充的注意義務」とでも呼ぶべきものであろう）、本件はこの例外的場合に属さないとしているからである（【36】においては、線路上に通行人等は認められなかった、と認定されている。これに対して【16】においては、職務を放棄することなしには、被害者たる連結手を発見しようにもすべがなかった、と認定されている。後者においては、「予見可能性」が前提されているといわざるをえまい）。すなわち、【36】は、一般論としても、事件の解決においても、結果発生の「客観的予見可能性」を前提にした上で、Aに「注意義務」違反はない、との判断を示したものである（同旨判決として掲げた大判昭一九・五・九刑集二三・一一一も同様に理解されうる。しかし、「予見可能性」と「信頼の原則」の関係に関しては、問題がある。前出四七頁、五〇頁参照。また、突如として線路にたち入った被害者自身の過失によって結果が発生したのであるならば、【16】等と同様に、相当因果関係不存在ということにもなろう。なお、間断なき前方注視義務を機関手に強要することは殆ど不可能を強いるに近い、とした盛岡地判昭五・五・一九新聞三一三一・七参照）。Bが起訴されたかどうかは不明であるが、不注意であったことは否定されない。しかし、Aは、「注意義務」を怠ったとはいえない、との理由で無罪とされるため、過失同時正犯は成立しないわけである。

（ロ）　ところで、右に掲げた判例は、漠然とした抽象的な危険の予見可能性はあるけれども具体的な危険の予見可能性・具体的な因果関係の予見可能性に欠けるがゆえに、課せられるべき「注意義務」も存在しない、ということを示そうとしただけなのではないか。特に、【35】は、このような理解を容れる余地を多分にもつている（さらに、【16】—【18】、【24】、【25】等）。しかし、【35】をこのように把握したからといつて、具体的な因果関係の予見可能性が存在しながら、「注意義務」が存在しない場合のありうることまでもが、否定されるわけではない。尤も、因果関係の「具体性」を極端に限定することにより、「注意義務」不存在の場合のすべてを、因果関係の予見可能性の不存在から説明することは、事実上は可能である。だがしかし、相当因果関係説の基本的態度からするならば、普通人が認識しうる条件・行為者が特に認識した条件を考慮に入れながら、偶然的価値を排除しうる限度において結果の一般化を考えてゆかなければならないのであるから（内田・北法二一巻二三八頁以下。なお、前出二九—三〇頁参照）、極端な「具体化」は許されないのである。ヌペルカインの製剤・処置の不注意とヌペルカインによる中毒死の間の相当因果関係（【19】）、国鉄の信号係、転轍手、助役の不注意と列車脱線の間の相当因果関係（【20】）は、このような態度の下で、肯定されるものである（【21】—【23】等も同様である。なお、井上「過失犯における因果関係論の役割」法律時報三二巻一二号三一頁以下の、井上（祐）・刑法雑誌一〇巻二号一一〇頁以下に対する批判をも参照せられたい）。

(3)　因果関係の「具体化」——逆にいえば、条件・結果の一般化——に関する右のような理解の下で、相当因果関係はある、とする態度を前提にしながら、「注意義務」はない、とする態度を表明するものと解すべき判例は、さきに一言したように、近時の下級審のものに多い（福岡高判昭二七・一二・二五刑集五・一三・二五八七＝井上・過失犯の理論七二頁、井上（祐）・刑法雑誌一〇巻二号一二一頁、名古屋高判昭三〇・一二・二一高裁特報三・四・一〇二＝井上・前掲二一四頁、大塚・刑法雑誌一〇巻二号一〇五頁、広島高松江支判昭三一・二・一三高裁特報三・三・八七＝井上・前掲五〇頁、井上（祐）・前掲一一九頁、井上・法律時報三二・一二・三八（「危険分配」の法理と「許された危険」の法理を区別し、前者においては、被害者こそ結果を回避すべく「注意義務」を負うのであるから、結果発生の危険性はなく、ひいて行為者には、なんらの「注意義務」も課せられないが、後者においては、結果発生の危険性はありながら、行為の有用性のゆえに、課せられるべき「注意義務」が社会的に相当な限度に限定される、と提唱せられる。そして、本件は、「危険分配」の法理が働く場合ではないか、とせられる）、福岡高判昭三二・五・一〇高裁特報四・一〇・二四八＝井上・法律時報三二・一二・三八（本件は、「許された危険」

の場合ではないか、とせられる)、大塚・前掲一〇四頁、名古屋高判昭三四・三・一六刑集一二・四・二七〇、名古屋高判昭三七・二・一二刑集一五・二・一一二二（尤も、本判決は、相当因果関係すら存在しない、といつているかにも受取れる））。

（イ）　特に、この見地にたつて、過失同時正犯を否定した、つぎの【37】は、重要である。

【37】（事実）　被告人AおよびBは、相被告人Cの運転するトラックの運転助手として同乗していたが、Dが同トラックの進行を妨げたことから口論が起り、Dはトラックの窓に手をかけたまま車と共に進行した。そのうちに、Dは右手をすべらしてしまつた。Aは、Dの左手をつかまえてやり、かつ「危い」と叫んだ。しかし、Bは「かまうな、放つておけ、走れ走れ」といい、Cも漫然、大丈夫だと思つてそのまま停車せず進行を続けた。そのうちに、AはDの手を押えきれなくなり、ついに手を放した。とたんにDはトラック後輪に轢かれ、翌日、死亡した。

（判旨）　「右の如き事実関係のもとで、自動車運転助手たる（A）（B）の両名に過失責任を肯定し得るか何うかを考察すると、自動車運転助手は自動車の運転に際し運転者に協力して道路通行者その他の人の身体生命に対する危害の防止につとめるべき業務上の注意義務あることはもちろんで、人が自動車運転台の窓に手をかけてつかまつている場合、自動車がそのまま進行すれば、その人が振り放され、場合によつてはその自動車に轢かれたりして死傷の結果を惹起すべき危険があることは見易い道理であるから、助手がそのことに気づいたならば運転者にこれをつげて停車又は徐行を促し、適宜の処置によつてその人を自動車から離れさせた上進行せしめる如く措置する義務あることは明らかであるが、この場合右の危険を避けるには停車又は徐行を絶対の必要とするもので、しかも自動車を停車又は徐行せしめることは運転者の職責であつて、助手は之をなし得ず、単に、運転者がそういう状況に気づかないでいる場合にこれを運転者に告げて右措置を促がすこと以上の職責を有するものではないと解すべきであるから、運転者が右状況を知つている場合においては助手において重ねて運転者にこれを告げて右措置を促がす注意義務があるものとはいい得ない。……原判決が（C）に対して業務上過失致死を肯定したことは事実誤認でないが、（A）及び（B）に対してこれを肯定したのは事実を誤認したか、注意義務に関する解釈を誤つたもので、その誤りが判決に影響を及ぼすことが明らかであるから、原判決中（A）及び（B）に関する部分は破棄を免れない」（仙台高判昭三〇・六・二一高裁特報二・一二・六一九）（なお、本判決は、A・Bに関する部分を破棄自判し無罪を言渡しているが、その部分の判旨において、「かかる場合そのままの状態で進行すれば（D）を道路上に振落して傷害を負わしめる危険が十分あるから、自動車の運転者並びに助手としては一旦停車して運転台から同人を下車せしめて安全地帯に避譲せしめた上発車する等安全に運転するに必要な諸措置を講ずべき業務上の注意義務があつたにも拘らず、（A）（B）及び（C）は右（D）の態度に不快を感じていた折柄、不注意にも右義務を怠」つた、という点はこれを肯定しているのである）。

すなわち、【37】は、前示のような事実関係において、「死傷の結果を惹起すべき危険があることは見易い道理である」として、相当因果関係が肯定されうることを前提におきつつ、だからA・B等の助手は運転者に対し、「停車又は徐行を促し、適宜の処置によつてその人を自動車から離れさせた上進行せしめる如く措置する義務あることは明らかである」として、一般的な「注意義務」が存在することを肯定する。しかし、「自動車を停車又は徐行せしめることは運転者の職責であつて、助手は之をなし得ず」、せいぜい、運転者が危険な状況に気づかないでいる場合に、これを告げて停車・徐行を促すべき職責を有するにすぎないのであるから、本件のような場合においては、「重ねて運転者にこれを告げて右措置を促がす注意義務があるものとはいい得ない」と説示して、A・BとCの業務上過失致死傷罪の同時正犯を否定したわけである。相当因果関係、一般的「注意義務」、具体的「注意義務」の関係について、これまで眺めてきた諸点を明確に示している、という点で、重要な判例であるといわなければならない。

（ロ）　しかし、【37】には、看過しえない疑点がある。果して、A・Bに、具体的な「注意義務」

が課せられないのか、という点である。このことは、【37】自身が、A・Bについて、一般的「注意義務」を肯定するにとどまらず、前掲割註に引用したように、かなり具体的に「注意義務」を構成している点に係わる。即ち、【37】は、車の進行の際に、運転台に手をかけている者がいたような場合には、一旦停車し、これを下車させ安全地帯に避譲させるべき「注意義務」がA・B・Cに共通に認められなければならない、とする。ところが、他方、停車は運転手のみがなしうるのであるから、助手に停車を促す「注意義務」はない、として、Cのみに「注意義務」違反を認め、A・Bにはこれを否定するのである。しかし、このような結論は、「注意義務の具体化」を前提にしても、でてきえないものではあるまいか。つぎのように考えられるからである。A・Bは、Cに代り停車措置にでることが可能であつた。だから、A・Bに、その措置にでるべき義務を負わせても理論的には不当でない(Dのために、Cに対し正当防衛にでることすら許される。前出三六頁等)。しかし、おそらく、そのような義務を求めるのは苛酷だ、といわれるであろう。容易には停車措置にでれないからだ、というわけである。しかし、その行為にでることが可能であるならば、これの実現が容易であるかどうかは、義務づけそのものを左右するものではない。A・Bに停車措置が可能ならば、Dの死を回避するための「注意義務」は、いかようにでも構成することができる。だから、苛酷な「注意義務」を否定するためには、別の契機が求められなければならない(名古屋高判昭三三・四・二八刑集一一・三・一二二九は、酩酊に達しないような「第一次的義務」と酔いをさまし正常運転をまつべき「第二次的義務」を区別するが、余り有効でない)。

わたくしは、この契機を、構成要件に求めることができるのではないかと考える。当面の問題である禁止の構成要件についていえば、それは、なすべき行為の型を記述するのではなしに、なしてはならない行為の型を記述するものである。その実質的機能を【37】との関連で求めるならば、Dの死を回避するためにとられるべき行為を命じるのではなしに、Dの死を過失的に惹起するに適した行為だけを禁止するという形において、犯罪成立の限定化を図るものといわなければならない。

（八）　かくして、【37】のA・Bは、具体的「注意義務」にも違反したが、刑法二一〇条・二一一条の構成要件が予定し禁止する行為の型には該当しない、と評価されるべきであろう。構成要件的行為がないとの評価に達する一応のめやすとして、A・Bの「職責」に固有の限界が考えられたのであろう（この場合の「限界」は、勿論、物理的な限界ではない。しかし、仮りに、事故発生の時点においては、A・Bの停車措置が全く不可能だったとしても、「注意義務」を問題にする限り、やはり「注意義務」違反は否定されえない。「注意義務」は、義務履行が可能な時点において問題になるべきものであるから（K. Engisch, Untersuchungen, S. 299 f.; H. Welzel, Fahrlässigkeit und Verkehrsdelikte, S. 32 ff.;）。この福田・刑法講座三巻一二九頁以下、札幌高判昭三一・一〇・一五刑集一〇・八・六七三。なお、最決昭三八・一・二四刑集一七・一・一）。このように考えてくれば、【13】【14】【20】【33】で、問題として残された点を解決するための手掛りがえられるばかりではなく、さらに、「職責」が細分化された場合の事故（【10】－【15】、【19】－【22】、【27】－【36】）についても、検討し直されるべき点の存在することが、意識されうるに至る。

そこで、われわれは、これまで眺めてきたところを反省しながら、特に、「注意義務」違反を契機とする過失同時正犯の構成を検討してゆかねばならない。

四　実行行為の存在を基礎とする過失の同時正犯——過失同時正犯の正犯性

（一）　理論的基礎づけ

(1)　条件説による過失同時正犯の基礎づけは、まず、一条件の設定をもつて犯罪の客観的側面の充足を認めようとする立場の妥当でない点において、問題とされなければならない（ちなみに、前出六八―九頁参照）。正確には、つぎのように考えなければならないのである。条件関係ありということは、単に、その行為（条件）と結果との間に因果関係が存在する、ということを示すだけである。この点の確定だけでは、その行為の構成要件該当性・違法性・有責性は確定されえないのである。従つて、正犯か共犯かも論定されえないのは、当然である（内田・北法一一巻三九頁、五一頁以下）。このような考え方は、故意犯については異論をみないといつてよい（いわゆる形式的客観説と実質的客観説にわかれる限縮的正犯論を想起しえよう。内田・北法一一巻四五頁以下、五一頁以下、五六頁以下、二五三頁以下、三六八頁、四五九頁以下、四七四頁以下）。ところが、過失犯については、この点が無視ないしは軽視される傾向にあつたといわなければならない。リスト、ブーリ、E・シュミット（拡張的正犯論）の基本的態度、小疇氏、山岡博士の見解に顕著である（前出一〇頁以下、内田・北法一一巻四四頁以下、三八九頁以下）。従つて、右論者と同一の立場にたつものと評しうる【1】―【7】、【10】―【15】は、まず、この点で問題である。過失の正犯・共犯の区別が可能かどうか、にたち入る前提すら存在しないのに、性急に過失犯（正犯）を認めるからである。しかしながら、ここで、条件説にたちながら、構成要件的行為を求めて、過失犯の領域にも限縮的正犯概念を適用しようとするベーリング（E. Beling, Die Lehre vom Verbrechen, S. 294, 459 : ders. Methodik der Gesetzgebung, 1922, S. 95, 101 : ders. GS. 101, S. 12）の一貫した態度を忘れてはならない。

条件説による基礎づけは、つぎに、犯罪の主観面に関する理解のしかたにおいても、疑問がある。犯罪の客観的要素の面における広がりを、主観的要素で限定しようとするそのゆき方にもかかわらず、基本的態度が、「主観的予見・回避可能性」から導かれる「主観的義務違反」に過失の本体を求めてゆくものであつたために、過失犯成立の範囲は極めて広汎に亘ることになるからである。尤も、ブーリ(v. Buri, Ueber Causalität, S. 14 ff., 27 ff., 66 f.; ders. Causalität und ihre strafrechtlichen Beziehungen, S. 1 f., 26 f.)は、行為と結果の間の意思連関を要求することによつて、相当因果関係説への接近をみせていたのであるが、リスト(v. Lißt, Lehrbuch, 21 u. 22 Aufl. S. 177 A. 3)やポンプ(P. Pomp, Die sogenannte Unterbrechung des Kausalzusammenhanges (Str. Abh. 134) 1911, S. 69, 69 A. 4)は、究極の結果の「予見可能性」が存在するならば、「責任」を認めてさしつかえない、とするのである。ところが、因果の流れを捨象した究極の結果が予見不可能であるような場合は、全くすくない。従つて、リストやポンプにおいては、過失犯成立が広汎に亘ることは、やむをえないのである(内田・北法一一巻四六頁以下、五三頁以下)。このような欠陥が、【1】【3】―【6】【10】【11】【13】【14】の理由づけに明白に認められるであろう。

(2)　これに反し、相当因果関係説による基礎づけは、これまでの紹介からあきらかなように、現在なお、有力に行なわれている。相当因果関係ありということで、犯罪の客観面・主観面が、容易に肯定されるかに感じられていたからである(ちなみに、前出六八―七一頁参照)。しかし、われわれは、このような理解にでてはならない。

たしかに、相当因果関係があるという判断は、因果関係が存在するという判断にとどまるものではない。行為と結果のつながりが、法律的にも重要であるという判断である。しかし、それは、行為と結果のつながりを問題にするにとどまる。構成要件的行為と構成要件的結果、特に、前者を問題とするものではない。行為と結果は、因果的つながりを問題にする際の単なる素材として、第二義的に扱われるにすぎない（ところが、相当因果関係ありということで、構成要件的行為も肯定されたかに立論する態度が多い。ちなみに前出七一頁参照）。これは、相当因果関係説が因果関係論であることの当然の帰結である。だから、相当因果関係ありということでは、行為の構成要件該当性・違法性・有責性の判断は下されていない、といわなければならない（内田・北法一一巻二五三頁以下、特に二五八頁以下）。

ところが、故意犯の領域では、この点も既に一般に承認されている、とさえいいうる。特に、正犯と共犯を相当因果関係の有無で区別しようとする態度（前出五頁、六九頁のザウエルの態度。なお、内田・北法一一巻二五四頁）が、共犯もまた結果に対し相当因果関係にたつ、という正当な議論によつて否定され、構成要件的行為（実行行為）の有無という契機が導入されるに至つている点に顕著である（内田・北法一一巻二五三頁以下参照）。しかるに、過失犯の領域では、この点がまたも忘れられたのである。ヒッペル、泉二博士の見解に明確である（前出一一頁。内田・北法一一巻二五四―五頁、二六〇―六一頁）。これは、因果的行為論をとると目的的行為論をとるとを問わず、過失犯の本体を結果惹起にみる態度が到達する結論であると思われる（目的的行為論をここにあげるのは、問題であろう。しかし、今なお、「相当因果関係」から抜けきれない態度が窺われるのである。前出一三頁。さらに、内田・警研三三巻八号三九頁以下）。かくして、相当因果関係説による客観面での基礎づけも、条件関係の広がりを「客観的予見可能性」でしぼろうとする（実は、あまり有効にしぼりえない。【8】【16】【19】【24】【25】参照）だけで、それ以上の限定化はえられないことになる。犯罪の主観面での基礎づけにおいても、相当因果関係説が限定的機能を営むわけはない（ちなみに、前出七〇頁参照）。従つて、過失犯が成定する場合は、依然、不当に広い。【8】【9】【19】―【23】にあらわれている。

(3)　条件説ないしは相当因果関係説を基礎とする従来の拡張的正犯論も、同様に、正当でない、ということになる（拡張的正犯論に対しては、特に、内田・北法一一巻三八九頁以下参照）。目的的行為論は、過失犯に関しては、相当因果関係説による拡張的正犯論をとつているわけであるから（W. Gallas, Täterschaft und Teilnahme (Deutsche Beiträge zum VII Internationalen Strafrechts-Kongreß) 1957, S. 18. Auch H. Welzel, Das deutsche Strafrecht, 7 Aufl. S. 89）、これも同様に批判されなければならない。かくして、限縮的正犯論が残るわけであり、われわれも、これまで、この立場を前提にしながら考察してきた次第であるが、さらに今一度、反省してみる必要がある。

（イ）　木村教授（木村・総論三七三頁以下、木村・刑法講座四巻六四頁以下、木村・法学セミナー一九六三年一一号一三頁以下、一二号一九頁以下）は、因果関係の見地を基礎とした正犯論は勿論のこと「目的的行為支配」を基礎とした目的的正犯概念、さらには、「実行行為」に拠る限縮的正犯論の主流・形式的客観説をも批判することにより、新しい主観説を樹立せられる。教授が、形式的客観説を否定せられる究極の根拠は、共犯も自ら独自に自己の犯罪を行なうものであり、自ら構成要件を実現するものにほかならない、と考える点にある。前半の命題が、特に、共犯独立性説に基礎を与え、後半の命題が、新主観説の根拠となつていると思われる。共犯が独自の犯罪であることは、これまでの検討（前出五頁）からして、当然であるといわなければならない。しかし、法は、このことから、直ちに、共犯はそれ自体において構成要件を実現するものであつて、正犯の犯罪実行とは関係なしに処罰されうる、との解釈を許すであろうか。わたくしは、反対に、正犯の犯罪実行をまつて、はじめて背後者を追及するのが法の意思であり（団藤・綱要二八七頁参照）、実定法の解釈――特に構成要件の解釈――がこの見地を裏づけるのではないかと考える（この意味で、共犯従属性説に正しさがあると考える）。つぎのように考えられるからである。

刑法は、六一条で、「人ヲ教唆シテ犯罪ヲ実行セシメタ者」――「犯罪ヲ実行シタ者」ではない――を「正犯ニ準」じて扱うと規定する――「正犯トスル」のではない――。犯罪を実行しない教唆者を、特に正犯に準じさせようとするのが、法の意思であるといえよう（団藤・前掲書二八八頁。なお、木村・総論三九二頁）。さらに、各種の特別刑法では、教唆者・幇助者をも行為者（正犯）と同様処罰する、と規定する場合がある（労基一二一Ⅱ、船員一三五Ⅱ、国公一一一、地公六二等があげられる）。かかる場合以外の通常の構成要件は、正犯者によつてのみ充たされる、と考えるのが正当である（内田・北法一一巻四七六頁）。また、たとえば、破壊活動防止法三九条では、政治上の目的で殺人の教唆・せん動をした者を特に処罰する。刑法六一条のもとでは、教唆それ自体は不可罰であるが、特に処罰の必要ありとの理由で規定されたものとみるのが正当であろう（団藤・前掲書二八五―六頁。なお、草野「教唆の未遂と共謀に因る共同正犯」刑事法学の諸問題(1)一九三頁以下）。尤も、右のような立言だけでは、「共犯の、それ自体における独自の成立」を徹底的に批判したことにはならない、とすることも可能である。なぜならば、労働基準法一二一条二項は共犯刑の減軽を避けるための規定であるし、破壊活動防止法三九条は一般の未遂刑を制限するための規定にほかならない、共犯それ自体は個々の構成要件において、すでに成立している、と反論することもできるからである（木村・総論三九五頁以下、木村・刑法講座四巻八二頁以下、木村・法学セミナー一九六四年五号二九頁以下、八号二〇頁以下参照）。だがしかし、地方公務員法六一条は、同法三七条で禁止された怠業的行為を「共謀し」、「そそのかし」、「あおり」または「企てた」者（四号）と同六一条一―三・五号で規定する行為そのものにでた者とを同様に処罰する旨規定する。そして、同法六二条は、六一条一―三・五号の違反行為を「企て」、「そそのかし」、「幇助」した者等に違反行為者と同様の刑を科している。かかる規定の構造を解して、六一条一―三・五号の違反行為のなかには、これを「企て」、「そそのかし」、「幇助」した行為も含まれる、となすことは困難であろう。六一条四号は、すくなくとも、怠業行為を「企て」、「そそのかし」た場合に関し、無用のものとなるであろうから（六一条一―三・五号の違反行為のなかには、これを「企て」「そそのかし」「幇助」した行為も当然に含まれるが、このままでは、刑法総則の規定により共犯刑の減軽が行なわれうるから、六二条でこれを避けようとしたのだ、と解することはできるが、そうすると、六一条四号で、ことさらに、「企て」「そそのかし」た場合を規定していることが無意味になるわけである。内田「過失の共同正犯」法学教室六号一一六頁参照。なお、六一条四号の行為によつて、現実に怠業的行為・争議行為が行なわれても、現実の怠業・争議行為者は特に処罰されないことになつているため（三七条二項）、六一条四号は、犯罪行為の教唆・せん動の独立処罰という範疇にも属さない、極めてユニークな立法形式であるとされている（吉川「地方公務員法六一条号にいう『そそのかす』罪の成立要件」＝刑訴判例百選二一八頁）。この意味では、六一条四号は、例外的規定だということもできる。しかしながら、例外的規定だというのは、専ら、現実の怠業・争議行為を処罰する規定がないのに、これを共謀し、そそのかし、あおる行為だけを処罰しようとしている、という意味においてであつて、六一条四号の構成要件それ自体に関するものではないことに注意しなければなるまい。地公六一・六二のような規定として、さらに国公一一〇・一一一参照。ちなみに、木村・刑法講座四巻七一頁以下、木村・法学セミナー一九六三年一一号一五―六頁は、いわゆる形式的客観説では刑法一〇六条の首魁を説明することができない、とせられるが、実行行為にでない首魁を特別に処罰するのが法の意思である、と解することは、充分可能である）。

（ロ）以上を綜合するときには、構成要件は、論理的には、「共犯それ自体による実現」をも許すような「型」でありうるとしても、実定法の自然な解釈としては、やはり単独正犯による実現を予定して定立されたものとみるべきであろう（構成要件の「型」が、かようなものであるか、共犯をも含むようなものであるか、については、さらに、内田・北法一一巻二五八頁以下、三七三頁註（9）、三九九頁以下、四七四頁以下）。共犯は、総則の共犯規定により修正された構成要件を実現するものである（団藤・前掲書二八一頁、大塚・概説一〇七―八頁、一二一―二頁、一八六頁以下）。この限りでは、それ自体において独立して犯罪を行なつているといつてよいが、殺人罪とか窃盗罪の構成要件そのものを実現するわけではなく、また、正犯に比較して、その行為の型も限定的ではないがゆえに、共犯それ自体を処罰することには、罪刑法定主義的な疑念すら生じてくるのである。

だから、個々の構成要件が実現した場合すなわち正犯行為が行なわれた場合に、正犯の現実的存在という契機により限定され、正犯との関連においてその背後者として、はじめて共犯の犯罪性・可罰性——特に可罰性——が顕在化してくるものと考えるべきであろう。共犯の犯罪性は独自のものであるが、可罰性は正犯の構成要件実現を条件としている、といってもよいであろう（勿論、共犯は、「条件附犯罪」ではない。木村・総論三九二—三頁は、本文のような理解は共犯独立性の見地にたつものといわなければならない、とせられる。しかし、木村・総論三九一頁註（一二）からすれば、そうはいえまい。「従属性の問題は……何故に正犯の実行行為を待って教唆行為を罰するかという点にある」のだから）。

（八）　かくして、共犯は、それ自体独自の犯罪であるが、自ら構成要件を実現するものではないから、正犯の構成要件実現をまつて、はじめて問題とされる、と考えるのが妥当である。法は、かかる解釈を許すべく構成要件を定立した、とみるべきである（このような思想は、すでに、E. Beling, Die Lehre vom Tatbestand, 1930, S. 2, 7 f. に芽生えている。さらに、小野（慶）「共犯と身分」刑事法講座三巻四八五—六頁の立言も貴重である）。

自ら構成要件を実現したかどうか、すなわち、実行行為を行なつたかどうか、という点で正犯と共犯を区別するのは、右のようなつながりにおいて、より強い正当性を獲得すると思われる。

（二）　過失犯の領域においても、最近の学説は、「許された危険」「信頼の原則」を契機とし、積極的に「行為の性状」(Beschaffenheit der Handlung) を考察することを通して、構成要件的行為の確定に過失犯論の重点をおいている（H. Welzel, Fahrlässigkeit und Verkehrsdelikte, S. 9 ff., insbes. S. 9 A. 11, S. 12 ff., 14 ff. usw.; G. Stratenwerth, Schmidt-Festschrift, S. 383 ff.; 木村・法学セミナー一九六一年一一号二六頁以下、一二号二六頁以下、福田・刑法講座三巻一二六頁以下、井上・過失犯の理論四八頁以下、六六頁以下。Auch vgl. K. Engisch, Untersuchungen, S. 277 ff., 283 ff., 326 ff. usw.）。尤も、論者において、過失犯の実行行為の型とそれ以外の型とが区別されているかどうかは、あきらかでない（木村教授の立場では、この区別がなされないのが自然である。

前出一一二頁。福田教授は、過失犯の「実行行為」を考えられるが、正犯と共犯を区別する「実行行為」かどうか、明確でない——福田・刑法講座三巻一二七頁——。さらに、前出一三頁参照。なお、「注意義務」違反を掲げ、犯情の甲乙のみを認める【14】において、この区別はますます縁遠い）。

しかし、一方では、右のように、過失犯の成立を構成要件的行為（実行行為）の面で限定しようとする理論的基礎が存在し、他方、過失により人を死に致したといえる行為とこれに関与したにすぎないと評価可能な行為が、生活の実体的差異として観念されうる以上（E. Beling, Methodikt, S. 92 ff.; ders. Grundzüge des Strafrechts, S. 27, 37, 60 ff.; K. Engisch, Bietet die Entwicklung der dogmatischen Strafrechtswissenschaft seit 1930 Veranlaßung, in der Reform des Allg. T. des Strafrechts neue Wege zu gehen? (ZStrW.) 66 S. 386; Hans-H. Jescheck, Anstiftung, Gehilfenschaft und Mittäterschaft (Schw. Z. f. Str) 71, S. 242 f. なお、内田・北法一一巻三七四頁、四六八頁以下）、故意犯の場合とパラレルに、過失の正犯行為と共犯行為の区別を考えるのが正しい、といえるであろう。

(4)　わたくしは、かつて、過失の正犯行為に関し、つぎのように考えた（内田・北法一一巻四七四頁以下、前出一五頁参照）。問題は、因果関係の領域から、構成要件的行為の次元に移し変えられなければならない。そして、過失犯の構成要件を実現する行為（実行行為）が抽出されなければならない。その際、ベーリングの「生活用語例」、小野博士の「国民的道義観念」、ランゲの「相当の思想」を根柢に据えながら、エンギッシュの「構成要件実現の型的危険性」を一応の基準とすることができる。このような基盤の下では、過失犯の実行行為は、まず、具体的状況下の行為の自然的性質が、すでに、構成要件の実現に相当であると考えられるほどに危険である場合に存在する。つぎに、行為の自然的性質からすれば、構成要件を実現するほどに危険でない行為が、状況の危険性に影響され、状況と一体化した危険な行為として、実行行為に昇格する場合がある。特に問題なのは、自ら危険な状態を生成した上で、他人にその状態を委ねる場合と他の共働者の行為によつて生成された危険な状態を引受ける場合である、要は、いかなる事情の下で、他人の行為を「信頼」することが行為者本人の不注意として、構成要件の実現に現実化するほどに切迫した危険性を基礎づけることになるか、という問題意識において、本人の行為の性状と状況の危険性（共働者の年齢、職業、経験等をも加味する）とを綜合的に判断しなければならない。最後に、定型化された行為者の地位・立場に着目した、定型的に危険な行為を認定することも可能である。以上の三つの観点で、実行行為と認定できないような過失的行為（不注意な行為）は、場合によつては、過失の共犯行為とされる可能性がある。

わたくしの右のような理解は、反省すべき点を沢山もつている。「賢明で思慮ある人間」という行為者像をもつて、多種多様の「不注意な行為」認定の指導形象とするヴェルツェルの新しい方法論には達していなかつた。また、「危険な行為」を求めるに急のあまり、「許された危険」「信頼の原則」を指導する規範的視点に明確な意識をもつこともできなかつた。その結果、「注意義務」を契機とした実行行為の認定に欠けるところがあつたと思われる。だがしかし、その基本的な態度は、学説の新展開をみた現在、より積極的に維持できるのではないかと考える。つぎのような理由による。

（イ）　わたくしは、特に、ヴェルツェルに示唆を受けて過失行為を考え、そして、過失犯の実行行為を考えたのであるが、その際、ヴェルツェルにおける過失犯の行為は、依然、相当因果的な法益侵害のうちにあつた、という点を第一に指摘することができる。「不注意」は、過失犯の構成要件的行為の要素ではなしに、違法性の要素であるとされていたのである（H. Welzel, Das deutsche Strafrecht, 6 Aufl. 1958, S. 111 ff. 内田・北法一一巻四五九頁以下。わたくしが、「注意義務」を契機とした実行行為に意識的でなかつたのは、このようなヴェルツェル理論にひきずられていたことにも原因する。なお、福田・刑法講座三巻一三一頁註（一）。井上・過失犯の理論四八頁以下、六六頁以下、藤木・法協七四巻一一頁以下が、「許された危険」による「注意義務」の限定を唱道されたのも、重点は、違法論にあつたといわなければならない。当時、過失犯の構成要件に意識的であつたのは、荘子「重過失による失火と延焼罪」平野・福田・大塚編・判例演習（刑法各論）（昭三六）九二頁以下である。なお、団藤・綱要九三頁註（二）、一五七頁）。しかるに、新しいヴェルツェル理論は、くり返して強調してきたように、賢明で思慮ある行為者がとるであろう容態に達しない不注意な行為を抽出し、これを過失犯の構成要件的行為なりと明言するのである（H. Welzel, Fahrlässigkeit und Verkehrsdelikte, S. 7 ff.; ders. Das deutsche Strafrecht, 7 Aufl. S. 114 ff. なお、内田・警研三三巻八号五五頁註（31））。過失犯の実行行為を考えるべき基礎が、より強くなつたといえるであろう。

（ロ）第二に、【37】のような場合を解決するための理論的根拠として、「実行行為」をあげることができる。【37】のA・Bは、具体的な「注意義務」にも違反した、とみるのが正しいと思われる。にもかかわらず【37】のような結論に達するためには、禁止された行為にはでていない、とする以外に途はないであろう。しかして、A・Bは、行為の自然的性質における実行行為にでたものではない。さればといつて、実行行為に昇格しうる行為にでたものでもない（むしろ、Aは危険な状態から離脱しようとしている。内田・北法一一巻四九四頁註（10））。固有の地位——判文では「職責」——に定型的な実行行為をなしたものともいえない。【37】の「注意義務」違反の不存在は、「実行行為」の不存在として再構成されることが望ましい（単に、用語の問題ではない）。「注意義務」違反を契機とした過失同時正犯の基礎づけが——「許された危険」「信頼の原則」による「注意義務」の限定の下においても——不充分なりとされるべきゆえんである（前出四七頁に紹介したように、G. Stratenwerth, Schmidt-Festschrift, S. 390 ff., 393 ff. は、「信類の原則」が適用されえないような、具体的状況下の不注意な行為はすべて第二次的責任の主体となる、とする。しかし、本文のような理解の下では、シュトラーテンヴェルトの見解には従いえない。なお、内田・警研三三巻八号五一頁以下）。

（ハ）【37】を契機として右のように理解することは、同時に、新しいヴェルツェル理論の批判にも通じるものである。わたくしが、「実行行為」を維持するために掲げる第三の論拠である。

危険に関する「賢明な」認識と危険に対処するための「思慮深い」態度を保持する行為者像をもって、過失行為認定の指導形象としたことは、たしかに、一個のすぐれた方法論である。しかし、この指導形象も、社会生活上必要な——命じられた——客観的注意を遵守する行為の構成に奉仕するものである（H. Welzel, Das deutsche Strafrecht, 7 Aufl. S. 32, 46 ff., insbes S. 117; ders. Aktuelle Strafrechtsprobleme im Rahmen der finalen Handlungslehre, 1953, S. 5 ff.）。構成要件において禁じられた行為の指導形象ではない。過失犯の規範が、命令規範そのものではなく、また、禁止規範そのものでもなく、命令規範と、禁止規範の複合体であるとしても（H. Welzel, Das deutsche Strafrecht, 7 Aufl. S. 32; A. Kaufmann, Lebendiges und Totes in Bindings Normentheorie, 1954, S. 284 f.）、命令規範に違反した行為が、禁止された結果の発生をまって、直ちに、禁止規範に違反した、とされることはありえまい（Vgl. A. Kaufmann, Die Dogmatik der Unterlassungsdelikte, 1959, S. 3 ff., 6. カウフマンはいう。行為者は、注意せよとの命令に反したがゆえに、禁止の構成要件に該当し違法である、とするのは正しくないと）。にもかかわらず、ヴェルツェルは、客観的注意を遵守しなかった行為はすべて過失犯の構成要件を実現するものであり、反対に、客観的注意を遵守した行為は構成要件に該当しない、と唱える（H. Welzel, Das deutsche Strafrecht, 7 Aufl. S. 117; ders. Fahrlässigkeit und Verkehrsdelikte, S. 19）。前半の命題が妥当でない、といわなければならない（尤もヴェルツェル自身、「裁判官が、『社会関係上必要な注意』の侵害という視点から、禁止された行為を確定する」とか「構成要件は……刑法上の禁止規範、たとえば、汝殺すなかれ、盗むなかれ、姦通するなかれ、不注意に運転するなかれ、といった禁止の内容である」ともいっている（H. Welzel, Das deutsche Strafrecht, 7 Aufl. S. 46 f.）。とすれば、ヴェルツェルにおいても、社会関係上必要な注意という視点から導かれる禁止された行為の内容は、せいぜい、不注意に運転するなかれ、不注意に火気を扱うなかれ、というだけのものではないか。過失行為によって他人を殺してはならない、という禁止は、別個に定立されなければならないであろう。Vgl. A. Kaufmann, Unterlassungsdelikte, S. 5, 6; H. Welzel, Das deutsche Strafrecht, 7 Aufl. S. 3 ff.)。ヴェルツェルの新しい理論を支持する論者（木村・法学セミナー一九六一年一一号二六頁以下、一二号二六頁以下、福田・刑法講座三巻一一二頁以下）においても、この点、意識されていないが、なお充分検討の余地あり、といえるであろう。

わたくしは、すでに述べたように、過失犯の禁止の構成要件を実現するものは禁止された行為だけだと考える。客観的に命じられた注意を破る多種多様の行為は、たとえば、民法上の過失を基礎づけても（ヴェルツェルの出発点は、ドイツ民法二七六条であったことを想起しえよう。H. Welzel, Das deutsche Strafrecht, 7 Aufl. S. 114; ders. Fahrlässigkeit und Verkehrsdelikte, S. 15）、刑法の構成要件に規制された限定的な過失行為を基礎づけるものではない、ということができよう。「客観的注意」「客観的注意義務」――たとえば、注意深く運転せよ――は、過失犯の構成要件的行為、すなわち、過失的に他人を殺してはならない等々の禁止に反する行為を確定する際の、一個の指標点たるにとどまるといわなければならない（各種の取締法規違反と刑法上の「過失」の関係について一般に指摘されてきた点と、考え方としては共通である。前出二七頁）。過失犯の構成要件が、いわゆる「開かれた構成要件」に属するものであっても、事情はなんら異ならない。「開かれた構成要件」においては、禁止の内容が、記述しつくされていないだけであるから（Vgl. H. Welzel, Das deutsche Strafrecht, 7 Aufl. S.46 f., 74 f. ただ、ここで、ヴェルツェルが、過失犯においては、禁止された行為は多種多様であるため、具体的に記述されえないのである、としている点、問題である。第一に、ここでも、ヴェルツェルは、命令された行為と禁止された行為を明確に区別していないのではないか、と疑われる（Vgl. H. Welzel, Fahrlässikeit und Verkehrsdelikte, S. 14 f.)。第二に、禁止された行為そのものが問題になっているとして、果してそれは、ヴェルツェルがいうように多種多様のものであるかどうか、が問題である。ヴェルツェルは、「客観的注意」を遵守しない行為はすべて構成要件を実現するとか、同一の不注意な行為が、経過のいかんで、過失致死になり、過失傷害になり、単なる交通違反になり、不可罰ともなる、と述べているが（H. Welzel, Fahrlässigkeit, S. 19, 20)、第一の命題は、すでにわれわれの批判の対象となったところであり、第二の命題も、個々の構成要件に固有の限定的な過失行為を無視しているという点で、正当でないといわなければならないのである（Vgl. K. Engisch, Untersuchungen über Vorsatz und Fahrlässigkeit, S. 327 ff.)。この点、さらに、業務上過失・重過失の問題に関連して後程改めて問題にしたい。次頁以下参照）。

かくして、罪刑法定主義の要請と、既遂の正犯を予定する立法者の意思とにより、厳格に型づけられたものとみるべき過失犯の構成要件を実現するところの、当該構成要件に固有の限定的な禁止違反行為そのものが、求められねばならないことになる。すなわち、「客観的注意」を遵守しない行為ではなしに、過失的に人を殺す行為等々が、求められるべきなのである。そのためには、やはり、「型的危険」の視点が有効であろう。

（二）　しかして、この「型的危険」に関連して、過失犯においても、個々の構成要件に固有の実行行為が考えられなければならない、という立言に、より積極的な根拠を提供するものがある。われわれの「実行行為」の第四の根拠とすることができるものである。それは、業務上過失犯・重過失犯の重刑の理由づけに関して展開された議論から導かれる。

周知のように、業務上過失犯・重過失犯は、なぜ単純過失犯にくらべて刑が重いのか、という点につき、責任が重いからだとか、違法性が強いからだ、といった議論が行なわれてきた。しかし、これらは、それぞれ一面の正当性しかもっていないように思われる。構成要件の面で、すでに、個々の構成要件に固有の、しかも高度の違法・有責の判断に親しむべき素材が準備されているからだ、と考えるべきである。「構成要件的に定型的な高度の危険な行為」から出発しなければならないのである（重過失に関し、荘子・判例演習刑法各論九二頁以下が示唆に富む）。個々の構成要件に固有の高度に危険な行為が予定されているところから、その「危険」は、事実上も、一般に明白であり、当該行為者はその危険に対処すべくいかに振舞わなければならないか、という「客観的注意」の指導形象は明確かつ容易に導かれるであろう（H. Welzel, Fahrlässigkeit und Verkehrsdelikte, S. 18 f. が、「客観的注意」の具体化は、危険に関する「賢明な」認識・危険に対処するための「思慮深い」態度の探求と、「経験則」「技術上の通則」「信頼の原則」といったものの中に包含された注意概念の実質的・内容的成分の確認とを通して行なわれる、としている点、ここでは特に意味がある）。勿論、この「客観的注意」そのものは、あらゆる人間に一様に課せられるものであるが（前出九二頁参照）、行為者がこれに違反し、結果を発生させた場合には、一方では、当該行為は個々の禁止構成要件に予定された高度の危険な行為の型にあてはまるかどうか、という角度からの吟味を経て（前出一一七頁以下参照）、当該業務上過失犯・重過失犯の構成要件実現行為が認められるか、あるいは単純過失犯の実行行為が認められるにすぎないか、という差異が確定されることになる（同一構成要件内において、実行行為といえるものと、それ以外の行為との差異が確定されることは、勿論、いうまでもない）。他方、業務上過失犯、重過失犯においては、行為者は、一般的にいって、容易に「客観的注意」を遵守しえたのであるから、その侵害の無価値性は、単純過失犯の場合に比して、より高くなり（業務上過失犯、重過失犯の違法性は強度である、と考える態度は、この意味で正当である）、また、一般に、高度の危険が客観的に予見可能であることから、行為者個人も予見しえたであろうとの主観的予見可能性が容易に肯定されると共に、「客観的注意」の侵害・客観的注意義務違反の無価値性の高さから、主観的注意義務違反の高さも、同様に容易に導かれることになるわけである（業務上過失犯、重過失犯の有責性の程度は高い、とする態度は、この意味で正当である）。

このように、個々の構成要件に固有の型的危険の相違から、業務上過失犯・重過失犯と単純過失犯の間における構成要件該当性、違法性、有責性の相違が導かれ、延いては、刑罰の面における相違がもたらされることになる、と考えられるのである（内田「業務上過失致死傷罪における業務」刑法判例百選七〇頁。なお、大塚「過失犯における注意義務」刑法講座三巻一三六頁以下、一四八頁以下）。

個々の構成要件に固有の実行行為を考えるべきこととは、一個の構成要件における実行行為を考えるべきことと並んで、動かし難い要請であるように思われる。業務上過失犯・重過失犯の重刑の根拠を解明しようとして展開されてきた多くの議論は、この要請を確認するための足掛りとなるわけである。

(5)　以上の検討の結果、わたくしは、自己の基本的態度を維持しうると考える(最近、ザルムは、つぎのような議論を展開している。(K. Salm, Das vollendete Verbrechen, I. Teil, Bd. I. Der Tatbestand des fahrlässigen Erfolgsdelikts, 1963, S. 15 ff. insbes. S. 25 ff., 86 ff., 92 ff., 137 f., 139 ff., 176 ff., 197 ff., 220 ff. usw.)。Versari in re illicita としての「一般的過失」ではなしに、結果の中に具体化し凝結していつた「具体的過失」が構成要件を実現するのであるから、刑法の過失犯の規定は制限的に解釈されなければならない。構成要件実現の徴表としては、外的に発現した倫理的意思欠陥が重大であること、他の意思欠陥をもつた行為者が介入しないこと、結果が重大であること、結果と意思欠陥のつながりが密接であること、の四つがある。逆に、意思欠陥が些細なものであつたり、他の有責行為者が介入したり、結果が重大でなかつたり、結果と意思欠陥のつながりが密接でなかつたりした場合には、構成要件実現が否定される傾きが強くなる。否定的契機の数が多ければ多いほど、構成要件実現を否定することがそれだけ容易になる――。ザルムが、構成要件の実現を判定する契機として、欠陥ある行為の大いさ、結果の重大さ、両者のつながりといつたものを掲げるのは、正当である。しかし、右の基準は、一応のものでなければならない。同じことは、共働者の有無に関してもいえる。ザルムの態度からも、この意識は窺えるが、特に、「過失共働」の場合には、他の共働者が存在するということから、結果と本人の意思欠陥のつながりは密接でなくなるとされ、本人の構成要件実現は否定される傾きが強い。この態度を貫けば、過失同時正犯は構成されえなくなる。過失相殺を認めない態度とは逆の意味で、欠点が生じよう(Vgl. K. Salm. a. a. O. S. 247 f.)。ただ、ザルムの掲げる「過失共働」は、多く、はじめから主たる責任者 (Hauptverantwortlicher) と従たる責任者 (Nebenverantwortlicher) に区別され、主たる責任者に「責任」を帰せるだけでよいような場合であること を指摘しておきたい)。

ただ、われわれは、これまで、「具体的注意義務」と構成要件の関係を中心に考察してきたにとどまり、「抽象的注意義務」については特に触れるところがなかつた。また、業務上過失・重過失を考える際には、「注意義務」違反は、「実行行為」の問題に還元されるというよりは、違法性、有責性を基礎づける要素として把握されている。用語上ないしは概念上の混乱を避けるためにも、問題を包括的に整理しておく必要がある(深い研究は後日に譲る)。わたくしは、ヴェルツェルやアルミン・カウフマンの指摘するところを念頭におきながら、つぎのように考えている。まず、根源的な人倫的行動価値への義務づけが存在する（H. Welzel, Das deutsche Strafrecht, 7 Aufl. S. 1ff.）。そして、これに基を発して、具体的な行為者に対する義務づけとした抽象的な規範が生まれ、規範遵守の可能性を媒介として、命令、禁止というそれぞれ独立した抽象的な規範が生まれ、規範遵守の可能性を媒介として、具体的な行為者に対する義務づけとなる（H. Welzel, Das deutsche Strafrecht, 7 Aufl. S. 32 f., 45 ff.; A. Kaufmann, Unterlassungsdelikte, S. 3 ff., 7 ff., 12ff.）。特に刑法的には、この関係は、抽象的な規範に対応してその内容を実体的・具体的・定型的に記述する構成要件と、具体的な行為義務に対応して、これを基礎づけるところの違法・有責の要素、ないしは、これを否定するところの正当化事由・責任阻却事由の関係となる。

しかして、われわれが、これまで「一般的・抽象的注意義務」と称してきたものは、右の根源的な義務に該当することになる（Auch vgl. K. Salm, a. a. O. S. 43 ff. 130 f. usw. 井上（祐）・刑法雑誌一〇巻二号一四〇頁註（四））。「具体的注意義務」のうち、「主観的注意義務」は責任要素として把握され、「客観的注意義務」は違法要素とされるが、いわゆる「客観的注意」として、客観的な行為の性状を実体的に表示する部分は、その侵害が構成要件実現を認定させる一契機になるという形において（前出一〇七頁、一一五頁以下参照）、構成要件の要素たりうることになろう（構成要件該当の判断は、違法・有責の判断にくらべれば、抽象的であり、構成要件そのものも、抽象的・一般的な型であるが、この型にあてはまる現実の事実は、具体的状況下の意味に充ちた行為にほかならないのであるから、過失犯の構成要件が、「客観的注意」を自らのうちに予定するのは当然である。なお、木村・法学セミナー一九六一年一一号二六頁、一二号二六頁、福田・刑法講座三巻一二六頁以下、大塚・刑法講座三巻一三六頁以下参照）。さらにまた、われわれは、これまで「客観的注意義務」と「客観的注意」を特に区別しなかったし、また【37】等では、「客観的注意義務」に反したが「実行行為」はない、といった提言にでたのであるが、その場合の「客観的注意義務」とは、違法要素としてのそれではなく、構成要件要素としての「客観的注意」を考えていたわけである。この機会に改めてはつきりさせておこう。

かくして、われわれは、以上のような検討を基礎にして、【1】―【36】につき、それぞれが過失同時正犯として構成されるかどうかを論定してゆかなければならない。

(二)　個々の過失同時正犯

(1)　まず、以上の検討から、比較的容易に解決できる事例を考えてゆこう。

【1】では、装塡した銃を座敷に差置いたAの行為の危険性と少年達がこれを弄んでいたという状況の危険性とを綜合して、Aに過失致死の実行行為を認めることができよう。少年BとAの過失同時正犯が成立しうる。

【2】の判文だけからは、Aのみに過失致死罪が成立する。しかし、もし、人医D・Eが介入し、狂犬病患者を狂犬病にあらずと誤診したとするならば、A・D・Eの同時正犯が可能であり、D・Eの立場によつては、Aに過失致死罪の責任が帰せられない場合も考えられるであろう。

【3】では、自動車運転手Aと汽車の機関士等の間に、【4】では、自動車運転手A・Bに、【5】では、衝突した両船の船長等に、【7】では、自動車運転手A・Bに、それ自体、過失致死の構成要件を実現するにたるという意味での実行行為を認めることができよう。

【6】では、交通信号を無視して衝突・死亡したオートバイ運転手のみが、理論上は、過失の責任

を負うべきであろう。判文だけでは、信号を遵守しながら、衝突は避けうると「軽信」した被告Aに、過失致死の実行行為を認めるべく不充分である。さらに、特段の措置にでるべき状況の認定が必要である。

【8】においては、相当因果関係を肯定することがむしろ正しいと考えられ、かつ、判文にもあきらかなように、事故回避に可能な程度、前車との間隔を保つていなかつた危険な行為を認定することが可能であるから、A・Bに、業務上過失致死罪の同時正犯を認めることができよう。

【9】では、銀座の交叉点を通行する際の事故とはいえ、午前二時頃、視界良好な状況下で、通行の優先権をもつAが、三五粁のスピードで、しかも、道路の中央を走行しながら、警笛を吹鳴しなかつたために、無法なBと衝突したことを想起するならば、Aの過失責任はこれを否定することが正しい。判旨は、余りにも広く「注意義務」違反を認めたことになる。

【10】の保線助手と保線工手組頭、【11】の坑内保安係と運転工、【12】の転轍手A・Bは、いずれも、業務上過失致死罪の同時正犯たりえよう。

【13】の機関手Aには、それ自体の行為における実行行為を、駅長代理Dには、立場上の実行行為を認めることが可能である。しかし、車掌B・C、検車係E、連結手Fにまで、実行行為を認めることは、問題であろう。事故の発端は、E・Fの不注意にあつたわけであるが、その危険を引受けたのが最終的に異常の有無を確認すべき立場にあつたDであつてみれば、彼等に実行行為を認めない方

が妥当であろう（E・Fの上告論旨は、Aに対する関係において、しかも、因果関係の存否についてのみ、議論を展開する。実行行為の面から展開することが必要である）。この点で、「さらに【20】参照（なお、K. Salm, a. a. O. S. 243 ff., 245 ff.）。

【14】では、判文だけからは明確でないが、相被告人等との関係で、犯情に甲乙ありとされる点からして、あるいは、被告に実行行為を認めないことが妥当といえるような状況が存在したかもしれない。

【15】で、医師に過失責任を負わせることは容易であるが、知識・経験に乏しい看護婦に対してこれを認めることは、むずかしい。ネマトールのなんたるかにつき全く知識をもたない場合には——誤読の可能性も必然的に高い——医師の単なる「機械」として評価されよう。ネマトールにつき知識をもっていたとしても、医師を信頼することは、一応、許される（前出四八頁）。この点、正規の看護婦が医師の命令の下に、静脈注射を行なう際、誤って動脈に注射したため生じた事故につき、該看護婦に過失責任を認めると同時に、注射を命じただけで特段の指示・監督もせず、しかも、静脈の確認に苦慮していた看護婦を目撃しながら、「大丈夫でないか」といってのけた医師にも責任ありとする仙台高裁、および、これを支持した最決昭三八・六・二〇判例時報三四〇号三二頁は、興味深い（なお、後出一六七頁）。看護婦が静脈の発見に苦しんでいたという事実、それを目撃しながら、敢えて注射を命じたという事実、看護婦もやむなくこれに従ったという事実が、看護婦と医師の両方に、実行行為を認めるための場となるであろう。

【16】—【18】で、相当因果関係が否定されるならば、もはや、過失（既遂）犯は成立しえない（事案からして、同時正犯も成立しない）。しかし、いうまでもなく、実行行為の有無は、別個に論定されなければならない（実行行為がありながら、相当因果関係に欠ける場合につき、内田・北法一一巻二三七頁以下、二五三頁以下、四七九頁、四八二頁）。だがしかし、汽車の運転中、被害者を認めることが客観的に至難であつた状況下において、通常の運行を継続したような行為は、過失致死等の実行行為とはいえないであろう。

【19】においては、ブドウ糖であるかどうかを確認もせずに注射したD、ヌペルカイン液に気付きながら、内科処置台に放置することによつて、状況の危険性を生ぜしめ、それを容易に現実化させるようなきつかけを与えたCに、業務上過失致死の実行行為を認めることは、困難でない。しかし、ブドウ糖と混同されやすい状態でヌペルカイン液を作製・製剤室に放置したにとどまるA、ブドウ糖とヌペルカインを間違え、ヌペルカインをブドウ糖なりとしてCに交付したBに、実行行為を認めることは、妥当でないであろう。未だ、構成要件の実現に接近した危険性を生ぜしめていないばかりでなく、その危険性を引受ける他人に対しても、自己の危険性を直ちに現実化するようなきつかけを与えてはいないからである（上告論旨は、A・Bについて、因果関係の存否のみを論じるが、正しい核心はある。なお、内田・北法一一巻四八一頁以下）。

(2)　【20】では、Cについては、業務上過失往来妨害罪の実行行為を認めうるが、A・Bには、これを否定するのが妥当であろう。つぎのように考えられるからである。

国鉄においては、各職員の職責は細分化され、列車の定時安全運転という最高目的のために統合されている。一個の職員の不注意だけから事故が発生することは、むしろ稀だということができるような仕組みになっているといいえよう。本件においても、同様である。従って、Cはともかく、A・Bの行為は、それ自体において実行行為とされることはない、といえよう。しかし、AはBに、BはCに危険を委ねたことになる。この意味では、状況の危険性に影響された形での実行行為を考えることはできる。だがしかし、Bの職責は、Aの不注意をも前提として構成され、Cの職責は、A・Bの不注意を前提として構成されているとみなければならない。なぜならば、Bは、Aの表示する標識板に左右されることなしに、レールの尖端の密着状態を確認すべき職責を有するものであり、Cは、最終的に、レバーを引いて、発車可能を確認し、発車信号をなすべき職責を有するものであるから（この点では、第一審の判断、上告論旨に、正しい一面がある。第一審は、B・Cの職責を上述のように認定し、Cの行為を「それ自体偶然にして決定的な原因力」と判定するのである。上告論旨も、個々の職員の不注意がもつ危険性の極めて拍象的であること、信号レバーの存在理由、Cの職責の重大であること、を主張する）。職責が細分化されながら、しかも、上下の別がある場合においては、右のように考えることが必要である。とするならば、状況の高度の危険性を当然予定して行動すべき職責にありながら、現実には、まさに、その職責を全うしなかったCは、その行為についてさらに具体的に検討されるまでもなく、立場ゆえの実行行為にでたもの、と認定されうるであろう。そして、その反面、Aの不注意は、B・Cの不注意の中に解消・包含せられ独自の意味をもちえなくなり、Bの不注意もCの不注意の中に解消・包含されてしまう、とみることが妥当となろう。その結果、A・Bに実行行為を認めえなくなる、というわけである（内田・北法一一巻四八四頁以下、内田・警研三三巻八号四一頁以下）。

さて、職責が細分化された場合の事故については、右のような態度が正当だと考えられるわけであるが（これまでは、【13】について、特に問題としてきたにとどまるが、【10】—【15】、【19】—【22】、【27】—【36】のいずれについても、同様に考えることができる。因果関係があり、広汎で抽象的にすぎるとはいえ「注意義務」違反もある、といえる場合において、地位に関連した実行行為の存否を上述のように考えなければならない、というわけである。ただ、職責に上下の別がないような場合【10】—【12】、【14】などでは、比較的容易に、全員に対し実行行為を認めうるように思われるが、この点については、さらに次頁参照。なお、【28】【29】【32】【34】—【36】も、職責に上下の差を認めない方が正しいとみられるが、また改めて問題にすることとしよう）、注意を要する点がある。地位・立場に附着した契機から実行行為を構成することも、常に可能だというわけではない、という点がそれであり、同時に、地位・立場からして実行行為なしとされる場合も、例外を認めなければならない、という点がそれである（ザルムに従えば、このように考える必要は特に強くないであろうが、問題を残していることは前述した（一一二頁）。Vgl. K. Salm, a. a. O. S. 243 ff., 245 ff.）。第一の点についていえば、たとえば、ハイヤーの運転手に苛酷なノルマを課したというだけで、雇主が、当該運転手の居眠り運転によって生じた事故の実行行為をなしたもの、とされるようなことがあってはならない。地位に附着した抽象的な危険性が現実化している場合に、その地位にある者として不注意であった場合を考えなければならないのである（内田・北法一一巻四八七頁註（5）、K. Engisch, Kausalität als Merkmal der strafrechtlichen Tatbestände, 1931, S. 61 ff., 67 ff., 80; G. Stratenwerth, Schmidt-Festschrift. S. 395）。従って、大阪地判昭三五・五・四判例時報二二六号四三頁が、運転免許をもたぬ少年のおこした事故につき、雇主にも、重過失致死の責任を認めたのは、直ちには首肯できない（無謀操縦の教唆をも認めているが、この点は、正当であろう）。雇用する少年が「無資格であるばかりでなく運転技術も極めて未熟であることを知り乍ら同人に右小型三輪貨物自動車を運転して杭全町まで交通頻繁な市街地の往復方を命じて之を運転させ以て重大な過失を犯し」たという認定と、右少年のひきおこした事故が、この「重大な過失」と不可分に結びついているという点（この点は、特に認定されていない。

しかし、事案からすれば、そう認定してもよさそうである）とを充分考慮しなければならない。右のような態度は、第二の点、すなわち、立場上、実行行為が否定されるのが一般的だといえる場合の論点にも有効である。例外的な場合を考えなければならないわけである。この点で、仙台高判昭二八・一二・二五特報三五号八四頁が、【20】に類似した事案につき、信号機の指示が無効になるような形において連動器と信号器の連鎖を切断・放置した作業員二名に、業務上過失往来妨害の責任を認めているのは、興味深い（尤も、この判決も、因果関係の問題として片付けている）。【20】でいえば、もし、Cが信号機を引いても、発車の当否は区別がつかないように信号器と連動器の連鎖が切断されていたならば、その点に、単なる作業員にも実行行為を認める契機が生じるといえよう（内田・北法一一巻四八八頁註（10））。

(3)　さらに、このように考えてくれれば、職責に上下の差別がない場合だからといって、直ちには全員に実行行為を認めることはできないという点、また、逆に、これを否定することもできないという点が、意識されえよう。これまでとりあげられてきた多くの要素を、個別的・具体的場合に即して綜合的に判断してゆかなければならない。

【21】においても、以上のような理解の下では、事故の発端をなしたのが、工手Aの不注意であるとはいえ、彼および信号係Dには業務上過失致死の実行行為を認めない方が妥当である。これに反し、工手長B・副長Cには、立場上の実行行為を、また運転手Eには、それ自体における実行行為を認めえよう（真鍋・法学論叢六九巻二号一〇六頁は、「結果をもう少し前に遡らせて、架線の断線、パンタグラフの破壊の危険という点に関して適用さるべき過失犯の構成要件が考えらるべきであろう」とするが、A・B・C・Dを区別しないでかく立言されるのであれば、充分でないと思

われる。Aに限定して立言されるようでもある）。同様に、【22】の信号注視義務を怠り、追突事故を発生させた機関士A、信号機と線路の状態を点検すべき義務に反し、進行させてはならないA運転の列車を漫然進行させたB、ポイント切り換えを怠つた信号係Cには、容易に業務上過失傷害の同時正犯を認めえよう（過失致死ではなしに、過失傷害を認めたのは、単に、結果として、傷害が生じたからというだけではない。過失傷害に相当な行為と過失致死に相当な行為を区別しうることはいうまでもない。前出一一九頁以下。Vgl K. Engisch, Untersuchungen, S. 327 ff.）。

(4)　【13】【15】【19】—【21】を眺めて、直ちに気付くように、共同行為者が存在する場合には、各個の行為が、物理的な意味で結果に「近い」か「遠い」か、主たる責任者としての行為であるかどうか、という点が、相当に重要なめやすとなつていることは否定できないように思われる。この点に、ザルム（K. Salm, a. a. O. S. 226 ff., 239 ff., 243 ff., 254 ff., 263 ff.）の正しさを見出すことができる（なお、前出一二三頁）。しかし、われわれのこれまでの理解からして、右のように眺めうることが多い、というだけであることを忘れてはならない（【23】【29】【30】【32】【35】—【37】参照）。

(5)　さて、【23】においては、メタノールをアルコールと軽信して販売したA、これを購入しながら、検査もせずに飲用に供させたBに、業務上過失致死罪の過失同時正犯を認めることは容易である。判文上、AがBへ危険性を委ねたことから、Aの生成せしめた危険性をとり消すような事由が生じたとはいえないことが窺われるであろう。

【24】【25】で、相当因果関係を否定することが妥当かどうか、問題があろう。一応、相当因果関係なしと、いうことにしよう。しかし、すでに考察したように（前出一〇九頁）、このことから、実行行為も否

定される、とはいえない。水泳中の生徒に対し指導・監督を怠った【24】の諸教師には、実行行為を認める契機がかなり強いのではあるまいか。【25】でも、同様の理解が可能であろう。

【26】は、極めて広い「注意義務」を課するものであつて、われわれの立場からすれば、Bの停車を「軽信」したAに、業務上過失傷害の実行行為を認めることは、すくなくとも判文だけからはむずかしい。

【27】で、未熟なBをして運転させながら、特段の注意を払わなかつたA、自ら運転しながら前方注視を怠つたBに、業務上過失致死の実行行為を認めることは容易である。

【28】において、駅長Aが、運転規定に従つたBの運転を、信頼することは許されないような状況にあつたといえるから、彼に実行行為を認めることは容易である。B・Cがむしろ問題である。しかし、運転規定上、当該事情の下では、停車することが要求されている場合ならば、仮りに、甲駅無停車通過が予定されていたとしても、Bの通過行為も実行行為たりえよう。Cの引受けた危険、および、その処理のしかたは、それ自体としては、丁度【21】のDに似ているが、駅長としての立場から、実行行為に昇格可能であろう。

【29】のAが、正常運転の下で、危険信号も「往々」安全信号に変る事情があるのだからとして、踏切番Bの職務遂行を信頼したことは、Bとの関係において、委ねた危険も引受けた危険も現実化すべく稀薄であると評価しえよう。この意味で、Aに「注意義務」違反があつたとしても、彼には業務

上過失致死罪および業務上過失傷害罪の実行行為を認めないのが妥当である（上告趣意には、傾聴すべき点が多い）。

【30】においては、具体的状況が、他人の職域にまで意を配るべき特段の事由を認めさせない以上、Aに危険を引受ける形での実行行為を認めない方が正しい。上告論旨は、最高責任者を操車掛Cなりとなし、問題のAの前方注視義務はこれを「附随的義務」なりと主張する。いずれも、Aの実行行為を否定する方向で有効な主張といえよう（他人の「本来的義務」にして、本人の「附随的義務」にすぎない「義務」を、履行すべき特段の事情がないという点から、他人の「本来的義務」を引受ける形での実行行為はない、と構成することが妥当である）。

【31】において、上告論旨は、助役Dの職務外の事故であること、車掌Cの義務・権限を超えた事項に関する事故であることを主張する（前出八六頁）。われわれの一般論からすれば、C・Dに業務上過失致死・傷害の実行行為を認めないのが正しい。しかし、第一審認定事実（前出八三頁）は、状況の危険性を強く感じさせる。特に、Dには、立場上の問題もある。実行行為を認めるべき契機はある（Eも起訴されたならば、同様に扱われうるであろう。なお、B・Cに、過失共同正犯を認めることは、充分考えられる。後出一七二頁）。

【32】において、被告人が、踏切番の職務行為を「信頼」したことは、彼の生ぜしめた重大な危険を引受けたものと評価すべきでない。また、軽便鉄道列車が定刻を七分も前に通過したのであれば――この事実は、列車の通行が頻繁な踏切ではないことを物語る――被告人が、列車は通過しないだろうと考えることは、当然である。当該列車は未だ通過しないだろうと「信頼」することも、決して、該列車の生ぜしめた重大な危険を引受けるものではない。もし、このように考えることが許されない

ならば、交通関係者は、ともかく衝突したり人を轢いたりした場合には、直ちにその責任を問われるという結果になつてしまう。よくいわれるように、それでは、社会生活はたちどころに静止するのほかはない。【32】では、実行行為を認めるべきではない（なお、【29】参照）。

【33】では、自動車の運転助手席に同乗した被告人とバス等の単なる乗客との差異を考慮することから、被告人に、過失致死罪の実行行為を認めることは可能である。事実上も（被告人の身体がハンドルその他に触れる状況にあつた）、法律的評価の角度からみても（単なる客とは違った立場が生じる）、被告人は危険に近いからである。「社会生活上一般人に課せられた最少限度の注意義務」に反したからではない（前出九二頁）。

【34】の電車車掌Aは、具体的状況のいかんにより、業務上過失致死の実行行為にでたものとされよう。判旨は、この意味で、再構成される必要がある。なお、A・Bを、過失共同正犯として構成することも可能であると思われるが、後程改めて検討する（後出一七三頁）。

【35】【36】が、過失同時正犯を否定するのは正当である。共同者を「信頼」したことは、彼の生ぜしめた危険を引受けるものでなく、また、本人が生ぜしめた危険を共同者に委ねたまま放置するものでもない、と評価すべき具体的事情が存在するからである。

二　過失と共同正犯・教唆犯・幇助犯

一　序説――過失と共同正犯・教唆犯・幇助犯を検討する意義

これまでの考察から、過失の同時正犯は、故意の同時正犯と同様、個々の行為者が、それぞれ過失犯の狭い・定型的な構成要件を実現した場合にはじめて認められるべきである、因果関係ありということで認められるべきではない、という結論を導くことができた。しかも、判例の展開するところも、判例自身が自覚しているかどうかは別として、理論的には、次第に右のような理解に接近しつつある、とみられなければならないような段階に達しているのである。従つて、過失共働はすべて過失の同時正犯として罰せられる、と考えるのは正しくなく、正当な意味での過失同時正犯といえない過失共働はこれをどう扱うか、がまさに問題となるわけである。「過失」と共同正犯・教唆犯・幇助犯の関係を検討する意義がここにある。

論点は、第一に、過失の同時正犯といえない過失共働においても、相互に補充しあう要素が認められ、一個の統一的な実行行為ありとして、共同正犯に問うことが可能な場合はありはしないか、にある。第二には、「過失の共同正犯」は認められるが、当該共働はこれに該当しない場合、ないしは、過失の共同正犯そのものが否定された場合において、なお、「過失の共犯」として可罰的な場合はないか、が問題になる。さらには、「故意と過失の共働現象」はどう考えられるべきか、も問題となる。もし、過失の共同正犯が否定され、過失的共犯も認められないということになると、過失の同時正犯以外の過失共働は、不可罰である。問題のもつ意味はすくなくない。

二　過失共同正犯の成否

（二）学説の検討　(1) 共同正犯には、二つの型がある。一つは、共同行為者のおのおのが、他人の協力をまつまでもなく、すでに彼自身の行為において、当該構成要件を実現する場合、すなわち、「共同の実行」という概念が形式的な意義しかもたない場合である。他は、共同行為者が、共同することによつて、一体となつて、はじめて実行行為を完成する場合である。第一の場合は、かりに共同正犯の規定（法六〇）が存在しなくても、単独正犯の一般理論によつて、すなわち、同時正犯として処理することもできるという意味で、不真正の共同正犯（柏木「共同正犯の概念」刑法雑誌四巻一号一四頁以下）と呼ぶことができる。これに反し、第二の場合には、共同行為者のおのおのは、それ自身としてはせいぜい未遂程度の実行行為にでているにすぎないか、あるいは、幾人かは本来的な意味での実行行為を行なつているが、他は現象的には共犯行為をなしているにすぎないか、さらには、すべて現象的な共犯行為にでているにすぎないか、のいずれかである。つまり、それ自身としては、決して構成要件を実現するにたりない行為の共同から、構成要件実現の結果が生じる場合である。この場合においても、共同正犯の規定が存在することによつて、各行為者は、共同実行により生じた結果全体について責任を負うのである。この間の事情は、一般に、「一部実行の全部責任」と呼ばれている。この「一部実行の全部責任」は、まさに、共同正犯の規定から導かれるわけであるから、共同正犯の第二の型はこれを真正の共同正犯（柏木・前掲論文一四頁以下）と呼ぶことができる。

問題は、なぜ「一部実行の全部責任」が法理論として是認されるのか、にある。共同正犯の規定があるから、というのでは正しい答えにはならない。そこで、論者は、共同正犯規定を実体的に支える契機として、「意思の連絡」を掲げた。行為者相互間に、他人の行為をも自己のものとして自己のうちに帰せしめようとする意思のつながりが存在するならば、かかる意思状態は、各行為者が現象的に行なつた部分行為の個性を消失させ、これを統一的な実行行為の成分行為にしあげることができる、と考えたのである(Vgl. E. Beling, Lehre vom Verbrechen, S. 404, 405, 409, 410; M. E. Mayer, Allg. T. S. 381 f.)。共同正犯の規定は、かかる意思状態に基づく「共同の実行」を予定した、とするわけである。このような見地からは、「一部実行の全部責任」というのは正確でないことになる。実は、全体としての全部実行による全部責任の問題なのである。

しかして、真正の共同正犯――特に故意の共同正犯――を右のように理解することに対しては、異論はないということができる(内田・北法八巻三―四号一頁以下)。

(2) ところが、共同正犯に関するこのような理解から、過失の共同正犯はこれを否定すべきではないか、という問題が提出され、学説は対立した。

(イ) 否定説の代表者、M・E・マイアーはいう。「共同正犯は故意を前提とする。なにかを共同して行なおうとする観念は、たしかに、過失共働とも結びつくことができるが、結果を共同して惹起しようとするところの、部分行為を統合する決意は決して過失共働と結びつくものではない」(M. E. Mayer, a. a. O., S. 382)。滝川博士(滝川・犯罪論序説二二九頁)が明確にM・E・マイアーに従っておられるほか、ビルクマイアー(K. Birkmeyer, Die Lehre von der Teilnahme, 1890, S. 136 ff. しかし、K. Birkmeyer, VDA. II. S. 146, 146 A. 4, 147, 148 は、過失の共同正犯を認める。内田―北法八巻三―四号三五頁、内田・北法一一巻五六頁以下)、リスト(v. Lißt, Lehrbuch, 21

S. 22 Aufl. u. 211 ff.)、ザゥエル（W. Sauer, Allg. Strafrechtslehre, S. 219）も、ここに位置づけることができる（リストやザゥエルにおいては、過失の共同正犯が否定されても、過失の同時正犯として処罰されるのが普通であるから、過失共同正犯の否定が、特に重大な結果をもたらすものでないことはいうまでもない。前出一一頁。これに反し、M・E・マイアーにおいて、過失の共同正犯を否定することは、深刻である。前出一二頁。この点で、内田・北法一一巻六一頁以下、三七七頁以下のマイアー批判参照）。

（ロ）　右のような過失共同正犯否定論は、特にわが国の場合、犯罪共同説に結びついていると解せられている（行為共同説にたつ論者がこの点を特に強調する。牧野「共犯の基本観念」刑法研究一巻一頁以下、特に六頁以下、一九頁以下、三四頁以下、牧野・重訂日本刑法上巻四五八頁以下、木村・総論四〇四頁、四〇五頁、市川・刑法総論（昭三〇）二九五頁以下、三三〇―三三一頁。犯罪共同説にたつ論者も否定はしない。団藤・綱要二九六頁以下、大塚・概説一九六頁）。たしかに、犯罪共同説は、主として広義の共犯（共同正犯）現象を捉えて、特定した一個の犯罪を共同で実現する現象なりと考える。甲がA罪を、乙がB罪を実現しようとして協力しても、それは、共犯に必要な「共同」とはいえないわけである（尤も、A罪とB罪に、構成要件的な重なりが存在する場合には、その重なり合う限度で、共犯の成立が肯定されている。団藤・前掲書二九六―七頁）。しかし、犯罪共同説の固有の結論は、これ以上のものではない。過失共働において、一個の過失犯が実現された場合のすべてにつき、共同正犯を否定するのは、犯罪共同説固有の結論とは考えられない。特定した一個の犯罪を共同で実現しようとする相互的な意思連絡が、さらに改めて要請される必要がある。実は、犯罪共同説にたつ論者も、ここまで考えていると思われる（岡田（庄）・刑法原論総論三六〇頁以下、江木・日本刑法通義一九一頁以下、泉二・日本刑法論総論六二七頁以下、滝川・前掲書二二六頁、二二九頁、小野「過失犯の共同正犯ということがあるか」刑事判例評釈集一五巻三頁、団藤・前掲書二九九頁、平場・刑法総論講義一五三頁以下、井上・総則二二三―四頁、二二五頁以下、井上・過失犯の理論三一五頁以下、大塚・前掲書一九六―七頁、吉川・刑法総論（昭三八）二四七―八頁、二四九―五〇頁）。従って、同じく犯罪共同説の見地にたたれる勝本博士（勝本・刑法要論総則三八一頁以下）、岡田（朝）博士（岡田（朝）・刑法論一九七頁以下、二一六頁以下）、大場博士（大場・刑法総論下巻一〇一三頁、一〇三二頁、一〇五〇―五一頁）が、過失の共同正犯を肯定されるのも、犯罪共同説に矛盾するわけではないのである。

（八）　かくして、犯罪共同説にたちながら、過失の共同正犯を否定する立場は、結局、さきに紹介したドイツの学説と軌を一にする論拠に拠るものと考えられる（内田・北法八巻三―四号三〇頁以下、四六頁以下、内田「過失の共同正犯」木村編新法律学演習講座三四二頁、内田・法学教室六号一一六頁）。なお、いわゆる共同意思主体説にたつ論者も、共犯現象を特殊の社会的心理的現象たる共同意思主体の活動なりと考え、そのような活動は過失共働には認められない、となす（草野・刑法要論（昭三二）一一六頁以下、一二二頁以下、斉藤「過失の共同正犯」共犯判例と共犯立法八八頁以下。なお、下村「共同正犯」刑法講座四巻九〇頁以下）。しかし、論者の掲げる「特殊の社会的心理的現象」は、「一人では深夜公園を横切り得ないような臆病な少年でも、二人ならば敢て行いうる」といった点に認められるのであるから、過失共働にこの現象が認められないとはいえないであろう（井上・過失犯の理論三二三頁以下、内田・北法八巻三―四号三三頁）。結局、共同意思主体説にたつ過失共同正犯否定論も、暗黙のうちに、共同で犯罪を実現しようとする場合の共同意思主体を考えているものと思われる。

右に眺めた諸説は、かくして、特定した一個の犯罪を共同で実現しようとする相互的な意思連絡があつて、はじめて、統一的な一個の実行行為を構成しうるのであるから、犯罪以外のなにかを共同で実現しようとする場合に認められる過失共働の「共同」では、一個の犯罪実行行為を考えることはできない、と提言するものにほかならない（団藤・前掲書二九九頁）。

（二）　ところが、特に、わが国の過失共同正犯否定論において、過失共同正犯を否定した場合、過失共働はいかに扱われるかにつき、明確な態度をうちだすものがすくない（明確なのは、泉二・前掲書六三四―五頁、滝川・前掲書二二九頁、井上・過失犯の理論三一五頁以下。なお、岡田（庄）・前掲書三五七頁以下参照。小野・刑事判例評釈集一五巻三頁以下は、過失共働においてはそれぞれ過失責任を負わなければならないが、その場合、広狭・強弱の差がある、とせられる）。これに反し、ドイツの学説では、さきに紹介したように、「一条件＋過失」ないしは「一相当条件＋過失」により、過失同時正犯とするものが多かつた（前出一一頁参照）。目的的行為論も、過失共同正犯の問題性そのものを否定しているという意味では、批判されるべきであり、ここで改めて問題とするにたりないともいえるわけであるが（前出一三頁参照）、相当因果的に結果を惹起した不注意な行為はこれをすべて過失（正）犯とするわけであるから、この限りでは、却つて深刻な問題を残してはいないとみることができる。

(3)　過失の共同正犯を認める見解はどうか。この立場にたつものは、まず、共同正犯を支える「意思の連絡」は共同で犯罪を実現しようとするものである必要がない、と考える。共同で自動車を運転しよう・焚火をしよう・家を建てようといった意思の連絡——団藤教授（団藤・前掲書二九七頁、二九九頁参照）の表現をかりれば、前構成要件的・前法律的な意思の連絡——でよい、とするわけである。そしてそのような共同作業の際に犯罪的結果が過失的に発生したならば、過失の共同正犯が成立する、と考える。エクスナー(F. Exner, Fahrlässiges Zusammenwirken, Frank-Festgabe, I, 1930, S. 572 f., 585 f.)、フランク(R. v. Frank, Das StGB für das Deutsche Reich, 18 Aufl. 1931, S. 114 f.)、メツガー(Strafrecht, S. 422, 423; ders. Leipziger Kommentar, 8 Aufl. 1957, S. 255)がそうである。行為共同説にたつて、共同正犯は、行為を共同することにより自らの犯罪を実現する、と考える論者も、容易に、右のような帰結に達した（牧野・刑法研究一巻三四頁以下、牧野・重訂日本刑法上巻四〇九頁、四四二頁、四五八—六一頁、木村・総論四〇四—五頁、市川・総論二九五頁、三三〇—一頁、佐伯・総論三一六—七頁、三三二頁。なお、宮本・刑法学粋三九〇頁以下、三九六頁以下、四〇一頁、植田・共犯の基本問題一一〇頁以下。ちなみに、行為共同説でも、「共同すべき行為は、犯罪でなければならない」とすることは可能である。井上・総則二二四頁参照）。だがしかし、自動車事故・失火・家屋の崩壊事故等の結果を、各共同者に帰せしめる根拠は、右のような態度から、直ちに肯定されるものではない。なぜならば、行為者は、自動車を共同で運転しようとしただけであつて、共同で自動車事故をおこそうとしたのではないから。尤も、論者は、「過失的」に事故をおこしたのだから、その事故も各行為者に帰属可能だとする。だが、「過失」を、主観的・心理的な、しかも無意識的な面にその中核をおく心的状態なりとし、あるいは、責任論ではじめて問題とされるべきものなりとするならば、ここに「過失」をもちだしてきても、なんら有効でない。無意識的な面に過失の中核があることになると、そこに「共同」という観念は生じえないから、刑法上重要でない部分の共同は存在しても、刑法上重要な部分の共同はなく、従つて過失の共同正犯は構成されなくなる、との団藤教授(団藤・前掲書二九九頁)、大塚教授(大塚・前掲書一九六頁)の批判を受けなければならない(Auch vgl. A. F. Berner, Lehre von der Theilnahme, S. 173)。尤も、ビンディング(K. Binding, Grundriß des deutschen Strafrechts, Allg. T. 8 Aufl. 1913, S. 152; ders. Strafrechtliche und strafprozessuale Abhandlungen, Bd. I, S. 290 ff.; ders. Die Normen und ihre Übertretung, Bd. IV, 1919, S. 357 ff., 454, 634 ff.)は、「無意識の意思」を考え、その「意思」の共同による共同正犯を構成している。しかしながら、発生した結果を共同者全員に帰属させるような紐帯は、いかなる「無意識の意思の共同」に求められるべきであろうか(なお、さらに、内田・北法八巻三―四号三六頁)。また、「過失」を専ら「責任」の問題なりとするならば、過失が問題になる場合には、すでに、構成要件該当性・違法性が確定していることになるから、単に共同で自動車を運転したにすぎない場合においても、共同運転それ自体に構成要件該当性・違法性を肯定せざるをえないことになろう。カントロヴィッツ(H. Kantorowicz, Tat und Schuld, 1933, S. 145 ff., 149 ff.)が、この帰結を積極的に承認する。しかし、自動車の運転が、過失致死傷等の実行行為とは、どうしても承服できない議論であろう。この難点は、実行行為を、まさに致死傷の結果を生ぜしめる直前ないしは瞬間の時点に求めることによつても、なんら治癒されない。共同者のうちのだれかが「過失的」であつたために結果が発生した場合には、全員に実行行為が認められる点は変りないし（もし、「過失的」な者だけが実行行為にでたのだ、とするならば、この点で、すでに、前構成要件的事実の共同の実行は崩壊してしまうのである）、全員が「過失的」であつたための事故の場合でも、犯罪的結果の発生そのものが直ちに構成要件該当の違法な行為を基礎づけることになり、社会生活上、耐えられない帰結に達する（われわれは、まさに、このような帰結を避けるために、学説・判例を吟味してきたものである）。また、「過失」は、「責任」の検討の際に、はじめて問題にされるべきである、としながら、「過失的」・「不注意な」行為——実行行為——を問題にするのは、そもそも一貫しないのではないか、ということもできる（Vgl. H. Welzel, Fahrlässigkeit und Verkehrsdelikte, S. 7ff.）。過失共同正犯肯定論が、従来、反対説を承服させえなかつたのは、このような理由によるものと思われる。

(4)　だがしかし、別の新たな観点からする過失共同正犯肯定論があることを看過してはならない。ここで、まず、木村教授の見解をあげることができる。木村教授（木村・総論四〇四—五頁）は、たしかに、行為共同説にたつことにより、過失の共同正犯を肯定せられる。しかし、さらに、その場合、「不注意な目的的行為の共同」による限定づけを提言せられるものと解される（木村・総論三八一—二頁、木村「過失の共同正犯」判例演習刑法総論一七二頁以下）。そして、ヴェルツェルの過失論の進展（前出一三頁参照）に基本的に従われながら構築した、この「不注意な目的的行為」を解して、過失犯の構成要件実現を基礎づける意識的な意思行為なりとせられ（木村・総論二四六頁以下、三八二頁、木村・法学セミナー一九六一年一〇号二二頁以下、一一号二六頁以下、一二号二六頁以下、木村・刑法講座四巻八一頁）、まず、無意識的な部分に過失犯の本質を求める団藤教授を批判せられる（木村・判例演習一七六頁以下）。と同時に、結果に対し相当因果関係にたつ不注意な行為はすべて過失の正犯性を基礎づける、となすヴェルツェルの見解をも批判し、過失行為を単純に因果的行為と解することの誤りに論及せられ（木村・総論三八二頁、木村・判例演習一七八頁）、「不注意な目的的行為の共同」の積極的意義をあきらかにされる。

たしかに、不注意な目的的行為を過失犯の構成要件実現行為と解することにより、第一に、過失犯の本質は、むしろ意識的行為の部分にあり、従つて、その共同も可能であるという点が解明されることになる。さらに、構成要件の実現は、単なる前構成要件的行為によつて基礎づけられるのではなしに、不注意な目的的行為によつて基礎づけられるのであるから、不注意な行為の共同にだけ、構成要件実現の帰属問題が生じうる、という点も説明可能となる。この意味で、木村教授の見解は、従来の過失共同正犯肯定論の欠点を相当に是正したものといえる。それぱかりではない。因果的行為論の基礎において過失の共同正犯を肯定する態度には、構成要件該当性に関連して、上述のような難点があつたのであるが、実は、過失の共同正犯を否定し、故意の共同正犯のみを認める態度に対しても、故意の共同行為にかかわる構成要件該当性は、因果的行為論の下では、いかにしてえられるか、という点で、論理的には同一の疑問が提起されるのである。さらにまた、過失犯の重点を無意識的部分そのものに求める態度は、因果的行為論と目的的行為論とを問わず、意識的部分にこそ過失行為の中核が存在するものであることを看過し、その結果、過失の共同正犯の否定にでたのである。木村教授の立場は、右のような態度の否定の上にたつている、といわなければならない（目的的行為論が、過失の正犯・共犯を問題にする場合に、無意識的部分に固執するのは、単に、理論的な不徹底であるにとどまる、とも考えられる。内田・警研三三巻八号三九頁参照)。

わたくしも、右に眺めた限りにおいて、木村教授の態度に従うことができると考えている(内田・北法八巻三―四号一頁以下、内田「過失の共同正犯」木村編新法律学演習講座刑法総論三四二頁、内田「過失犯の共同正犯」続判例百選九八頁、内田・法学教室六号一一六頁)。ただ、わたくしは、木村教授の構成要件観、正犯・共犯概念に従いえないため(この点での木村教授に対する批判は、前出一一一―四頁、内田・法学教室六号一一六頁)、結果を行為者に帰属させるための統一的な実行行為を特に強く意識しなければならず、また、各自それ自身において自らの犯罪を実現する、と考える限りでは、行為共同説に正しさがあるとしても、行為共同説の予定する「共同行為」が、前構成要件的な事実に関するものであったり、構成要件的にみて個々ばらばらなものであったりしてはならない、と考えるから、その限りで、過失の共同正犯が成立する場合を明確に限定づけなければならないのである。

(二)　判例の分析

(1)　判例は、かつて、過失の共同正犯を否定していた。つぎの【38】―【40】に明確である。

【38】　「第二判示事実(事実関係不詳。但し、第一事実とつながりがあるならば、酒気を帯びた被害者が被告人両名に暴行を加えたことに端を発する事件である＝引用者註記)ニ拠レハ被告等ハ共同的過失行為ニ因リテ他人ヲ死ニ致シタルモノナレトモ共犯ニ関スル総則ハ過失犯ニ適用スヘキモノニ非サルヲ以テ原判決ニ於テ被告等ノ過失致死罪ヲ処断スルニ付キ刑法第六十条ヲ適用セサリシハ相当ナリ」(大判明四四・三・一六刑録一七・三八〇、同旨、法曹会決議明四四・三・一八法曹記事二一巻七号四六頁)。

【39】　「二人ノ共同過失ニ因リ他人ヲ死傷ニ致シタル犯罪ハ共犯ニアラス故ニ之ニ関シテ生シタル公訴訴訟

費用ニハ刑法施行法第六十七条ノ適用ナキモノトス」（大判大三・一二・二四刑録二〇・二六一八）（過失競合は刑訴二三八条の共犯に非ず、とする判例がある—東京地判昭三三・一〇・一五第一審刑集一・一〇・一六六〇）。

【40】「過失犯ニハ共犯関係ヲ認ムルニ由ナキカ故ニ自己及他人ノ過失カ傷害ノ共同原因ヲ為シ他ノ共同者カ傷害ヲ被リタルトキハ之ニ対シ責ヲ負ハサル可カラス要スルニ共同過失者ハ其ノ過失ノ為メ他人ニ傷害ヲ被ラシメタル以上ハ其被害者カ共同過失者ナルト否トヲ問ハス右傷害ニ付テハ各自其責ヲ負ハサル可ラサルモノトス」（大判大一一・一〇・二三評論一一・三一刑四〇〇）。

しかし、必ずしも明確とはいえないものもあつた。【41】—【43】がそれである。

【41】「原院カ認メタル所ハ被告等カ垣内ギンノ身体ヲ打撃シテ遂ニ死ニ致シタルハ同人ハ狐ニ取付カレタル者ニシテ其身体ヲ打撃セハ以テ之ヲ駆逐シ得ヘシト迷信セシニヨル即チ無意犯ナリト為スニアツテ決シテ同人ヲ害スルノ意思ニ出テ殴打致死シタルモノト為スニアラサルヲ以テ其事実ニ対シ刑法第三百十七条ヲ適用シテ処断シタルハ相当」（大判明三二・六・一三刑録五・六・一二八）。

【42】（事実）　被告人A・Bは、共同して牛乳販売を営んでいたところ、雇人C・Dが法定の比重を有しない牛乳五升を販売したため、牛乳営業取締規則違反に問われた。

（上告理由）　Aは単なる名義人であり、共同営業者でないのであるから、規則にいわゆる「営業者」に該当しない。

（判旨）　「被告カ単ニ名義人タルニ止マリ実際ノ営業者ハ（B）ナルヤ将タ原判示ノ如ク其営業カ右両名ノ共同事業タルヤハ全ク事実上ノ判断ニ属シ事実審タル原審カ職権ヲ以テ断定ス可キ事項ニ属スルヲ以テ捉ヘテ上告論旨ト為スコトヲ得サルモノトス而シテ既ニ原審ノ如ク被告カ右（B）ト共同シテ本案ノ違法行為ニ及ヒタル事ヲ認メタル以上各自ニ其刑ヲ科スヘキハ当然」（大判大二・一一・六刑録一九・一一三七）（美濃部・行政刑法概論八七—八頁、福田・行政刑法八五頁註(二)、金沢「法人の刑事責任・両罰規定」本叢書刑法

一頁以下）。(17)一五

【43】（上告論旨）　原判決は、被告人両名に刑法二一一条六〇条を適用したが、これに対して、共同正犯の場合においては、いずれの行為者の行為によって結果が発生したのかという点が犯罪の成立・刑の軽重に重大な影響を及ぼすものであるのに、原判示は単に「共同シテ為シタル旨ヲ判示スルニ止マルヲ以テ此ノ点ニ於テ原判決ハ理由不備ノ違法アルモノト信ス」というのである。

（判旨）　「被告ハ被告九一ト共同シテ田中静雄ニ対シ祈禱ヲ施シ其ノ病魔ヲ退散セシムヘク手ニテ静雄ノ身体ヲ擦リ又揉ミタルカ同人ノ下腹部及鼠蹊部ニ病魔アリト做シ特ニ強ク揉ミタル結果下腹部ニ擦過傷ヲ負ハシメタルヲ以テ被告等ハ右損傷ニ付テハ細菌ノ侵入ニ因リ疾病ヲ醸スルコトナキ様細心ノ注意ヲ払ヒ消毒其ノ他安全ナル方法ヲ施シ若シ悪化ノ虞アル場合ニハ医師ノ治療ヲ受ケシムル等危険防止ノ為周到ナル注意ヲ為スヘキ業務上当然ノ注意義務アルニ拘ラス其ノ儘放置シタル為該損傷ヨリ化膿菌侵入シ其ノ結果敗血症ヲ惹起セシメ静雄ヲシテ死亡スルニ至ラシメタリト謂フニ在ルヲ以テ即チ原判決ハ被告両名カ静雄ニ対シ擦過傷ヲ負ハシメ業務上注意義務ヲ欠キタル為メ該擦過傷ヨリ細菌ヲ侵入セシメタリト認定シタルコト明白ナルヲ以テ所論ノ点ヲ判示スルノ要ナク従テ原判決ハ理由不備ノ違法アルコトナシ」（大判昭一〇・三・二五刑集一四・三三九、草野「過失犯と共同正犯」刑事判例研究三巻八五頁、小泉「業務上過失致死と共犯」志林三七巻一二号八一頁、佐瀬「過失犯における共同正犯の成立」法律論叢一四巻一一号六八頁）。

【41】は、旧刑法三一七条（「疎虞懈怠又ハ規則慣習ヲ遵守セス過失ニ因テ人ヲ死ニ致シタル者ハ二十円以上二百円以下ノ罰金ニ処ス」）を被告人等に適用しているが、共同正犯の規定たる旧刑法一〇四条をも併せ適用したかどうか、不明である。旧法当時、「無意犯」たる過失犯においても、共同正犯は可能である、とする論者（古賀・刑法新論総論増補訂正五版（明三三）七三三頁以下）もあつたが、これを否定する論者（江木・現行刑法原論再版（明二七）九八―九頁、宮城・刑法正義上（明二九）七一七頁、小疇・日本刑法論三七一頁以下）が有力であり、また、純粋の結果犯たる無意犯と

して過失犯を捉えていた判例（大判大二・一一・二四刑録一九・一三二六、大判大三・一一・二一刑録二〇・三四参照）すら存在していたのであり、【1】―【5】、【10】―【12】にみられるような態度が多かつた、という点からすれば、【41】も、やはり三一七条の共同正犯を認めたものではないと推測されるであろう（大判大一〇・四・一一刑録二七・二四二＝草野・刑事判例研究一巻三三〇頁も同旨なりと理解すべきか）。

【42】について、美濃部博士（美濃部・行政刑法概論八七―八頁）は、Ａ・Ｂに共同正犯を認めたものとせられる。しかし、牛乳営業取締規則二〇条は、いわゆる転嫁罰規定であるとされているが（金沢・本叢書刑法(17)一五一頁）、従来の判例のとつてきた無過失責任説（金沢・前掲書四九頁以下、福田・行政刑法五三頁以下）によるならば、故意・過失の共同正犯を論じるまでもなく、従業員の犯則行為につき、当然に、共同事業者の「各自ニ其刑ヲ科ス」ることが可能であろう（大判昭一八・三・二九刑集二二・六一＝金沢・前掲書二八頁、一五二頁以下は、明確である。美濃部・経済刑法の基礎理論四〇頁以下は、これについても、共同正犯を前提として論じられる）。【42】は、共同正犯を認めたものではなく、従つてまた、過失の共同正犯――事案としては、過失共働であろうが――を認めたものでもないとみるべきであろう（かりに、【42】が共同正犯を認めたとしても、だからといつて、Ａ・Ｂには単一の連帯責任しか負わせるべきではない、という美濃部博士の見解は正当でないであろう。福田・前掲書八二―三頁、九九頁以下、金沢・前掲書一五二―五頁）。ただ、現在の判例のとる過失推定説（最判昭三二・一一・二七刑集一一・一二・三一一三。なお、福田・前掲書五三頁以下、金沢・前掲書五七頁以下、さらに木村・総論一四七―八頁）によるならば、共同事業者に、過失共同正犯を認めることが容易となり、しかも、それがむしろ自然だといえる場合が多くなるであろう（後出一六〇頁参照）。

【43】は問題である。まず、過失共同正犯を否定する立場をとりながら、「過失＋因果関係」で責任ありとする【1】―【5】のような見地から（だから、上告論旨主張の点は、判示しなくてよい）、刑法六〇条を適用した原判決の誤りにつき、職権調査をしてこれを是正することなしに、結論だけを消極的に是認したのではないか、と考

えられる（草野・前掲書八八頁、小泉・前掲批評八四頁以下。さらに後出【52】参照）。判例の大勢からすれば、この理解が素直であろう。しかし、過失共同正犯を認める立場から、本件はまさにこれに該当するがゆえに、A・Bのいずれがより多く結果に寄与したかを判断する必要はない、と考えたのではないか。【43】は、このようにも解される。原判決との関連で考えるならば、この理解がむしろ正当ではないかと思われる（佐瀬・前掲批評七一頁。これに対し、草野・前掲書八八頁は、【43】が、もし過失共同正犯を是認する態度にでたのならば、それ相当の手続を履む必要があり、さらに詳細な説明がなければならぬ筈ではないか、とせられる。しかし、判例の変更は連合部でなされるべきであったとしても、必ずしも履行されていたわけではないとするならば、かかる手続上の瑕疵も黙過しえないではなく、また、詳細な説示が望ましいとしても、これをしなかったからといって、特に問題にはならないであろう。小泉・前掲批評八四頁以下参照）。

(2)　右の諸判例は、すべて過失共同正犯を否定するものだとして、それでは、なぜこれを否定するのか。その理由は、極めて不明確といわなければならない。この点は、夙に論者の指摘するところである（草野・前掲書八八頁以下、木村・判例演習一七四頁）。おそらく、学説中、過失共同正犯を否定する態度と同様の根拠から、すなわち、共同正犯に要求される意思連絡が過失共働には存在しない、という根拠から、そのような結論にでているものと思われる（前出一三七頁以下参照。なお、内田・過失犯の共同正犯＝続判例百選九八頁）。しかも、わざわざ、過失犯について共同正犯を論じなくても、「過失＋因果関係」で責任を問いうるのであるから、実際上、なんの支障もない、とする考え方が根柢にあるといえよう（前出一三九―四〇頁参照）。【40】や後出【55】に顕著である。これは、すでに検討した【1】―【5】などと共通した判例の全体的傾向といえるであろう。しかし、このような考え方は、正当でなかったのであり（特に、前出一〇七頁以下）、過失共同正犯を論じる意義は大きかったわけである（前出一三四頁以下）。しかして、過失共同正犯を否定すべき理論的根拠にも、疑問が提起されていたのである（前出一三七頁以下）。

ところが、従来の判例にも、過失共同正犯を認めるための理論的素地がなかつたとは、決していえないのである。

(イ)　第一に、犯罪共同説は、その厳格な形においては、貫かれていない点をあげることができる。

(a)　犯罪共同説を貫くならば、責任無能力者は、犯罪を実行しえないのであるから、責任能力者の犯罪実行に無能力者が加功しても、共同正犯は成立しないとみなければなるまい。古くこの趣旨を表明した判例がある。

【44】「十二歳以下ノ幼者ハ犯罪組成ノ要素タル罪ヲ犯スノ意思ヲ欠クモノト看做スニ由ル故十二歳ニ満タサル幼者ノ所為偶刑法ノ制裁ニ触ルルコトアリト雖モ固ヨリ罪ヲ犯シタルモノト為スヘカラス従テ一般ノ犯罪ニ幼者ノ加功スルコトアルモ之カ為メ二人以上共ニ其罪ヲ犯シタルモノト為スヘカラサルコト勿論ナリトス」(大判明二八・七・二二刑録一・二・三四)。

しかし、その後、反対の見解が表われたのである(判例の変更といってよいと思われるが、ここでも、連合部が裁判しているわけではない。前出一四七―八頁参照)。

【45】「原判決ハ共犯者ノ氏名ヲ明示セサルモ反対ノ説示ナキ以上ハ責任能力者ナルコトヲ認メタル趣旨ナルヤ勿論ナルノミナラス他ノ共同正犯者カ責任能力者ナリヤ否ヤハ被告ノ罪責ヲ定ムルニ付キ影響ナキヲ以テ之カ明示ヲ欠クモ理由不備ノ違法アルモノニ非ス」(大判大二・一一・七刑録一九・一一四〇、斉藤・本叢書刑法(2)二九頁。なお、最判昭二三・一二・一八刑集二・一四・一八二五は、共同審判を受けない共犯者の罪責は判示する要なく、被告人自身の「罪トナルヘキ事実」をあきらかにすればたりる、としている。評釈、栗本「共同審判を受けない共犯者の罪責を判示することの要否」刑事判例評釈集一〇巻二六三頁)。

(b)　また、犯罪共同説は、一個の犯罪を数人が共同で実行する点に、共犯(広義)の本質を眺めるわけであるから、A・B共謀のうえ、Aは甲を殺害し、Bは乙を殺害したような場合には、共同正犯は成立しないと解されている（泉二・日本刑法総論六六九頁。なお、牧野・重訂日本刑法四一七頁註一三、木村・総論四〇四頁）。殺人罪は、被害者の数に応じて個別に成立する、と解されるのが一般だからである。だが、判例中には、かかる場合につき、共同正犯を認めたものがある。

【46】　「共同正犯ハ数人共同一体ノ関係ニシテ相互ニ手足トナリ共同ノ目的ヲ遂行スルモノナルカ故ニ其ノ一人ヨリ観察スルトキハ共犯者ノ行為モ亦自己ノ行為ノ一部ヲ為スモノニシテ同時ニ為シタル共犯ノ行為ハ自己ノ意思活動ト相合シテ一個ノ行為ヲ組成スルモノト認ムルヲ相当トシ従テ数人共謀シテ各自同時ニ個個ノ人ヲ殺害シタルトキハ其ノ各自ノ方面ニ数個ノ殺人罪名ニ触ルル一個ノ行為アルモノト解スヘキナリトス」（大判大五・一一・八刑録二二・一六九三）（牧野「共同正犯に就て」刑法研究一巻一〇四頁、牧野「共同正犯の『共同』と行為の観念」刑法研究一巻一一七頁）（逮捕監禁罪について、同様の趣旨を判示するものとして、大判大八・八・四刑録二五・九一一、最判昭二八・六・一七刑集七・六・一二八九＝前田「逮捕に引き続きなされた監禁行為と包括一罪」刑事判例評釈集一五巻一八〇頁）。

行為共同説論者（牧野・刑法研究一巻一一三頁以下、牧野・重訂日本刑法四一七頁註一三、木村・総論四〇四頁）は、【46】をとらえて、行為共同説にたつものとして迎えており、犯罪共同説論者（泉二・前掲書六六九―七〇頁）は、これに批判的である。たしかに、【46】は、共同正犯が「数個ノ…罪名ニ触ルル…行為」について成立しうることを是認しているのであるから、その限りで犯罪共同説が貫かれていないことを物語るであろう。しかし、右の設例の場合、甲についての殺人をA・Bが共同で行なうと同時に、乙についての殺人をもA・Bが共同で行なつている、と考えることは不可能ではない。この見地からすれば、A・Bが「数個ノ殺人罪名ニ触ルル」行為をなしている、との理解は容易であろう（団藤・綱要三〇五頁、三〇六頁註（三）は、特に疑問なしに【46】を引用しているが、このような理解に基づくものであろうか。なお、このような理解によれば、「一個ノ行為」を考えることには疑問があるのではないかと思われるが、「一個ノ行為」が存するにすぎない、との結論は不可能ではないであろう。これに反し、最判昭二五・八・九刑集四・七・一五六二頁は、共犯者の一人につき、「数個の行為により同一機会に数名の各別の人を殺害」した場合と同視すべき旨判示している。Aが甲を、Bが乙を殺害したのに、なぜ行為がそれぞれ二個あるのか問題ではあるが、犯罪共同説にとっては、重要な判決であろう。しかし、この判決は、余り問題にされていない。ちなみに、中野「共犯の罪数」斉藤博士還暦祝賀、現代の共犯理論三五八頁、三六七頁以下参照）。そうすれば、犯罪共同説は維持されたことになる。だがしかし、わたくしは、やはり、犯罪共同説では【46】は説明しつくされないと考える。【46】が、共同正犯の成立を、行為者「各自ノ方面ニ」ついて認めようとしているからである。このことは、成立すべき犯罪を予め予定したうえで、その共同を考えてゆこうとする犯罪共同説的見地からは、どうしても是認されないのではなかろうか。共同正犯においても、個々の行為者は、それぞれ、「各自ノ方面」で独自の犯罪を個別的に――しかし、一定の限度では統一的に――実行している、と解する方向に向うものではあるまいか（特に、後出一五四頁参照）。

(c)　さらに、犯罪共同説は、「共同正犯と錯誤」とりわけ「抽象的事実の錯誤」の関係で、相当の変容を余儀なくされているといわなければならない。

窃盗の意思で見張りをしていたところ、他の共犯者が強盗をした場合について、見張りをした者に窃盗の共同正犯を認めた判例がある。

【47】「被告人以外の共犯者は最初から強盗の意思で強盗の結果を実現したのであるがただ被告人だけは軽い窃盗の意思で他の共犯者の勧誘に応じて屋外で見張をしたと言うのであるから被告人は軽い窃盗の犯意で重い強盗の結果を発生させたものであるが共犯者の強盗所為は被告人の予期しないところであるからこの共犯者の強盗行為について被告人に強盗の責任を問うことはできない訳である。然らば原判決が被告人に対し刑法第三十八条第二項により窃盗罪として処断したのは正当であつて原判決には毫も所論の如き擬律錯誤の違法はない」（最判昭二三・五・一刑集二・五・四三五）（中野「窃盗の意思で強盗の見張をした者の責任」刑事判例評釈集八巻二六二頁、平野「窃盗と強盗との共同正犯」判例研究二巻三号三一頁、福田「事実の錯誤と法律の錯誤」本叢書刑法(16)三一頁、福田「共犯と錯誤」斉藤博

士還暦祝賀論文集七二頁以下）（仙台高秋田支判昭二五・三・六特七・八五、東京高判昭三五・四・二二東京高時報一一・四・八六＝福田・本叢書刑法(16)三一頁以下。さらに、和歌山地判昭三四・六・一二下級刑集一・六・一四一五参照）（脅迫の意思で恐喝に共同した場合につき、大判大元・一一・二八刑録一八・一四四五＝福田「共犯と錯誤」斉藤博士還暦祝賀論文集七七頁）。

平野教授（平野・判例研究二巻三号三一頁）は、【47】の評釈において、「強盗と窃盗とは同一構成要件中の刑の加重原由の有無という関係ではなく、構成要件を異にする別個の犯罪である。ところが共同正犯は一個の構成要件についてのみ成立するのであつて、異つた数個の構成要件にまたがつて共同正犯が成立するということはありえない（犯罪共同説）、すなおにこの論理を貫けば、この場合、共同正犯を否定すべきである。もしその成立を認めようというのであれば、右のいずれかの点に修正を加えなければならないであろう」という立場から、行為共同説は実行行為をルーズなものにしてしまうから、やはり、犯罪共同説を固守すべきであるが、厳格に一個の構成要件についてしか共同正犯は考えられないとみる必要はなく、「少くとも、『物を取る』という行為（それは窃盗の全部ではないが）においては、構成要件的に両者は重り合うものを持つている」とみるべきであるから、その範囲で、共同正犯を認めることは可能であろう、とせられる。

これに対し、中野判事（中野・刑事判例評釈集八巻二六二頁）は、強盗の事実があるのに、窃盗の限度で共同正犯を認めるというのは、「要するに犯罪共同説でこの場合を説明せんがために一つの擬制を用いたものにほかならず、実は分割しえない強盗という事実をしいて窃盗と暴行脅迫とに分割するの不合理を冒しているという感じがする」とせられ、各自の「故意」の内容と必ずしも一致する必要のない共同行為への「合意」

によって、「ある特定の構成要件――犯罪ではない――が二人以上の共同の行為によって充足されることをもって」共同正犯の成立を認めるべきである、との見地から（「構成要件共同説」と呼ばれる）、【47】においては、「まさしくかような共同の関係はあったわけであって、かつそれによって充足された構成要件は刑法二三六条一項のそれなのであるから、本件は共同正犯であり、しかも強盗罪の共同正犯だといわなければならないのである」と論じられる。

このように、【47】のような場合を理論的に基礎づけるためには、すくなくとも、一個の犯罪――構成要件――についてしか共同正犯は成立しえない、という意味での犯罪共同説は修正されなければならないわけである。しかして、平野教授は、窃盗と強盗の間にみられる共通性を抽出し、その限度で共同正犯を考えられるのであるが、問題があろう。後程（後出一八二頁等）述べるように、窃盗と強盗の構成要件に普通殺人と尊属殺人の間にみられるような重なりあいが存在するかどうか疑問があるばかりでなく、かりにそれが存在するとしても、中野判事の批判のように、分割すべきでないものを不当に分割しているのではないか、という疑問が投げかけられるのである。しかしながら、中野判事の見解にも従うことはできないであろう。【47】では、たしかに強盗の結果は生じている。だが、単に窃盗の意思で見張りをしたにとどまる被告人も、強盗の構成要件を実現した、といえるだろうか（福田・斉藤還暦七五一―六頁参照）。結果にとらわれた形式的な把握であるとの非難は、免れないのではあるまいか。勿論、中野判事は、共同行為への「合意」を強調されるわけであるから、被告人の犯罪的意思を軽視するものではない。

しかし、それならばこの「合意」とはなにを意味するのか、という点で、やはり疑問は消えないのである。強盗の「合意」なのか、窃盗の「合意」なのか、とにかくなにか悪いことをしてやろうという「合意」なのか、不分明といわざるをえまい。

右に眺めたように、【47】は、犯罪共同説を修正しても、直ちには説明されえないものである。

それでは、どのように考えるべきか。わたくしは、さきにも一言したように（前出一五一頁）、共同正犯の場合、各行為者はそれぞれ自己自身の構成要件を実現するにあたり、現実には他の共同者と共同し、補充し、利用しあつているがゆえに、現象的には自ら手を下さない部分も、他人により補充され、自己の故意・過失の範囲内での統一的な構成要件実現行為として評価されるだけではないかと考える。自ら手を下したか、他人がやつたか、という点は、「補充の関係」が認められる限り無意味となり、行為の個別性は喪失してしまう。しかして、通常の共同正犯は、共同して一人の人間を殺害しようとか、一個の窃盗を実行しようというのであるから、予定通り発生した一個の構成要件的結果は、すべて「補充の関係」によつて貫かれていると考えられる（前出一三五―七頁で、共同正犯の特質として掲げたところは、この限度での立言にとどまると解すべきである）。ところが、【46】や【47】では、事情が違う。勿論、「補充の関係」が、全く存在しないというのではない。具体的場合によつて、その内容は異なるであろうが、「補充の関係」を超過した部分があるわけである。【46】のような場合、Aが甲を殺害し、Bが乙を殺害したとするならば、それが当初の予定であつたとしても、Aは、Bが乙を殺害したことによつて、乙を無視して甲を殺害しえたという限度で、Bにより補充されているとみるべきなのである。【47】では、被告人は、他の共犯者が強盗にでて財物を強取したことによつて、自ら窃取せずに財物をえたという限度で他の共犯者により補充されており、他の共犯者は、被告人の見張りによつて、自ら見張りをすることなしに強盗をなしえたという限度で被告人により補充されているわけである。いずれの場合も、それぞれ、共同正犯という形でなければ成立させえなかつたかもしれない一貫した――欠缺部分のない――統一的な構成要件実現行為をしたことになる。だから、【46】の如き場合においては、Aは、Bとの共同正犯において甲を殺した、というべきであり（乙をも殺害した、とはいえないのが普通である。この意味では、「数個ノ罪名」を考えることはできないであろう。これに反し、甲の殺害につき未遂の場合であつても、共同正犯における殺人未遂はくずれないと思われる）、【47】では、被告人は、他の共犯者との共同正犯の形で窃盗を実行した、といつてよいわけである。【47】は、原判決が、刑法三八条二項により、窃盗罪として二三五条を適用したものとし、これを是認しているが、被告人には刑法二三五条・六〇条が、他の共犯者には刑法二三六条一項・六〇条が適用されることになるのであつて、右の理解に一致するものといえるであろう（なお、平野・判例研究二巻三号三六―七頁、福田・本叢書刑法⒃三一―二頁。これに対し、大判明四三・四・二八刑録一六・七六〇頁は、本来ならば、刑法一九九条を適用すべきところ、被害者の戯言を真実の表白と誤信したのであるから、三八条二項により、二〇二条をもつて処断するを相当としている。表面上は、この判決と【47】とで異なる点はない、ともみられよう。しかし【47】は、明白に、はじめから刑法二三五条しか適用されないことを説示したものであつて（前掲判例集四三七頁）、この点で、大きな違いがあることを忘れてはならないのである）。

このような考え方は、たしかに行為共同説に接近する（牧野「共犯の基礎観念」刑法研究一巻一頁以下）。共同正犯の場合においても、各人はそれぞれ自己の犯罪を実行するのである。しかし、単なる自然的事実に関する共同でも、共同正犯にいわゆる「共同」あり、とする行為共同説が正しくないのは、いうまでもない（前出一四〇頁）。また、なんらかの共同の行為によつて生じた結果については、すべて共同で責任を負わなければならない(たとえば、共謀してAが甲を殺害し、Bが乙を強姦したときには、共に殺人と強姦の責任を負わなければならない、というが如し)、とするのが行為共同説の帰結ならば(牧野・刑法研究一巻二二頁、一〇四頁以下、木村・総論四〇四頁参照。しかし、木村・総論四一〇—一一頁は、「共同の実行行為によつて成立した結果の全体について、各自の故意又は過失の限度において責任を負う」として、【47】を援用している)、平野教授(平野・判例研究二巻三号三三頁)が指摘せられる通り、実行行為をルーズにしてしまうものであるから、これは否定されなければなるまい。

共同行為者の各自が、互いに他により補充され、ないしは部分的に補充されることを通して、自己の構成要件実現行為へと到達する点に共同正犯の特質を求める態度は、身分犯の共同正犯に関しても有効に機能しうるものであるが、後程、身分犯の共犯一般について考察する際、一括して扱うことにする(後出二〇九頁以下)。

(d)　さて、右のような検討から、いかなる結論が導かれるであろうか。

過失共同正犯否定の理由づけを専ら犯罪共同説に求めるならば、その根拠は極めて薄弱だということになろう。犯罪共同説自体がこのようにぐらついているからである。この意味で、特にわが国の過失共同正犯否定論は、反省する必要があるように思われる。ところが、論者も、結局は、共同で犯罪を実現しようとする意思連絡の有無に訴えるわけであるから、犯罪共同説に直接関係なしに論じてゆくことも可能なのである。この意味では、犯罪共同説にまつわる諸問題を検討したことも、過失共同正犯の成否に関し、重要な意義をもつわけではないともいえる。しかし、すくなくとも、通説に対する疑問は提起しえたわけであり、さらには、故意犯と過失犯の共同正犯・共犯の成否に関しても、一つの見通しができたといえるわけである。

（ロ）　さて、共同で犯罪を実現しようとする意思連絡のみが共同正犯を成立させる契機だということになると、そのような意思連絡のない過失共働には、共同正犯は成立しないことになる（勿論、この場合、責任無能力者も、かかる意思連絡を構成する「故意」——学説の進展に鑑みてこの場合の故意とは、構成要件的故意とみるのが自然であろう——をもちうる、と解する必要がある。【44】のように、責任無能力者には「罪ヲ犯スノ意思」なしとみなしながら、【45】のように共同正犯を認めるならば、「故意」なしにも共同正犯は可能となるからである）。ところが、われわれは、犯罪実現意思の共同なしにも共同正犯が認められる場合を知つている、といわなければならないのである。いわゆる「結果的加重犯の共同正犯」と呼ばれる場合である。発生した結果が各行為者の犯罪実現意思（故意）に包含されていない場合には、その結果についての共同正犯を認めることはできない、という徹底した態度をとるならば、およそ、結果的加重犯の共同正犯ということは考えられないであろう。現にこの態度を表明する論者（大塚・概説一九七頁、香川「結果的加重犯と共犯」学習院大学政経年報九号七九頁以下、特に一一六頁以下）もいる。しかし、判例は、旧刑法当時以来（たとえば、大判明三五・六・一二刑録八・六・一二八、大判明三五・九・二九刑録八・八・九四）、直接には加重的結果を発生させなかつた共犯者にも、成立した結果の全体について責任を負わせているのである。ここで、つぎの【48】が想起されるであろう。

【48】　「およそ強盗の共犯者中の一人の施用した財物奪取の手段としての暴行の結果、被害者に傷害を生ぜしめたときは、その共犯者の全員につき、強盗傷人罪は成立するのであつて、このことは強盗傷人罪が所謂結果犯たるの故に外ならない。ところで、原判示事実は、原判決の援用する証拠によつて優にこれを証明することができるのみならず、被告人に対する強盗傷人罪の事実の判示として聊かも間然する所はない。従つて、該

事実に対し刑法第二百四十条前段の規定を適用して被告人を処断した原判決の措置は正当であつて、その間何等の違法の廉はない。原判決を目して審理に尽さざる所があると言い、或は過失犯に共同正犯なしとする理論を援引して、結果的加重犯たる強盗傷人罪にも共同正犯なしと言うが如き所論は、いずれも独自の見解であつて、ともに援用に値しない」（最判昭二二・一一・五刑集一・一、小野「強盗致傷罪の共同正犯」刑事判例評釈集七巻一五三頁、団藤・平野「共犯者の一人の加えた傷害と共犯者全員に対する強盗傷人罪の成立」判例研究一巻一五頁、植松「共犯者の加えた傷害に対する強盗共謀者の責任」法学新報五七巻四号一一六七頁）（同趣旨の判例は数多いが、重要なものを掲げると、大判明四一・四・一四刑録一四・三九一、大判明四二・六・八刑録一五・七二八、大判昭九・五・一七刑集一三・六三四、大判昭一〇・六・二五刑集一四・七三二、最判昭二三・四・一七刑集二・四・三八四＝中野「強盗の共同正犯の一人の加えた傷害と他の者の責任」刑事判例評釈集八巻二二六頁、平野「結果的加重犯の共同正犯」判例研究二巻二号一六三頁、最判昭二三・五・八刑集二・五・四七八＝小野「暴行の共謀と傷害、傷害致死」刑事判例評釈集八巻二九七頁、平野「暴行の共謀と共同正犯」判例研究二巻三号五五頁、最判昭三三・六・一七刑集一二・一〇・二一四二＝田辺「共謀による傷害致死罪が成立する事例」法学論叢六六巻四号九二頁）。

【48】は、明確に、「結果的加重犯たる強盗傷人罪に」「共同正犯」を認めている。これは、いかなる理解によるものと解すべきであろうか。基本たる犯罪行為と重い結果との間に条件関係がありさえすれば、特に重い結果が予見可能でなくとも責任を問いうる、という考え（大判昭三・四・六刑集七・二九一）からすれば、【48】のような場合であつても、強盗傷人の共同正犯を認めることは、強盗の共同正犯を認めることの必然的帰結であつて、なんら問題はないであろう。【48】の真意は、ここにあるのではないか、と推察される。しかし、学説は、周知のように、重い結果につき、すくなくとも「予見可能性」がなければならないとして、その限りで「過失」を必要とするものと解している（団藤・綱要一二三頁、二四八―九頁、なお、荘子「結果的加重犯」木村編新法律学演習講座刑法総論一一二頁。なお、「予見可能性」と「過失」の関係は、結果的加重犯に関し、特に明確でない。ドイツ刑法五六条の「過失的」と、準備草案二一条の「予見」可能性につき、議論があるゆえんでもある。しかし、ここでは、重い結果が、行為者の過失行為によつて惹起せられたことを要するものとして、考えておく）。判例もまた、相当因果関係すら存在しないのに、結果的加重犯の責任を負わせるほどに過酷だとも思われないし（勿論、相当因果関係があるからといつて、直ちに「過失」が、ある、といえないことはいうまでもない。前出一〇九頁参照）、事案からして、いわゆる「過

失」がある場合に、その「過失」によって生じた重い結果の責任が問われている、とみることも可能である（前掲大判明三五・九・二九刑録八・八・九四は、「被告ニ於テ予知スヘキ結果ナルヲ以テ其責任ヲ免カルヘカラス」としている。また、前掲大判昭三・四・六刑集七・二九一頁の事案は、極寒の候に被害者を戸外に遺棄したところ、死亡したというのであって、被告人は勿論、一般人も認識しえなかった被害者の肺気腫症という条件が介在したとしても、致死の結果が予見できなかったとはいえないように思われる。さらに、最判昭二二・一一・一四刑集一・六頁では、指先で胸部を押したところ、老齢による骨質脆弱等の条件と、飯酒時の出来事で、出血多量という条件とが重なり、被害者が死亡するに至ったが、その場合でも、なお因果関係あり、とされるのであって、相当因果関係説の適用が排除されているとまではいえないであろう。なお、鈴木「予見可能性の要否」刑法判例百選六二頁参照）。とするならば、強盗傷人罪の共同正犯は、単に強盗の共同正犯が存在したから、というだけではでてこないものである。強盗を共同した者が、過失的に傷害の結果を生ぜしめたことがさらに必要とされるであろう（過失がなかった者が、強盗の共同正犯にとどまることは、いうまでもない）。従って、この「過失」の部分をいかに理解すべきか、が問題になるわけである。

　結果惹起に必要な行為は、すべて基本犯の共同正犯において行なわれているのであり、行為者相互の過失で発生した加重的な結果は、なんら新しい行為を要求していないのであるから、基本犯の共同正犯は、結果的加重犯をも共同正犯の形で実現したものと解すべきである、との理解がみられる（D. Oehler, Das erfolgsqualifizierte Delikt und die Teilnahme an ihm, GA. 1954. S. 33 ff. insbes. S. 37）。だが、この見解は、必要とされる「過失」を無視するものであって、形式的には結果的加重犯の共同正犯を唱えながら、その実は、これを否定する態度となんら変りないのである。つぎに、「過失」の部分は、過失同時正犯の形で、基本犯の共同正犯にそれぞれ接合されるべきだ、という理解が考えられる（必ずしも明確ではないが、H. Welzel, Das deutsche Strafrecht, 7 Aufl. S. 107 f.; R. Maurach, Deutsches Strafrecht, 2 Aufl. S. 520, 540 が、この見地にたつものと考えられる）。この見解は、論理的にはなりたちうると思われるが、共同正犯の形で実行されてきたものが、なぜ個々別々の同時正犯に分裂してしまうのか、という点で、技巧的であり、不自然であるとの批判を免れないであろう（Vgl. D. Oehler, a. a. O. S. 37. なお、内田「過失の共同正犯」木村編新法律学演習講座刑法総論三四四頁参照）。そこで、平野教授（平野・判例研究一巻一七—八頁）が、【48】の評釈において指摘せられるように、「行為についての共同実行の意思と、それから生ずる共同結果についての過失があれば『共同実行』を単に自然的行為の実行ではなく、構成要件的行為の実行であると解しても、なお過失犯に共同正犯の成立を認めても差し支えないように思われる。本件のような場合に重い結果について共同正犯を認めるのが極めて自然だと考えられるのも、やはりこのような論理的な基礎があるからであろう」というべきではなかろうか。結果的加重犯の共同正犯を認めるためには、過失共同正犯を肯定する立場を前提にして、はじめて無理のない理論構成がえられるのではあるまいか（勝本・要論三八七—八頁、木村・総論四〇五頁、小泉・志林三七巻一二号九二頁）。【48】は、このような理解を否定しているわけであり（小野・刑事判例評釈集七巻一五六頁は、むしろ判旨に好意的である）、判旨の直接のねらいは、さきに一言したように、妥当でない面をもつているように思われるが、われわれは、右のように考えることによつて、判決を支持しうると解するものである。

（八）　過失共同正犯を肯定する立場を前提にして、ことを弁えてゆくのが妥当だといえる場合としては、さらに、つぎのようなものが考えられる。故意を阻却する事実の錯誤があつて、しかし過失責任は問いうるような場合において、その結果が、共同行為によつて惹起せられたものであるとき（団藤・綱要二九九頁）、いわゆる行政犯において、両罰規定による処罰・共同事業者の処罰（前出【42】参照）を、すくなくとも過失擬制説ないしは過失推定説によつて基礎づけようとするときなどである（福田・行政刑法九五頁は、業務主処罰の構成要件を過失身分犯としてとらえ、過失身分犯には共犯は考えられないから、業務主処罰規定の場合、業務者でない者の共犯は考えられない、とせられるが、明確でない。共同事業者ならば、共同正犯が可能なのか。過失犯だから、一切の共犯関係は成立しないのか)。

(3)　ここにおいて、われわれは、つぎの【49】――【51】が、過失共同正犯を認めている点に注目しなければならない。

【49】(事実)　被告人A・Bは、共同して飲食店を経営していたが、Cから仕入れたウヰスキーと称する液体(メタノール三〇%以上を含有)を、メタノール含有の有無につき不注意にもなんら検査することなしに、しかも意思連絡のもとに、D・E・F等に販売した。原判決は、A・Bに有毒飲食物等取締令一条・四条一項後段、刑法六〇条を適用した。

(上告論旨)　過失による有毒飲食物等取締令違反の共同正犯つまり過失犯の共同正犯は、「意思の通謀」という共同正犯の要件が存在しえない過失犯においては、認められない観念である。

(判旨)　「原判決は、被告人両名の共同経営にかかる飲食店で、右のごとき出所の不確かな液体を客に販売するには『メタノール』を含有するか否かを十分に検査した上で、販売しなければならない義務のあることを判示し、被告人等はいずれも不注意にもこの義務を懈り、必要な検査もしないで、原判示液体は法定の除外量以上の『メタノール』を含有しないものと軽信してこれを客に販売した点において有毒飲食物等取締令四条一項後段にいわゆる『過失ニ因リ違反シタル』ものと認めたものであることは原判文上明らかである。しかして、原判決の確定したところによれば、右飲食店は、被告人両名の共同経営にかかるものであり、右の液体の販売についても、被告人等は、その意思を連絡して販売をしたというのであるから、此点において被告人両名の間に共犯関係の成立を認めるのを相当とする」。

(少数意見)　「過失犯には共同正犯を認むべきものではないと信ずるから、本件に刑法六〇条を適用した原判決は失当であり……破棄すべきものである」（最判昭二八・一・二三刑集七・一・三〇、小野「過失犯の共同正犯といふことがあるか」刑事判例評釈集一五巻三頁、木村「過失の共同正犯」判例演習刑法総論一七二頁、植田「過失犯と共同正犯」法学論集三巻三号一一四頁、斎藤「過失犯の共同正犯」共犯判例と共犯立法八八頁、平場「過失共同正犯――それはあり得るか」法学論叢五九巻三号一一五頁、井上・判例にあらわれた過失犯の理論三一五頁、中「過失犯の共同正犯」刑法判例百選八二頁、内田・北法八巻三―四号一頁、内田「過失犯の共同正犯」続判例百選九八頁）。

【50】「被告人両名は共同して素焼こんろ二個を床板の上におき之を使用して煮炊を為したものであり過熱発火を防止する措置についても被告人等は共に右措置を為さずして帰宅したと謂ふのであるから此の点に於いて被告人両名の内に共犯関係の成立を認めるのを相当とするのである。されば原判決が之に対し刑法第六十条を適用したのは正当」（名古屋高判昭三一・一〇・二二高裁特報三・二一・一〇〇七、井上・判例にあらわれた過失犯の理論三二四頁、内田・北法八巻三―四号一頁）。

【51】「被告人両名はいずれも米海軍佐世保基地米国海兵隊所属の海兵隊員であるが、昭和三六年六月二五日午前五時頃佐世保市鹿子前町九六九番地鹿子前観光桟橋に繋留中の佐世保市企業局交通部所属のデゼルエンジン付観光船第二西海丸（四三・七六屯）を認めるや酔余好奇心からこれを運航しようと企て共に同船に乗込んだのであるが両名共この種船舶運航の技能も経験もなく、且つ同所附近は屈曲の多い海岸線のある危険海面でもあるので、衝突、坐礁等の事故発生が充分予想されたのであるから自らこれを運航すべきでないのに拘らず、不注意にも被告人（A）は同船の操縦を、同（B）はその機関部の操作をなし両名共同して同船を運航した過失によりその操舵を誤り、同船を右桟橋より西方約二百米の対岸に衝突坐礁させ、前記無謀操舵並びに衝突により同船に対しダリンドメピンの脱落、キール包板船首在下部金物の各破損船体のひずみ等を生ぜしめ以て一時航行を不能ならしめて同船を破壊したものである」（佐世保簡裁（略式命令）昭三六・八・三下級刑集三・七―八・八一六）。

【49】は重大な判決である。それだけに議論も多い。従来の大審院の判例は、いずれも、すくなくとも明確には過失共同正犯を認めていなかつた。しかし、【49】は、最高裁として、過失共同正犯を

肯定したのである。この点には異論はない。問題は、第一に、手続的な面にあるといってよい。つまり、従来の判例を変更するならば、大法廷の裁判によるべきであり、これを小法廷の裁判でくつがえしたのは問題ではないか、というのである（団藤・綱要三〇〇頁註(九)、斉藤・共犯判例と共犯立法一〇九頁。裁判所法施行令五条、裁判所法一〇条三号参照）。しかし、最高裁判所裁判事務処理規則九条六項によれば、必ずしもその必要はないわけであるから、右の批判も避けられるであろう（なお、斉藤・前掲書一〇九頁）。また、【43】【48】の論旨から、すでに判例も、過失共同正犯を肯定していたのだ、と考えられるとするならば、問題は全く生じない。他方、井上教授（井上・過失犯の理論三二四頁以下）は、判例が過失共同正犯を否定していたのはずっと以前においてであり、その後共謀共同正犯の理論が確立したのであって、この理論によるならば過失共同正犯は肯定されるのであるから、【49】は特異なものではない、と考えられるようである。その当否は、後で検討することにして、ここでは、【49】の手続的な瑕疵は、余り問題にならないことを確認しておこう。

【49】の重要な問題点は、いかなる根拠から過失共同正犯を是認したかにある。単純に行為共同説により、飲食店の共同経営と液体販売についての意思連絡に共同正犯成立の根拠を求めたのではないか、とも考えられる（小野・刑事判例評釈集一五巻五―六頁、団藤・綱要二九九頁、植田・法学論叢三巻三号二一八頁）。もしそうだとすると、正当でないことはいうまでもあるまい（前出一四〇頁）。ただ、井上教授は、共謀共同正犯論のよってたつ共同意思主体というものが、共同で飲食店を経営しよう・共同で液体を販売しようという意思状態において、すでに形成されうるものであるから、【49】は、共謀共同正犯論の帰結ではないかとせられる。たしかに、共同意思主体

説論者の掲げる設例（前出一三九頁）からすれば、右のような場合にも、「共同意思主体」が形成されうるであろう。しかし、論者の掲げた設例がまずかっただけであって、共同意思主体説の真意は、犯罪についての「共同意思主体」にあったのだ、という理解も可能である（前出一三九頁。さらに、中・刑法判例百選八三頁、なお、内田・北法八巻三―四号三三頁、内田・続判例百選九九頁参照）。だから、【49】が、共同意思主体説の必然的な帰結であるとはいいきれない。

単純な行為共同説に依拠したとするならば不当であり、共同意思主体説に従ったものともいいきれないとすると、【49】は、意思を連絡して経営・販売したという点だけではなしに、共に不注意にもメタノールを含有しないものと軽信して販売したという点、すなわち、いわゆる「不注意な目的的行為の共同」という点にまで思いを致して、過失共同正犯の肯定に達したのではないか、と解することが可能であり、また、そう解することが、【49】を支持するための理論的根拠として正当なものではないか、と考えられるのである（木村・判例演習一七五頁以下、中・刑法判例百選八三頁、内田・北法八巻三―四号四一頁以下、内田・続判例百選九九頁、内田・北法一一巻四八九頁以下、内田・法学教室六号一一六頁）。上告論旨、少数意見に対しては、このような見地から答えるべきであろう。しかして、わたくしは、【49】を、これまで眺めてきた諸判例の理論的な頂点にたちうるものとして（判旨自体は、右に検討したように、必ずしも明確でないが）とらえることが許されると思う。従って、【50】【51】がでてきたことは、当然のことである。尤も、井上教授（井上・過失犯の理論三二四頁以下）は、【49】の核心は「混合した結果惹起の構成要件」（ヴェルツェルのいわゆる一定の目的的行為を中核とする構成要件、すなわち、故意犯の定型性をもった構成要件であるとせられる。井上・前掲書三三一頁⑺）にあったといえるが、【50】においては、「純粋な過失犯」が問題になっているのであるから、【49】を共同意思主体説に「親しみやすい」ものとして是認したとしても、【50】

にまで「拡張」してしまうことは問題ではないかとせられる。だがしかし、「不注意な目的的行為の共同」を問題にしようとする立場からは、【49】と【50】に差異を認める必要はないであろう（内田・続判例百選九九頁）。【50】では、過熱発火を防止する措置を共に怠つた点に、失火罪の共同正犯成立の契機を求めればよいのであり、【51】では、観光船を運航すべきでないのに、不注意にも、Aは操縦を受持ち、Bは機関部の操作をなし、「両名共同して同船を運航した過失により」同船を破壊させた点に、過失往来妨害罪の共同正犯を認めればよいわけである（特に、【51】では、AもBも、単独ではおそらく結果を発生させえなかったであろうから、共同正犯を認めないとすると、結局は、過失往来妨害罪の未遂（不可罰）とすることになるであろう。しかし、これはむしろ不自然な結論である。尤も、行為者が一人では結果を発生させえなかったであろう、というような事実的な問題が、共同正犯を成立させる方向に機能するというのは疑問ではないか、という批判もあろう。だがしかし、これに対しては、共同正犯は、まさしく一定の事実を前提として、これに法規範をいかに適用すべきか、の問題であることを指摘すればたりるであろう。なお、特に、W. Sauer, Allg. Strafrechtslehre, S. 200 ff. は正当であると思われる。これに反して、v. Buri, Die Causalität und ihre strafrechtlichen Beziehungen, 1885, S. 38 f. が、条件説を徹底することにより、共同正犯には事実的な意味しかない、とするのは正当でない）。

ところが、【49】の後にも、過失共同正犯を否定する判例が表われている。

【52】（事実）　被告人Aおよび原審相被告人Bは、病院勤務の外科医であつたが、Xを共同で診察治療しながら、看護婦C（起訴されたかどうか不明）にオーロパンソーダの注射を命じたところ、Cが液体を誤認しクロロフォルムを注射したため、Xを中毒による心臓衰弱のため死亡するに至らしめた。

（判旨）　「或る患者に対する診療行為が二人以上の医師により共同して行われその医師間に責任の軽重のつけ難いような場合、然もその診療過程に於て、医師の過失の存した場合は、その内の或医師につきその過失につき全然関係のないことが特に明瞭な場合とか或は特定の診療につき特に責任を分担しその帰責を明かにして行われたのでない限り、右過失についての責任は共同診療に当る医師全員に存するものと解するを相当とすべきが故にたとい所論の如く被告人が直接本件麻酔の注射に関与していないからとてその一事を以て本件の前記業務上過失の責を免れることはできないものと謂うべきであるから結局論旨は何れも理由なきに帰する。

尚当裁判所は職権を以て按ずるに、原審は被告人の判示所為を以て（B）との共同正犯として之に対し刑法第六〇条を適用しているが、本件は被告人と右（B）及（C）の過失行為が競合したに過ぎないのであつて、刑法にいわゆる共犯ではないから原判決が被告人の本件所為に前記法条を適用したのは法令の適用を誤つたものと謂うべきであるが右は刑事訴訟法三八〇条にいわゆる判決に影響を及ぼすべき法令の適用の誤とは云えないから原判決を破棄する理由とはならない」（広島高判昭三二・七・二〇高裁特報四追六九六）。

【52】は、本件においては、「過失行為が競合したに過ぎないのであつて、刑法にいわゆる共犯ではないから」刑法六〇条を適用したのは法令適用に誤りがあるが、判決には影響しない、というわけである（【43】が、これと同様の見地において理解されうることは前述した。前出一四七—八頁）。従つて、【52】は、「過失＋因果関係」で責任が決定されるという判例の態度と同一の基盤から、共同診療の過程に医師の過失があつた場合には、「その内の或医師につきその過失につき全然関係のないことが特に明瞭な場合とか或は特定の診療につき特に責任を分担しその帰責を明かにして行われたのでない限り」結果に対する因果関係はないということはできず、「右過失についての責任は共同診療に当る医師全員に存するものと解するを相当とすべき」である、という立場にたつて、過失共同正犯は認められないがしかし過失同時正犯として充分に理論構成することができる、と考えたもののようにみうけられる。ところで、「本件は……過失行為が競合したに過ぎないのであつて、刑法にいわゆる共犯ではない」としている点からみれば、一般に過失共同正犯

は認められない、とまではいつていないのではないかとも考えられる。しかし、判旨からするならば、直接注射に関与しない者がいたとしても、他の点ではすべて共同診療が行なわれていたわけであるから、過失共同正犯それ自体は認められても本件はこれに該当しない、という趣旨を唱えているものとは解しえないであろう。【52】は、わざわざ過失共同正犯を認める必要はない、と提唱する判例にほかならないであろう。とするならば、その不当なことはあきらかである。直接注射に関与しなかつた医師にも、業務上過失致死罪の実行行為が認められる、とする積極的な理由づけが必要である。【52】で過失同時正犯を考えようとするならば、このような理論構成がとられなくてはならない。しかし、直接注射に関与しない医師に、実行行為を認めることは、これまでの考察からして無理ではないか。判決に影響を及ぼす事実誤認・法令適用の誤りが考えられるのではなかろうか。

しかし、過失共同正犯を認める立場にたてば、【52】は容易に解決されるであろう。単に、職務上の責任の分担が明確ではなかつた、というような消極的な理由づけでは不充分であるが、いわゆる「不注意な目的的行為の共同」があるならば——注射当時、治療室にいながら、他の所用をしていたという事実（前掲高裁特報四追六九八—九）からみて、これが肯定される可能性は大である——、共同正犯を認めることができるのであるから、「被告人が直接本件注射に関与していないからといつてその一事を以て本件の前記業務上過失の責を免れることはできない」のは当然のこととなるわけである。A・B・Cに共同正犯を認めるのが妥当と思われる（内田・北法一一巻四九三—四頁。なお、前出一二六頁に援用した、最決昭三八・六・二〇判時三四〇・三二頁も、民事事件ではあるが、過失共同正犯として理論構成することが、充分可能であると考えられる）。

(三)　過失共同正犯の構成

(1)　右に眺めたように、「不注意な目的的行為の共同」があれば、過失共同正犯として理論構成することが可能であり、またそう考えることが妥当だという一応の結論を導きえたわけである。しかも、この結論を積極的に掲げる【49】―【51】は勿論のこと、徹底した犯罪共同説は貫きえないことを示した【47】、結果的加重犯の共同正犯を認める【48】等の多くの判例は、過失共同正犯を認める立場においては、特段の抵抗もなしに支持されることになるのである。そこで、われわれは、「不注意な目的的行為の共同」という契機を、さらに明確に構成してゆく必要がある。

(イ)　第一に、過失行為はすべて不注意な目的的行為といえるかどうか、を反省する必要があろう。団藤教授(団藤・綱要二九九頁)によれば、過失行為はその主観面において意識的部分から無意識的部分にまたがる領域を占めるのであるが、「意識的部分が決して過失行為にとって本質的なものではない」とされる。果して、この理解は正当なものであろうか。この点については、さきに紹介したように(前出一四二頁)、木村教授の批判があるばかりでなく、荘子教授(荘子「不作為犯」刑法講座二巻四二頁以下、四六頁以下、荘子「刑法における行為」刑法基本問題三七講二七頁以下、三一頁以下)や大塚教授(大塚「行為論」刑法講座二巻一頁以下、一八頁以下)の最近の見解によっても、「意識的行為」としての過失行為は、決して放棄されていない点を確認しなければならない。ヴェルツェルの「賢明で思慮ある人間の容態」に達しない容態もまた、「意識的行為」を予定するものといわなければならない(前出一三頁。内田・北海学園大学学園論集七号三一頁以下)。

それでは、過失行為は目的的行為か。ヴェルツェル(H. Welzel, Akt. Strafrechtsprobleme, S. 6f.; ders. Das deutsche Strafrecht, 7 Aufl. S. 32, 36 f.; ders. Fahrlässigkeit und

,erkehrsdelikte, S. 7ff., 12ff., 14ff. usw.)、木村教授（木村・法学セミナー一九六一年一号一五頁、一〇号二二頁、一一号二六頁、一二号二六頁）、福田教授（福田「犯罪概念の基底と目的的行動力」尾高教授追悼論文集三〇四頁以下、福田「目的的行為論と過失犯」法律時報三三巻七号二九頁以下）は、これを肯定するが、荘子教授（荘子・刑法講座二巻四七―八頁、荘子・三七講三二二頁）、大塚教授（大塚・刑法講座二巻一八二三頁註（一〇）、（一一））は、これに対し批判的である。だがしかし、荘子教授や大塚教授においても、自動車運転それ自体・飲酒行為それ自体が刑法上の行為として重要でないのと同様に、酩酊して単にハンドルを握っているだけの状態とか反射的にハンドルを切つてしまつた状態、さらには、飲酒のため転轍を失念してしまつたり居眠りしてしまつたという状態それ自体も重要でないわけであつて、重要なのは、酩酊したり居眠りをする「前の意識のある状態」、ハンドルを切る際の、「瞬間的」だとはいえ、「一応の意識」をもつている状態、「飲酒『していて』不注意」であつた状態なのであるから（荘子・刑法講座二巻四七―八頁、大塚・刑法講座二巻一九―二〇頁）、この構成要件的結果（人を轢き殺す・列車を脱線させる）に直面した「意識的な状態」に、なお運転を続行しよう・なお飲酒を続けよう・あとのことはかまわず眠つてしまおうという「不注意な目的的行為」を認めることが可能であり、逆にまた、もう運転・飲酒を中止しよう・意識を緊張させて職務を遂行しようとする「賢明で思慮ある目的的行為」を認めることも可能なのである。過失行為を不注意な目的的行為と解することは、決して不当ではないと考えられる。このことは、「漫然とぶらついている間に、他人にぶつかつて負傷させた」（大塚・刑法講座二巻二三頁註（一一））場合であつても、変ることはないと思われる。夢遊病でさまよい歩く場合とか、単なる衝動により、いわゆる「衝動統制」(H. Welzel, Das deutsche Strafrecht, 7 Aufl. S. 127f.; ders. Neues Bild, 4 Aufl. S. 47ff.)もなしに、「ぶらぶら歩き」に駆りたてられた場合などでは、そもそも「行為」はないから(H. Welzel,

ZStrW. 51, S. 709 f., 712, 713 f., 715 f.)、論外といわなければならない。それ以外に「漫然とぶらつく」のは、やはり一定の「目的」を設定し、「志向的」な行為にでているからではないか。ここでも、目的的行為を否定することは、正当でないであろう。

（ロ）かくして、過失行為を不注意な目的的行為と考える立場は、より確かなものになつたと思われる。不注意な目的的行為の共同は、まさに可能である。【49】―【52】、特に、【49】【51】においては、不注意な目的的行為の共同が、結果発生の段階まで、断絶することなしに継続している、とみることができる（前出一六四頁の井上教授の理解が想起されよう）。しかし、いわゆる「無意識的な部分」（団藤・綱要二九九頁）にわたる場合も数多く考えられよう（【50】では、すくなくとも「飯宅」した後は、被告人両名にとつて「無意識的・因果的」に発火をみたものであり、【52】でも、注射を指揮・監督せずに他の所用にとりまぎれていた限りにおいて、「無意識的」であり、「因果的」であると考えられよう）。だがしかし、このような「無意識的部分」があとから現出してきても（実は、故意行為の場合にも、「無意識的部分」がないわけではないから、これを特に強調する必要もない、といつてよいが――内田・北法一一巻四六七頁）、それまで「意識的」に共同されていた事実が、個々別々の独立した事実に分解してしまう、と考える必要はない（もし、このように考えなければいけないとするならば、結果的加重犯の共同正犯は否定せざるをえないこととなろう。なお、内田・新法律学演習講座刑法総論三四四頁）。それぞれ自己自身の犯罪を実現するにあたり、他の共同行為者によつて「補充」せられた部分があつて、それが共同正犯の特質を構築しているということは、すでに考察したところであるが（前出一五四頁）、過失共同正犯においても事情は同一であり、「無意識的部分」での「補充」の関係はありえないとしても、「意識的部分」での「補充」の関係の当然の延長として結果が発生した場合には、その結果を各行為者に帰属させることは、なんら不当ではないのである（内田・北法八巻三―四号四一頁以下、四四頁以下、五三頁以下、五七頁註(15)、内田・北法一一巻四八九頁以下）。【49】

―【52】はこれを過失共同正犯と考えるべきである、という立言は、充分支持されうるもののように思われる。

(2) 以上の検討の結果、さらに、つぎの三点が注意されなければならない。

(イ) 過失共同正犯の中核は、「意思の連絡」そのものに存するのではなく、「意思の連絡」に基づいた「不注意な行為の共同」に存するのであるから、いわゆる「分業」・「協業」が行なわれている場合には、特に明示的な「意思の連絡」なしにも、暗黙の「意思の連絡」は存在するわけであり、従つて、「不注意な行為の共同」ありとして、過失共同正犯に問われる場合もまた充分考えられるのである。われわれは、さきに、過失同時正犯の構成にあたり、個々の独立した行為の「共働」となんらかの共同行為がみられる場合の「共働」とを一応区別しながら考察してきたが、この区別が、現在、意味をもつてくるといわなければならない。つまり、個々の独立した行為の「共働」の場合には、積極的な「意思の連絡」があつて、はじめて過失共同正犯が可能であるのに反し、共同行為に基づく「共働」にあつては、特に「意思の連絡」の有無につき検討を加えるまでもなく、過失共同正犯を考えることが可能となるわけである。そこで、【13】【19】―【21】【29】―【37】などについて、過失共同正犯としては理論構成が可能ではないか、過失共同正犯とした方がより妥当ではないか、を反省してみる必要が生じる。

(a) ところが、【13】【20】【21】などでは、特に、共同者間の職責に上下の差があつて、【13】

の車掌、検車係、連結手、【20】の信号係、転轍手、【21】の電力工手、信号係は、たしかに、自己の「不注意」をより上位の職員に「引受け」させることにより、全体としての「不注意な行為の共同」を形成するかにみえるが、しかし、彼等の「不注意」は、より上位の職員の「不注意」に「補充」しつくされるだけであつて、上位の職員の「不注意」を「補充」することによつて結果発生に至つたものではない、とみるのが妥当である。過失共同正犯として理論構成することもできない、と考えられる（内田・北法一一巻四九二頁）。同様のことは、職責に特に上下の関係が顕著に認められない場合でも考えられるのであつて、たとえば、【19】においても、薬剤師、事務員（事務員は、薬剤師とか看護婦にくらべ、薬品の取扱等に関しては、補助的な立場にあるとはいえるが）の「不注意」は、看護婦の「不注意」に「接して」いるにとどまり、その「不注意」を「補充」しているとは評価できないであろうから、やはり共同正犯ともいえないとみるべきである（前出五四頁、一二七頁）。【29】【30】【32】では、この点が、いわゆる「信頼の原則」の形をとつて表われてくると考えなければならない。つまり、裁判所の容れるところとはならなかつたが、【30】の事案上明確であるように、具体的な状況が、他人の職域にまで意を配るべき特段の事由を感じさせないならば、かりに、当該行為者に「不注意」があつたとしても、その「不注意」は、他人の「不注意」を「補充」しているとはいえないわけである（前出八一頁、一三二頁）。

(b)　これに対して、【31】【33】―【37】では、たしかに、共同正犯の可能性が強い。【31】では、列車運転が極めて危険な状態であつたにもかかわらず、車掌Cは運転手Bが強いて発車しようと主張したため、やむなく発車に同調し、ために衝突事故を惹起したものであるが、B・C間に「不注意な目的的行為の共同」が認められることはいうまでもなく（バスの車掌と運転手に関してであるが、後出【53】は、「別個独立の分業的に対立する職種であるとは解されない。従つて両者は乗合自動車を安全に運行するという営業目的にしたがつて相倚り相扶けて自動車の運行の安全を図るべき任務を有している」と説示している。注目に値いしよう）、漫然と発車を許容した助役A・Dにも、右の関係を認めることができるわけであつて、各人に共同正犯を認めるのが、むしろ自然であろう（前出八三頁、一三三頁参照）。

【33】では、自動車運転手と助手席便乗者の「不注意な目的的行為の共同」が明確に存在するから、共同正犯の成立を認めることは容易である。便乗者を独立的にとらえて、その実行行為性を検討することには、前述のように多くの問題があつたが、「不注意な目的的行為の共同」を考えるならば、解決は容易なのである（前出八九頁、一三四頁）。過失共同正犯を認めた実益の一つである。【34】は、電車運転手と車掌の職責は常に同一とはいえないとして「個別化」を認めながら（後出【53】と矛盾するものではない）、「共ニ危険防止ニ関シテ注意ヲ怠リタルカ為メ危険ノ生シタルトキハ当然過失ノ責ニ任セサルヘカラス」とするわけであるから、運転手と車掌に共同正犯の関係を認めることができる、とする理論に、当然発展しうるものである（前出九五頁、一三四頁）。【35】においても、列車運転手と転轍手の間に、共同正犯の関係を認める可能性はある。しかし、専ら、転轍手に責任があるとされている点からすれば、当該事件では、過失共同正犯が成立しないのは、当然である（前出九八頁以下）。【36】も同様であるが、特に、自己の職務を放棄することなしには、他人の職務に属する事項にまで配慮することはできなかつた、という点が認定されているわけであるから、かりに当該機関士に「不注意」があつたとしても、それは、操車掛の「不注意」を

「補充」し「共同」の関係を構築することの不可能な、「独立」した「不注意」であるとみなければなるまい（前出一〇頁以下）。

かくして、いわゆる分業・協業の際にみられる過失共働においても、過失共同正犯として理論構成すべき場合というのは、【49】―【52】とその実質をなんら異にするものではないのであつて、各行為者に「補充」の関係が存在することにより、「不注意な目的的行為の共同」が形成される場合に限られるのである（内田・北法一一巻四九二―三頁）。

(c)　この観点からすれば、つぎの【53】において、バスの運転手と車掌に共同正犯の関係を認めるのが最も妥当であろう（【53】そのものは、共同正犯を認めているわけではないが）。

【53】　「被告人は前記のように同僚その他の者の勧告にも応ぜず、飲酒酩酊のまま乗合自動車を操縦して出発し、乗客は漸次増加して満員となり、「ドアー」は閉ざすことが出来ないような状態となつていたのにも拘らず、これについて少しの関心をも払うことなく、前記屈曲点に達したのであるが、警笛を鳴らし、速度を緩めるなど同地点に於て安全に右に転回するについて前に説示したような業務上当然尽さなければならない注意義務を怠り、漫然として何等施すところなく進行していたため、右前方から歩行して来た少女を突如として認め、之を避けるため平素方向転回をしていた地点に於ては右に「ハンドル」を切ることが出来ずして、その地点を行過ぎた後、方向転回の措置を講ぜようとしたが意の如くならず、此の時左側曲り角の道路端に立つている電柱に衝突せんとしたので急に「ハンドル」を右に切つた為次の電柱に激突せしめて停車したものであるが、時既に遅く、被告人が急角度に右に「ハンドル」を切つた際その遠心力によつて開放されていた入口から車掌

山下清市を初めとし乗客数名を車外に振り落し、原判示のように乗客を即死せしめたり重傷を蒙らしめたりなどしたものであるから被告人の業務上過失を認めるに十分なものがある。

次に乗合自動車の運転者と車掌とは夫々別個独立の職種であつて、「ドアー」の閉鎖などは車掌の任務である。本件事故は車掌山下清市が「ドアー」を閉鎖することを怠つたが為に惹起されたものであるから被告人には責任がないとの所論についてであるが、成る程乗合自動車の運転者は自動車を運転したり、自動車の故障の有無を調べたり、前方や後方に対する安全を確認するなど運転者本来の任務を有しているので、これらの点について専念せしむべきであつて、乗合自動車の入口の「ドアー」の開閉、乗客の乗降、車内に於ける人や物の整理、乗車券の点検、自動車の発車用意の完了又は停車の要否の合図などはすべて車掌の任務とされていることは洵に所論の通りである。然し乍ら両者の職分は右の如く分れてはいるものの乗合自動車を運行するという営業目的から綜合して観察すると、乗合自動車を安全に運行することが第一の要件であつて自動車の運行が一つにかかつて運転者の責任に属する以上車掌は運転者のこの任務を補助することを主たる職分とするに過ぎないものであつて、所論の如く別個独立の分業的に対立する職種であるとは解されない。従つて両者は乗合自動車を安全に運行するという営業目的にしたがつて相倚り相扶けて自動車の運行の安全を図るべき任務を有しているものであるから、乗客の乗降、「ドアー」の開閉についても運転者だからとて之に無関心たることは許されない。……本件の場合「ドアー」を開放したまま進行したことはもとより車掌山下清市の任務懈怠であつて、この懈怠がなかつたならば、本件事故は惹起されなかつたとの所論は一応首肯し得るところであるが、然し又運転者たる被告人に於ても入口の「ドアー」の開放が前記のような危険を生ずることについては当然予測し得るところであるのに、これについては少しも顧慮するところなく前段説示の屈曲地点に於て、運転者として守らねばならない注意義務を怠り操縦を誤つたがため、開放されていた入口から車掌や乗客を車外に振り落すという大事故を起したものであるから、一方車掌山下清市が「ドアー」を闢放していたという過失もさることながら、他方被告人の操縦上の過失がなかつたならば、本件事故は起らなかつたとも言い得るところであるから、本件事故は被告人と右山下車掌との両者の過失が相重なつた結果によるもので、所論両者の過失の競合した結果と解することが出来るから、所論のように山下車掌に過失があるの故を以て被告人を免責するの事由とはなし得ない」（広島高岡山支判昭三〇・六・二三高裁特報二・一二・六二三）。

（ロ）　さて、分業・協業に基づいた共同現象にあつては、行為者の立場・職域といつた契機が介入することにより、却つて（というのは、このような契機は、また、「実行行為」を容易に認定させる契機でもあつたからである。前出一一七頁以下）、「不注意な目的的行為の共同」が形成されにくかつたわけであるが、いわば偶然的に「意思の連絡」による共同が行なわれた場合には、【49】—【52】でみられたように、その意思連絡に基づいた共同の過程において「不注意な目的的行為の共同」が形成され、しかも、それが、結果惹起の瞬間といえるまで、ないしは、結果惹起に決定的な段階まで、断絶することなしに継続するのが普通であつたことを想起しうるであろう。だが、しかし、このような場合にあつても、「不注意な目的的行為の共同」から離脱することは可能なのである。ここで留意されるべき、第二の点である。

ところで、われわれは、【37】から、過失犯の実行行為を論定すべき貴重な示唆をえたものであるが（前出一〇四頁以下）、この判例は、ここでも興味深い材料を提供してくれるのである。特に、自動車に同乗しながら、被害者（D）の手をおさえて、運転手（C）に「危い」と叫んで注意を喚起した助手（A）は、むしろ、「不注意な目的的行為の共同」から離脱せんとしたものと評価すべきであろう。尤も、離脱しようとして、効を奏さなかつたともいえるが、すくなくとも、共同正犯として構成することは妥当ではあるまい。事実関係が微妙に影響してくるわけであるが、単なる幇助犯ともいえない場合が考えられるであろう。これに反して、「かまうな、放つておけ、走れ走れ」と運行を促した助手（B）は、すでにみたように、それ自身としての「実行行為」にでたものでないことはいうまでもないが、Cと共に、「不注意な目的的行為の共同」にでたものとして、共同正犯としては理論構成が可能であると思われる（なお、内田・北法一一巻四九四頁註(10)）。同様の理解は、たとえば、【34】が、運転手の「任務」と車掌の「任務」とを一応切り離し、一方に「過失」があつて、他方に「過失」がない場合もありうることを是認している点（前出九六頁）、【52】が、共同担当医間において、責任を分担し、その帰責の関係を明確にする場合もあることを考えている点（前出一六五頁）から演繹しうるところである。

右のような問題意識のもとに、個々の具体的事案を細部にわたつて検討し（【38】―【43】は、おそらく、過失共同正犯といえるであろうが、それでもなお、このような検討が必要である）、「不注意な目的的行為の共同」があつたかどうかを認定してゆかなければならない（名古屋高判昭三三・二・一七高裁特報五・二・四一参照。なお、内田・北法一一巻四九三頁）。

（八）　さらに、注意すべき点の第三として、業務上過失犯・重過失犯と単純過失犯との間にも、共同正犯は可能であるという理解をあげなければならない（なお、前出一二〇頁以下）。このことは、さきに犯罪共同説を検討した際に導かれた結論（前出一四八頁以下）から、直ちにでてくるものである。さらに、われわれは、後程、故意犯と過失犯の共犯関係を検討し、これを肯定しようとするものであるが、そのような考え方からするならば、故意犯と過失犯の間にも共同正犯を認めることは可能なのである。勿論、この点に関する判例は絶無といってよい。ただ、【33】に共同正犯を認めるならば、それは、業務上過失犯と単純過失犯ないしは重過失犯との共同正犯とされるべきであることを確認しておきたい。

三　過失犯に対する共犯・過失による共犯の成否

（一）　学説の検討　(1)　正犯と共犯の関係を行為者の主観面に着目してとらえた場合、つぎの四つの関係が考えられる。第一は、故意の正犯に対する故意の共犯であり、共犯論で扱われる典型的な場合である。第二は、過失の正犯に対する故意の共犯であるが、一般には、間接正犯として理論構成すべきであるとされている。第三は、故意の正犯に対する過失の共犯であり、第四は、過失の正犯に対する過失の共犯である。本稿では、第二、第三、第四の型が問題になる。

(2)　第二の場合はこれを間接正犯として扱うのが妥当だ、と考える立場(v. Lißt, 21 u. 22 Aufl. S. 210, 216; P. Allfeld, Lehrbuch des deutschen Strafrechts, 8 Aufl. S. 206, 215, 219; Lißt-Schmidt, 26 Aufl. S. 342; H. Welzel, 7 Aufl. S. 91; 小野・日本刑法論三八四頁、岡田(庄)・刑法原論三六六頁、山岡・刑法原理二二五頁、泉二・日本刑法論六三四—五頁、団藤・綱要一〇三頁以下、三〇六頁以下、大塚・概説一二八頁以下、二〇五頁、大塚「間接正犯」本叢書刑法(21)二〇頁以下)の理由づけとしては、まず、共犯従属性の見地から、過失犯への故意の共犯を認めることは不可能であるとの議論があげられる。過失犯への共犯は、過失犯たる正犯に従属するがゆえに、過失の責任を負うにとどまる、という不都合が生じるからであるとせられる(v. Lißt, a. a. O. S. 216 A. 2; P. Allfeld, a. a. O. S. 206 A. 17; Lißt-Schmidt a. a. O. S. 342 A. 2; 団藤・前掲書三〇六—七頁。過失犯への共犯を肯定するM・E・マイアーも、このような帰結に達せざるをえない欠点を自認している— M.E. Mayer, Allg. T. S. 407 f.)。だがしかし、右のような不都合が生じるとしても、それだからといって、もともと共犯でしかありえない者を間接正犯とすることができるだろうか（植田「目的的行為論と間接正犯論」滝川先生還暦記念下六五三頁以下。なお、木村・総論四〇一―二頁、木村「刑法総論入門」法学セミナー一九六四年四号六五頁）。むしろ、不可罰の方向を考えるべきではなかろうか（幇助については、すでにこの点が指摘されている。教唆を間接正犯とみることは肯定できても、幇助にとどまるような場合には、これを間接正犯とみることはできない、というわけである。Vgl. M. E. Mayer, a. a. O. S. 408; v. Hippel, Deutsches Strafrecht, II, S. 450, 462, 469; W. Sauer, Allg. Strafrechtslehre, S. 202; H. Welzel, a. a. O. S. 100）。このような疑問は、過失行為の利用を間接正犯とすべく、別の理由づけを必要とすることになろう（大塚・間接正犯の研究一頁以下、大塚・本叢書刑法(21)三頁以下）。そこで、つぎに、過失行為を利用することの実質的意義を考慮して、正犯性を確認しようという試みが行なわれるようになつた。ヴェルツェル（H. Welzel, a. a. O. S. 91, 100 f.）が、「過失行為へとそそのかす」とは事物の本性に反した考えであるとなし、過失行為者には故意が欠けるがゆえに「行為支配」はありえず、利用者にこそ目的的行為支配が帰属する、として正犯性を肯定せんとし、大塚教授（大塚・間接正犯の研究三頁以下、大塚・本叢書刑法(21)三頁以下）が、一九世紀ドイツ刑法学において卒直に認識されていたところの、直接正犯との同質性を強調し、「利用者は、ある犯罪を実現しようとする意思のもとに、その意思を欠き過失によつて行為する者を利用して、自己の意思の実現にむかわせるのであるから、そのかぎりにおいて、被利用者は、道具であり、利用者は、みずから直接に当該規範に違反するものであり、正犯者と目されなければならない」（大塚・本叢書刑法(21)二二頁）とされるのが、このあらわれである。

しかし、このような理由づけも不充分ではないか。たしかに、利用者に「目的的行為支配」「直接的規範侵害」がある場合も考えられよう（たとえば、いわゆる被利用者に、「不注意」を惹起させるような場合に、多く考えられる）。その場合には「卒直に」間接正犯を認めてよいであろう。だがしかし、問題は、過失行為の利用が、いかなる場合でも、間接正犯といえるかどうかにある。直接に結果を発生させたのが、過失責任の主体者であることに思いを致すならば、むしろ、利用者の「道具」といえない場合が多いのではないか（W. Sauer, a. a. O. S. 201 ff., 213 ff., 216 ff.; 木村・総論三八七—八頁、四〇一—二頁、植田・共犯の基本問題九頁以下、九三頁以下）。特に、いわゆる被利用者の「不注意」につけこむ場合やこれを支援する場合には、この感が深いであろう（Vgl. Schönke-Schröder, 11 Aufl. S. 252 f., 264 ff.）。かかる場合は、ヴェルツェルや大塚教授の理由づけをもつてしても説明できないであろう（なお、内田・北法七巻二号一二四頁以下参照。ちなみに、共犯は、実体論理的に、目的的（故意的）正犯行為に関与しなければならない、とするヴェルツェルを批判し、事物の本性はそこまで要求していないとする K. Engisch, Die Idee der Konkretisierung in Recht und Rechtswissenschaft, 1953, S. 120 参照）。

(3)　さらに問題なのは、「従属性」の立場を堅持する以上は、故意をもつて過失行為に加功した者に対しては過失犯の限度でしか責任を問いえない、とする結論自体が妥当かどうかである。

(イ)　フランス刑法五九条は、重罪・軽罪の共犯は原則として当該重罪・軽罪の正犯と同一の刑罰 (Même Peine) に処せられるべしと規定し、これに影響を受けたプロイセン刑法三五条は、共犯には正犯に適用されるべき罰条 (Strafgesetz) が適用されると規定していた。だから、フランス刑法のもとでは、共犯に対しては、正犯の刑罰と具体的に等しい刑罰、ないしは、すくなくとも同一の法定刑の範囲内における刑罰が適用されていたと考えることができる（P. Bouzat, Traité théorique et pratique de droit pénal, 1951, P. 489; É. Garçon, Code pénal annoté, tom. premier, 1952, P. 174 Nr. 303 etc. しかしながら、過失犯に対する故意の共犯は、学説・判例上、異論なしに肯定されており (P. Bouzat, op. cit. P. 481, 487)、過失犯に対する過失の共犯も、それが同一の過失犯に関するものである場合には、肯定されることが多く、判例によつては、正犯が故意の傷害罪、共犯が傷害罪に対する過失的共犯であることも認められている、とされている (É. Garçon, op. cit. P. 171 Nr. 277, 172 Nr. 279, 173 Nr. 290; Cass. Crim. 17, 11, 1877 [B. 392] = É. Garçon, tom. deuxiéme, P. 118 Nr. 52)。しかして、一般に、間接正犯の概念は否定されるのである (É. Garçon, tom. Pr. P. 161 Nr. 108, 162 Nr. 110, 114; P. Bouzat, op. cit. P. 485)。Auch vgl. W. Dietz, Täterschaft und Teilnahme im ausländischen Strafrecht, 1957, S. 19 ff.; K. Birkmeyer, VDA. II. S. 102 ff.)。また、プロイセン刑法のもとでも、共犯に対しては、正犯の罰条と同一の罰条が適用されていたとみることができる（しかし、v. Hippel, Deutsches Strafrecht, II. S. 447 A. 3 によれば、プロイセン刑法三五条のもとでも、過失犯に対する故意の共犯が不可能ではない、とされる）。ところが、ドイツ刑法は、プロイセン刑法に淵源を求めながら、その四八・四九条の各二項では、共犯の刑は彼が故意をもつて加功した行為に適用されるべき罰条に従つて確定されることになつたのである。尤も、これに関し、プロイセン刑法三五条とドイツ刑法四八・四九条各二項とは、実質上、なんの相違もないとする態度が多かつたとされている（v. Hippel, a. a. O. S. 446 f. insbes. S. 446 A. 9）。だがしかし、牧野博士（牧野「共犯の従属性の文理的基礎」刑法研究一巻五三頁以下、六一頁以下、特に六四頁以下）が指摘せられるように、ドイツ刑法四八条は「教唆者が教唆した所の行為に付て適用せらる可き法規を適用する」（牧野・前掲六五頁）のであり、「教唆者の処罰は、其の教唆したる犯罪、即ち犯人の認識したる犯罪に従つて定まる」（牧野・前掲六七頁）ことを規定したものと解することが、充分可能であるといわなければならない。しかして、ザウエル（W. Sauer, a. a. O. S. 213 ff., 216f., 220f., 222f.）の理解は、極めてこれに近い。

（ロ）　わが刑法六一条は、単に「人ヲ教唆シテ犯罪ヲ実行セシメタル者ハ正犯ニ準ス」と規定するだけである。右に眺めた諸立法との関連でいえば、六一条は、正犯が、教唆によつてなんらかの犯罪を実行したならば、実行せられた犯罪と教唆の内容をなしていた犯罪とが同一でなくとも、教唆者に対しては、彼が教唆した犯罪の正犯に準じた扱いをなしうる旨、規定したものと解するのがむしろ自然である（勿論、教唆の内容をなす犯罪と現実に実行された犯罪とは、一定のつながりのもとになければならない。それは、教唆によつてなされたものであらねばならぬ。この要件がいかなる場合に充たされるか、後程改めて検討する—後出一八五—六頁参照）。たとえば、窃盗を教唆したところ被教唆者が強盗にでた場合は、通説（v. Lißt, a. a. O. S. 217; Lißt-Schmidt, a. a. O. S. 342 f.; H. Welzel, a. a. O. S. 103; 小疇

・前掲書三八五―六頁、泉二・前掲書六九一頁以下、団藤・前掲書三二七頁以下、大塚・概説二一七頁以下、さらに後出【61】）も窃盗の教唆のみを認める。その理由は、正犯の構成要件と教唆犯の構成要件とは、本来、同一のものでなければならず、両者がくい違うときは、もはや教唆は成立しないのであるが、右のような場合においては、窃盗と強盗の構成要件に重なりあう部分が存在するから、その重なりあいの限度において同一の構成要件を観念しうる、というのである。ところが、さきに検討したように（前出一五三頁）、窃盗と強盗の構成要件に、重なりあう部分があっても、それはせいぜい「盗取」の限度においてであり（団藤・前掲書三二八頁、福田・本叢書刑法(16)二二五頁、さらに、平野「窃盗と強盗との共同正犯」判例研究二巻三号三一頁以下）、純粋の意味での構成要件の重なりとはいえないものである（木村・総論二三〇頁註(一五)、荘子「抽象的事実の錯誤」法学セミナー一九六一年八号二八頁以下）。さらに、根本的には、右の場合、なぜ強盗たる正犯に従属して強盗の教唆犯が成立しないのか、その理由は依然究明されない、といわなければならないのである。正犯の構成要件と共犯のそれとが異なろうと、とにかく共犯は正犯に「従属」する、と考えるのが、論者の「従属性論」を一貫させるゆえんではなかろうか（この意味では、強盗を教唆したところ、被教唆者が窃盗にでた場合には、窃盗の教唆しか成立しない、とする通説はその限りで一貫する）。論者も、そこまでは徹底しないし、また、それが妥当である、と考えられる。しかして、教唆者は、彼自身が教唆した構成要件の教唆犯とされるべきである、と考えるならば、すくなくともこの問題に関しては、説明は容易である（窃盗を教唆した者は、正犯が強盗にでても、窃盗の教唆犯であり、強盗を教唆した者は、正犯が窃盗にとどまっても、強盗の教唆犯である（W. Sauer, a. a. O. S. 214, 216）。勿論、詐欺を教唆したところ、被教唆者が強姦をしたような場合は、もはや詐欺罪の教唆犯も成立しない（Schönke-Schröder, 11 Aufl. S. 269）。詐欺罪の教唆未遂が考えられるだけである。結論は、通説と同じである。しかし、構成要件の重なりがない、というのでは説明にならないのであって、かような場合は、もはや、教唆によって強姦がなされた、とはいえないのが普通だからである。なお、後出一八五―六頁参照）。ヴェルツェル（H. Welzel, a. a. O. S. 103）が、教唆者の故意に一致する限度での正犯行為を考えているのは、教唆者自身が教唆した構成要件を、意識する方向に向うものともいえよう。

尤も、この場合、教唆者自身が教唆した構成要件に関して教唆犯が成立するにしても、教唆犯の既遂が成立するのか、「教唆の未遂」にとどまるのかは、改めて論じられなければなるまい。具体的・現実的にいえば、窃盗を教唆したところ正犯が強盗にでた場合においては、すくなくとも、当初の故意は実現されたとはいえないのであるから、教唆の未遂にとどまるのではないかと思われる。強盗を教唆したところ正犯が窃盗を行なつたにすぎないときは、教唆により正犯行為がなされたとはいえ、強盗教唆未遂の可能性がさらに強い（強盗教唆の故意は、殆ど実現されていないからである。木村・総論二三〇頁以下、特に二三二頁以下の「抽象的事実の錯誤」に関する抽象的符合説の実質的制限を参照されたい）。しかしながら、かような場合には、法的評価の面で、多少の規範的な抽象化を行なうことは許されるのではなかろうか。しかも、単独行為者が、Aを殺そうと思つてピストルの引金を引いたところ、Aに命中せずに、「天井で昼寝をしていた泥棒」Bに命中したような場合（荘子「法定的符合説」刑法講座三巻一一一頁）とか、犬に命中させてしまつたような場合（木村・総論二三二頁）とは異なり、ともかく、強盗を教唆したという限りでは、なすべきことはしつくし（前例の単独行為者の場合は、この段階から齟齬が生じている）、あとは正犯に任せ、正犯はこの教唆に基づき犯罪を実行したが、たまたま当初の教唆の故意内容と不一致の結果が生じたのであつて、教唆者の故意が実現された程度は、前例の単独行為者の場合に比較して、相当に高い、といえるのではなかろうか。わたくしは、疑問を残しながらも、教唆犯の既遂を考える方向をとりたい。

（八）　このような考え方は、さらに、共犯と身分の問題に関しても有効である。特に、不真正身分犯に関する共同正犯・共犯においては、行為者各自、自分自身の犯罪を実行し、あるいは、自己に固有の構成要件に加功している、とみることが妥当であり、刑法六五条二項も、この見地から説明するのが正当であると思われる（小野(慶)「共犯と身分」刑事法講座三巻四八三頁以下、W. Sauer, a. a. O. S. 225 ff. 詳細後出二〇九頁以下）。

（ニ）、かくして、たとえば、軽卒な看護婦に毒薬を注射するよう誘致した医師は、不注意に乗じたのではなしに、不注意を惹起せしめた場合であつても、彼が認識した犯罪、すなわち、殺人罪の教唆犯として――殺人罪の間接正犯としてではなく、また、過失致死罪の教唆犯としてでもなく――理論構成されうることになるであろう（W. Sauer, a. a. O. S. 218, 221, 223）。

（ホ）　幇助犯に関していえば、右の結論はさらに容易に導かれるであろう。一方的従犯を肯定するのが普通であるし（v. Lißt, a. a. O. S. 215; H. Welzel, a. a. O. S. 104; 木村・前掲書四二二頁、団藤・前掲書三一七頁）、教唆犯の場合のように「犯罪的決意」を惹起する必要もないからであり、他方、幇助犯に当る場合を間接正犯とすることもできないからである（W. Gallas, Deutsche Beiträge, S. 20 ff., 24 ff., insbes. S. 26, 27 f., 28 f. ガルラスが、ここで、正犯と共犯とは必ずしも同一の不法類型（gleicher Unrechtstypus）に属する必要はない、といつている点、興味深い。しかし、そうはいいながら、過失犯に対し故意をもつて支援した場合を、故意の幇助犯なりと明言するわけではない。この意味では、ガルラスの見解も不徹底であると思われる。なお、過失犯への幇助犯を認めることは、過失犯への教唆犯を認めることにくらべ、事物の本性を破壊するほどに不当とはいえない、とする見解として、P. Bockelmann, Über das Verhältnis von Täterschaft und Teilnahme(Str. Untersuchungen)1957, S. 44 ff.; H. Welzel, Aktuelle Strafrechtsprobleme im Rahmen der finalen Handlungslehre, 1953, S. 7 ff.(内田・北法七巻二号一二四頁以下)）。

過失犯への故意の共犯を認める見解（K. Birkmeyer, Lehre von der Teilnahme, S. 141; M. E. Mayer, a. a. O. S. 407 f.; E. Mezger, Teilnahme an unvorsätzlichen Handlungen〔JZ〕1954, S. 312 ff.; ders. Leipziger Kommentar, 8 Aufl. S. 264, 274; Schönke-Schröder, a. a. O. S. 264 ff., 287, 290 f.; 勝本・要論三八八頁、勝本・理論及び政策二二〇頁以下、大場・総論一〇一三―四頁、一〇六六頁、一〇七三―四頁、一〇八〇―一頁、岡田(朝)・刑法論二一九―二二〇頁、宮本・刑法学粋四〇八頁（しかし、四二〇頁は過失行為への従犯を否定）、牧野・重訂日本刑法上巻四五八頁以下、木村・前掲書四一二頁、佐伯・刑法総論三三八―九頁、植田・基本問題九三頁以下）に賛成したい。しかも、まさに故意の共犯を認める見解に（W. Sauer, a. a. O. S. 218, 221, 223; Schönke-Schröder, a. a. O. S. 264 ff., 287, 290 f. Auch vgl BGH. 4, S. 355 ff.; 5, S. 47 ff.）。

(4)　しかしながら、右のような理解は、もはや「共犯従属性」の見地を捨てることになるのではないか、という疑問が生じよう。ところが、さきに考察したように、共犯は修正された構成要件を実現するが、個々の基本的な構成要件を実現するものではないから、正犯が構成要件を実現してはじめて追及されるに値いするのであり、正犯の構成要件実現がない場合は不問に付される、と考えるのが妥当であった（前出一一一頁以下）。しかして、まさにこの意味で、共犯は正犯行為の「存在」に従属する、と考えるのが共犯従属性論の根本思想であり（Vgl. E. Beling, Methodik der Gesetzgebung, S. 97; ders. Lehre vom Tatbestand, S. 2, 7 f.; W. Sauer, a. a. O. S. 201 ff., insbes. S. 203 f., 213 ff., 216 ff.; 団藤・前掲書二八二頁以下、植田・基本問題一五七頁以下）、正犯が実現した構成要件に従属しなければならない、という要請は、実は、共犯従属性の問題とは関係のないものであると思われる（植田・前掲書一一〇頁以下）。共犯従属性の見地は、決して放棄されたのではない。

(イ)　ただ、このように、共犯は、正犯が現実に存在してはじめて問題になるという意味で従属的であるが、しかし、正犯の実現した構成要件には従属しなくてよい、ということになると、背後者たる共犯を追及すべく正犯の存在あり、といえるためには、共犯の予定した構成要件と正犯が実現した構成要件との間に、どの程度の符合があればよいのか、という問題が、より強く提起されなければならない（正犯が現実に存在しなくても、共犯はそれ自身の構成要件に関し可罰的である、とする独立性説にたてば、問題は深刻でない）。さきに指摘したように、正犯の構成要件実現は教唆・幇助によってなされたものかどうか、である。正犯と共犯のつながりは、それ自身においては、両者の具体的・現実的な内部関係の問題であり、たとえば、詐欺を教唆された者が、当該被害者に対し、新たな犯意のもとに強姦をしたような場合でも、その強姦は、「教唆によつて」なされたといつていえないことではないのである。しかし、この場合の教唆者を、詐欺罪の教唆犯とすることは、いかに正犯――強姦罪の正犯――が現存するとはいえ、無理なことといわなければならない。ここに法的評価の見地が入り込むであろう。しかして、問題は、「共犯と錯誤」の領域に、従ってまた、「錯誤論」・「故意論」の領域に亘ることになる。ただここでいいうることは、正犯と共犯の構成要件が、構成要件として完全に一致している場合(たとえば、窃盗の教唆犯に対し窃盗の正犯)、完全には一致しないが具体的に一致する部分がある場合(殺人の教唆犯に対し、尊属殺の正犯)はいうまでもなく、よりゆるやかな一致部分しかない場合(窃盗の教唆犯に対し、強盗の正犯)、もつとゆるやかになつて、「罪質の同一性」(法益の同一性、行為の態様・性質の類似性)が認められるにすぎないような、抽象的な符号しかない場合(後出【62】参照)にも、共犯行為による正犯の存在を肯定してよいと思われる点である(小野「故意を阻却しない事実の錯誤」刑事判例評釈集一〇巻四〇頁、【62】の評釈)。しかも、この結論は、正犯と共犯に同一の構成要件を要請する立場にたちながら、どの程度までくい違いを認めるか、という方向で考えてゆく論者によつても、略々是認されているところであることも忘れてはならないのである(【62】については、議論がわかれているが、占有離脱物横領と窃盗との間には、構成要件的符合がある、とするわけであるから(福田・本叢書刑法(16)二二五頁以下)、極めて抽象的な符合をもつて満足していると考えざるをえないのである。荘子・法学セミナー一九六一年八号二八頁以下。後出一九六頁以下)。

なお、「共犯行為による正犯の存在」は、いわば、客観的な符合の問題であつて、共犯者自身の故意が実現されたかどうかという、いわば主観的な符合の問題が、右と関連しながら、しかしこれとは別個に考えられなければならないわけであるが、この点は、さきに一言した（前出一八二―三頁）。

（ロ）　かくして、たとえば、過失致死罪の正犯に対する殺人罪の教唆犯・幇助犯の成立は、右のような考察を通しても、肯定されうることになるであろう。故意犯と過失犯という構成要件としては基本的に対立する二つの犯罪にあつても、「不当に人を殺す」という限りでの符合は考えられるからである（内田「過失の共同正犯」法学教室六号一一六頁。なお、放火幇助が、事実上、自己の失火罪にあたる場合について、公訴事実の同一性ありとした最判昭三五・七・一五刑集一四・九・一一五二頁は、興味深い。勿論、同一行為者が、一方では放火幇助をなし、他方、自己の「注意義務」違反に基づく失火罪を成立せしめている点で、ここで問題にしている正犯と共犯のつながりの問題とは、その性質を異にする。しかし、放火と失火の異質性を貫くならば、公訴事実の同一性に疑問がでてくるといわなければならない）。

(5)　以上のように理解するならば、故意の正犯に対する過失の共犯も可能であり、過失の正犯に対する過失の共犯も、当然認められる、という帰結に達しうるであろう（大場・刑法総論下巻一〇一三―四頁、一〇〇五一頁、一〇六六頁、一〇七三頁、一〇八〇―八一頁、勝本・刑法要論総則三八六頁以下、岡田（朝）・刑法論二一九―二〇頁、宮本・刑法学粋四〇八―九頁、四二〇頁、牧野・重訂日本刑法上巻四五八頁以下、木村・総論三八一―二頁、三八六頁、四一二頁、佐伯・総論三三七頁以下。なお、ドイツ刑法四八・四九条は、共犯を故意の場合に限定していると解されるから、過失による共犯は不可罰にとどまる、とされるのが一般である。前出一一頁以下。但し、一三頁参照）。

（二）　判例の分析

(1)　判例は、一貫して、過失犯への共犯、過失による共犯を否定している。つぎの【54】―【56】は、これを示すものである。

【54】　「結局被告人は右平野モンの過失による有毒飲食物等取締令違反罪を教唆したという訳になる。然るに教唆とは他人をして犯意を起こさせることを要素とする行為であるから過失犯に対する教唆という観念はこれを認める余地がない。……そこで若し被告人が規定量を超えるメタノールを含有するものであることを認識

しながら右飲料水を前記平野モンの過失を利用して販売するという犯意を有していたとしたら[illegible]人にいわゆる間接正犯の責を問うて然るべきであるが被告人にかかる犯意があつたことも記録上これを認定することができないから被告人の所為を間接正犯であるとする訳にも行かない。これを要するに被告人に対する有毒飲食物等取締令違反教唆の公訴事実はこれを認めるに足る犯罪の証明がない」（東京高判昭二六・一一・七特二五・三一）（教唆とは、他人に一定の犯罪実行意思を生ぜしめることである、とするものに、大判明四三・六・二三刑録一六・一二八〇、大判大八・六・二〇刑録二五・七八六。同旨とみれるものとして、大判大六・五・二五刑録二三・五一九、大判昭九・九・二九刑集一三・一二四五、最判昭二六・一二・六刑集五・一三・二四八五）。

【55】　「二人ノ義（業？）務上ノ共同過失ニ因リ人ヲ死傷ニ致シタル中ハ共犯規定ノ適用ナク其各自ニ対シテ刑法第二一一条ヲ適用処断スヘキ者ナレハ原審カ『被告両名ハ何レモ南満洲鉄道株式会社ニ雇ハレ被告（A）ハ機関士トシテ被告（B）ハ火夫トシテ成鏡線ノ機関車ニ乗務シ居リタル者ナル所右両名ハ大正十年十二月一八日第三九号機関車ニ乗込ミ貨車並ニ客車一〇輛ヨリ成ル第一〇七号列車ヲ牽引シ元山停車場ヲ発シ成興ニ向テ運転ノ途中同時（日？）午後七時一五分頃高原停車場ニ到着セムトシタルカ列車カ停車場構内ニ入ラムトスル際ハ機関士火夫ハ共ニ相当距離ニ於テ構内ニ在ル常置信号機ヲ注視シ火夫ハ機関士ニ之カ合図ヲ為シ機関士ハ又自身之ヲ確認シ危険信号（夜間ハ赤色ノ燈火）ヲ現示シアル場合ハ勿論安全信号（夜間ハ青色燈火）ノ現示シアリヤ否ヤ判明セサル場合ハ危険信号ナリト看做シ常置信号機ヨリ前方ニ列車ヲ絶対ニ進入スルコト能ハサル社規ニシテ被告（A）ハ社規ニ依リ（B）ハ慣行ニ因ル右職責ヲ有シ列車カ元山方面ヨリ高原停車場ニ入ラムトスルトキハ常ニ其南方小山ノ切割ヲ出テ二三間進行シタル地点ニテ火夫カ先同停車場構内ニ在ル南方常置信号機ヲ注視シテ機関士ニ合図ヲ為シ次テ右信号機ヲ越ヘ一間許進行シタル地点ニ至レハ機関士モ共ニ信号機ヲ注視スルヲ例トシタルニ拘ラス前記ノ如ク列車カ高原停車場ニ到着セントシタル際被告（B）ハ常ニ合図ヲ為スヘキ場合ニテ之ヲ為ササルノミナラス鉄橋迄進行シ来リシ頃南方常置信号機カ赤色ノ燈火ニテ危険信号ヲ現示シアルヲ認メ信号機ノ約一間前ニ到ルマテ安全信号ナラサルヲ現認シツツ不注意ニモ同所ニ至ルマテ之ヲ機関士（A）ニ合

図スルコトヲ為サス被告(A)ハ其際火夫(B)ヨリ常ニ合図アル可キ場所ニテ合図ナク鉄橋附近ニ至リ自身信号機ヲ注視シタルモ煤煙ノ為メ安全ノ信号全然不明ナリシヲ以テ危険信号ト看做シ其際直ニ停車ノ処置ヲ執ルニ於テハ下記元山行列車ト衝突シタル地点ニ到達セサル以前ニ停車ヲセシメ得ルニ拘ラス不注意ニモ其処置ヲ為サス其進行ヲ継続シ……当時停車場構内ニ到着シ居リタル元山行第百十号列車ニ衝突セシメ同列車ニ乗務中ノ機関士(C)ヲシテ列車トノ衝突ニヨリ負傷セシメ……同日午後十時三〇分頃死亡スルニ至ラシメ……タルモノナリ』(?)トノ事実ヲ認メ被告(A)ノミナラス被告(B)ニ対シテモ従犯ノ例ヲ用ヒスシテ刑法第二一一条ヲ適用処断シタルハ相当」(朝鮮高判大一一・五・二三評論一一・一四刑一八六)。

【56】「無免許による自動車無謀操縦の幇助犯が成立するためには、被告人において自動車を運転する者が自動車の運転免許をうけていないのに自動車を運転することを認識し、かつこれを認容した上幇助を与えることを必要とするものであつて過失によつては幇助犯は成立しないと解するを相当とする」(富良野簡判昭三四・七・一四下級刑集一・七・一六三九)。

【54】は、他人に対し一定の犯罪実行の故意を生ぜしめる点に、教唆の本質を求め、それゆえをもつて、過失犯への教唆はありえないとし、むしろ、間接正犯として理論構成すべきであるとの方向づけを説示するものである。多数の学説と同一の理解にでるものといえよう。従つて、さきに提起した疑問(前出一七八頁以下)が、そのまま妥当しよう。【55】は、逆の面で、つまり過失による共犯の問題に関し、過失による幇助犯は存在せず、すべて過失の正犯(同時正犯)として、処断されるべきである、とする。事案からみれば、【13】【27】【31】【33】【34】にも類似する過失共働であり、【13】【27】の態度からす

れば、たしかに、幇助犯ではなく同時正犯とされうるものであろう。しかし、われわれは、まさに、これらの諸判例に従いえないゆえんを考察してきたわけである。また、【56】は、過失による幇助犯は成立しえないとの理由で、無罪を言渡しているわけであつて、この点、不当に処罰の範囲を広げていた従来の態度、特に【55】の理論構成を是正するものといえるが、反面、もし、過失による幇助犯が成立しうるならば、この点では、逆に、刑事裁判の不当な弛緩をもたらすことになるであろう。

(2)　このように、【54】—【56】は、いずれも妥当でないと考えられるわけであるが、他方、われわれがさきに学説を検討してえた結論は、過失による共犯・過失犯への共犯という直接の問題点は別として、その他の点では、すでに多くの判例によつて肯定されているということ、ないしは、すくなくとも肯定されうるものであることを、忘れてはならないのである。過失犯への共犯・過失による共犯の理論構成を間接的に支持するものと考えられる諸点を、判例に即して分析しながら、問題を発展させてゆかなければならない。

(イ)　判例は、共犯従属性説の立場をとつているが、一方では、従属性を過当に強調しながら、他方では、正犯と共犯とが、それぞれ別個の構成要件に関して成立しうることをも認めているのである。

(a)　教唆犯は、正犯に適用される罰条と同一の罰条のもとで、正犯と同一の法定刑の範囲内で処断されるべきである、とするのが判例であるが、この点は、さきに眺めた多数の学説の是認するところでもある。この意味では、つぎの【57】【58】には、特に問題はないといつてよい。

【57】「教唆罪ハ実行正犯ニ随伴シテ成立スルモノニシテ刑法第六十一条ニ依リ実行正犯ニ準シ同法第六十五条第二項ノ場合ヲ除クノ外常ニ実行正犯ト同一ナル罰条ノ適用ヲ受クヘキモノトス而シテ原判決ノ認定ニ依レハ被告ハ薄井米二郎ヲ教唆シ本件公簿ノ偽造ト其行使トヲ実行セシメタルモノニシテ右正犯行為ノ間ニ手段結果ノ関係アルコト自ラ明白ナレハ此点ニ於テ刑法第五十四条第一項ヲ適用スルヲ相当トス随テ被告ノ教唆行為ニモ之ト同一ノ法条ヲ適用スヘキハ勿論ニシテ原判決カ被告ノ教唆ヲ以テ一箇ノ行為ニシテ二箇ノ罪名ニ触ルルモノト為シタルハ法律上ノ見解ヲ謬リタルノ譏ヲ免レスト雖結局右同一法条ヲ適用シテ同一ノ処断ヲ為シタル以上ハ之ヲ以テ破毀ノ原因タル擬律ノ錯誤ナリト論スルニ足ラス」（大判大四・二・一六刑録二一・一〇七、斉藤・本叢書刑法(2)七一頁、八四頁以下）。

【58】「刑法第六一条の所謂教唆は正犯に準ずというのは教唆犯は正犯の法定刑によつて処罰するという意味」（最判昭二五・一二・一九刑集四・一二・二五八六、同旨、大判明四三・一二・九刑録一六・二一三九）。

しかし、判例は、さらに、犯罪の時、場所、罪数につき、共犯のそれは正犯のそれによつて決定されるものと考えている。たとえば、正犯について新法を適用するときは、幇助犯についても、その行為が旧法当時に終了していたかどうかに関係なく、新法を適用すべきである、としたり（大判明四四・六・二三刑録一七・一一五二）、正犯の場所がすなわち共犯の場所である、としたり（大判明四三・九・二六刑録一六・一五四三、大判大四・一〇・二九刑録二一・一七五一＝牧野「教唆犯の場所」刑法研究一巻一三八頁、大判大一一・九・八刑集一・四二七、大判大一一・三・一五刑集一・一四四＝宮本「従犯成立の場所」法学論叢九巻三号一二四頁）、共犯の罪数は正犯のそれに一致する、というのである（大判明四四・一一・一〇刑録一七・一八六五、大判大五・六・三〇刑録二二・一二二〇＝牧野「教唆犯の犯罪個数」刑法研究一巻一二一頁、大判昭七・五・三〇刑集一一・七三二＝草野「一個の幇助行為と連続犯」刑事判例研究一巻九四頁、大判昭九・四・五刑集一三・三八〇＝山川「犯意を継続して二人を教唆し偽証せしめたる行為の罪数」法学志林三七巻一号九五頁。さらに、大判大二・四・一七刑録一九・四七九。これに反し、数人を教唆したところ、被教唆者が共同正犯の形で一個の犯罪を実行した場合には、教唆罪は一個にとどまる、とする判例がある。大判明四四・一一・一六刑録一七・一九八四、大判大一四・七・二〇刑集四・四九五＝斉藤・本叢書刑法(2)八五頁。これに対し、中野・斉藤還暦論文集三五七―八頁は、共同正犯は一個の構成要件を実現するのであるから、教唆罪も一個の構成要件を充足するものと考えるべきであり、判例は一貫性を失つていない、とされる）。

ところが、このような判例の態度は、共犯の従属性を不当に強調しすぎたものである、として批判されている（団藤・綱要二九二頁以下、牧野・刑法研究一巻一二一頁以下、山川・志林三七巻一号九五頁以下。これに反し、草野・刑事判例研究一巻九四頁以下は、判例に賛成。一方、中野・斉藤還暦祝賀論文集三四七頁以下は、共犯の罪数の問題と共犯従属性の問題とは必然的なつながりにあるのではない、という態度から、共犯の罪数は教唆犯・幇助犯の構成要件が何回充足されたかにより決せられるべきであり、教唆犯・幇助犯の構成要件は正犯の実現する基本構成要件をその中に含んでいるがゆえに、正犯が構成要件を二回充足することによって、共犯の構成要件も二回充足される、という理論構成をとられる。しかし、このような理解は、共犯の主観面についてはともかく、客観的側面については、無理があるのではないか。中野判事によれば、共犯が正犯を「支配」していることになるのではあるまいか。やはり、判例は「従属性の過当な強調」にでている、とみるのが妥当であろう。なお、教唆行為が一回しか行なわれなかったときは、正犯が連続犯であっても、教唆者には連続犯を認めるべきではないとする大判明四二・一〇・二八刑録一五・一四七二をここで指摘しておきたい。われわれの理解（前出一八一頁）からすれば、この判決のような態度がむしろ当然であって、正犯の罪数になんの影響も受けないわけである）。とするならば、共犯は、正犯と同一の罰条・構成要件のもとで処罰される、とみることだけが一般に肯定された理解であるといってよいであろう。

(b)　しかしながら、判例は、他方において、正犯が処罰されなくても、共犯の処罰は可能である、としている。つぎの【59】に明白である。

【59】「教唆罪ノ成立ハ被教唆者カ罰セラレタルト否トヲ問ハス苟モ人ヲ教唆シテ犯罪行為ヲ為サシメタル時ハ教唆者ノ罪ハ玆ニ成立スル」（大判明三二・五・一二刑録五・五・三七）（同旨、大判明四一・五・一八刑録一四・五三九、大判明四四・一二・一八刑録一七・二二二一、大判昭四・八・二六刑集八・四一六。従犯の成立につき、大判大六・七・五刑録二三・七八七、大判昭九・五・三一刑集一三・六九四、大判昭一五・四・二二刑集一九・二五三。なお、最判昭三〇・四・二七刑集九・五・九二四）。

尤も、【59】は、たまたま正犯が処罰されない事情にあったとしても、共犯を処罰することは可能である、としたまでであって、これだけでは、いわゆる「誇張従属形式」をとっていない、とも断言できないわけである（特に、前掲大判昭四・八・二六刑集八・四一六、大判大六・七・五刑録二三・七八七参照。これらの判例は、正犯が起訴されなくても、教唆犯・幇助犯を処断することは可能である、としているのである）。しかし、この限度でも、なお、「従属性」をゆるめているとは考えられるのであつて、さきに眺めた「従属性の過当な強調」と対照をなすものといえるであろう（ちなみに、判例は、責任無能力者に対しては、教唆犯は成立しえず、間接正犯が成立するのみであつて、責任能力者に一定の故意を生ぜしめることこそ教唆である、としている。大判明三二・三・一四刑録五・三・六四、大判明三七・一二・二〇刑録一〇・二四一五、大判大八・六・二〇刑録二五・七八六、大判大九・三・一六刑録二六・一八五、仙台高判昭二七・九・二七特二二・一七八。なお、【54】参照。この意味では、判例は「制限従属形式」をとつてはいないと思われる。これに対して、学説は、責任無能力者のうちにも刑法上の行為をなしうる能力をもち、一定の構成要件的故意をもつて違法に行為する者がありうるとして、判例に批判的である。そして、この見地から、「制限従属形式」を正当なりとするわけである。H. Welzel, Das deutsche Strafrecht, 7 Aufl. S. 92, 99 ff.; 団藤・綱要一〇六頁、一八八頁以下、大塚・概説一九三―五頁、大塚・本叢書刑法 (21) 三頁以下、一三頁以下、一八頁以下）。

(c)　さらに、判例は、正犯と共犯とが、それぞれ別個の構成要件に関して成立しうることをあきらかにするのである。ここでは、つぎの【60】をあげることができる。

【60】　「原判決ニハ被告カ広島県県会議員タル神原亀六ノ言行ヲ憤リ相阪定次中地豊吉ノ両名ヲ教唆シテ右亀六ヲ殴打セシメタル事乃チ軽罪ヲ犯サシメタルコトヲ認メアリテ被教唆者両名カ違警罪ヲ以テ処分セラレタルコトヲ認メアラス仮リニ両名ノ被教唆者ハ亀六カ議員タルコトヲ知ラサリシ等ノ事情アリテ違警罪ノ処分ヲ受ケタリトスルモ個ハ被教唆者ノ情状ニ止マルヲ以テ之ヲ軽罪ノ教唆ニ非スト云フヲ得ス故ニ原院カ被告ノ所為ニ対シ刑法第百五条ヲ適用セシハ決シテ擬律ノ錯誤ニアラス」（大判明二九・七・一〇刑録二・七・四六）。

【60】は、これまでとりあげられていなかつたと思われるが、重要な判決であるといえよう。尤も、事件そのものの解決としては、軽罪を教唆して正犯に軽罪を実行させたことから、旧刑法一〇五条（「人ヲ教唆シテ重罪軽罪ヲ犯サシメタル者ハ亦正犯ト為ス」）の適用を認めるわけであつて、今日の多数の学説に変るところはない。しかし、【60】は、さらに、正犯が被害者の議員たる事情を知らなかつたために違警罪に問われることがあつたとしても、それは「被教唆者ノ情状ニ止マル」から、軽罪の教唆であることを失うものではない、

とするのである。ここで、「情状」というのは明確ではないが、すくなくとも、一応軽罪に該当した正犯が「情状」により違警罪で罰せられても、軽罪の教唆犯には影響はない、というのではあるまい。重罪・軽罪・違警罪の区別は、構成要件上の区別であると解されるから。従つて、【60】は、正犯と共犯に、それぞれ別個の構成要件が適用されうることを是認したものと考えられよう。そうだとすれば、これは、われわれの考え方（前出一八一頁以下）と共通の基盤にたつものといわなければならないのであつて、この意味で、特に重要な判決であると思われる。尤も、【60】は、旧法下の判例であり、たとえば、【57】【58】などによつて、実質上、変更されてしまつたのではないか、とみることもできる。だがしかし、われわれは、さらに、「共犯と錯誤」「共犯と身分」の問題に関して展開せられた判例の理論的成果をあげることができるのである。

（ロ）さて、【60】は例外であり、正犯と共犯とは、すくなくとも同一構成要件に関連するものでなければならない、とするのが、現在の学説・判例の大勢だとしよう。ところが、判例は、たとえば、共犯者の側において、正犯の実行行為につき「抽象的事実の錯誤」がある場合には、決して共犯を正犯の構成要件に「従属」させていないのである。

(a)　この点で、まず、つぎの【61】を眺めよう。

【61】「犯罪の故意ありとなすには、必ずしも犯人が認識した事実と、現に発生した事実とが、具体的に一致（符合）することを要するものではなく、右両者が犯罪の類型（定型）として規定している範囲において一

致（符合）することを以て足るものと解すべきであるから、いやしくも右（Ｂ）の判示住居侵入強盗の所為が、被告人（Ａ）の教唆に基いてなされたものと認められる限り、被告人（Ａ）は住居侵入窃盗の範囲において、右（Ｂ）の強盗の所為について教唆犯としての責任を負うべきは当然であって、被告人（Ａ）の教唆行為において指示した犯罪の被害者と、本犯たる（Ｂ）のなした犯罪の被害者とが異る一事を以て、直ちに被告人（Ａ）に判示（Ｂ）の犯罪について何等の責任なきものと速断することを得ないものと言わなければならない」（最判昭二五・七・一一刑集四・七・一二六一）（評釈、伊達「ある住居侵入窃盗を教唆した場合において被教唆者がこれと異る他の被害者に対して住居侵入強盗をしたときの教唆者の罪責」刑事判例評釈集一二巻一三九頁、福田・本叢書刑法(16)二四頁、三〇頁、福田・斉藤博士還暦祝賀論文集八一頁以下）。

【61】は、いわゆる法定的符合説（構成要件符合説）を理論的に肯定したうえで、Ａの窃盗教唆に基づいてＢの強盗行為が行なわれた場合には、Ａに窃盗教唆の責任を認めるべきである、としたものと解されている（伊達・刑事判例評釈集一二巻一四三頁、福田・本叢書刑法(16)二二頁、二四－五頁）。窃盗と強盗とは、「盗取の限度」において構成要件的に重なりあっているとみるべきであるから、【61】は法定的符合説にたってことを解決している、というのである（なお、団藤・綱要三二八頁参照）。この意味で、窃盗と強盗の共同正犯を肯定した【47】と共通の理解にでたものとされる（伊達・刑事判例評釈集一二巻一四三頁、福田・斉藤博士還暦祝賀論文集七二頁以下、八一頁）。たしかに、「犯罪共同説」も、「共犯従属性説」も、それぞれ独自の意義をもってはいるが、一個の構成要件を予定している点では共通であるから、窃盗と強盗の共同正犯の成否、窃盗教唆犯と強盗正犯の関係を、錯誤論における「法定的符合説」といった共通の基盤で理解することは、決して不可能なことではない。ところが、このことゆえに、【61】は、再び【47】と同様の批判の前にたたされることになる。つまり、窃盗と強盗の構成要件的重なりあいに関

する批判である（前出一五一頁以下、一八一頁以下）。さらに、いわゆる「共犯従属性」の見地を貫くならば、【61】においては、AはBの強盗行為に従属して強盗教唆の責任を負うべきではないか、という疑問も生じてくるであろう（前出一八二頁）。

これに反し、共同正犯も共犯も、個々の行為者に固有の構成要件に関して成立するものである、とする理解にたてば、【47】においてそうであつたように、【61】においても、問題の解決は容易である（前出一五四頁以下、一八二頁）。「（B）の判示住居侵入強盗の所為が、被告人（A）の教唆に基いてなされたもの」といえるかどうか、という点で、いわゆる「法定的符合説」が適用され、右の点が肯定される限り、「（A）は住居侵入窃盗の……教唆犯としての責任を負うべきは当然」ということになる（なお、前出一八二頁以下）。

(b)　ただ、窃盗と強盗の構成要件は、二つの異なつた構成要件であり、この限度では、正犯と共犯に適用される構成要件同一性の原則が崩れていることは明白であるとしても、両構成要件には、やはり共通の要素が多いのであつて、この意味では、同一構成要件の原則を修正することにより、ことがらを説明してゆくことは可能である、ともいえるであろう（荘子・法学セミナー一九六一年八号三一頁以下参照）。だがしかし、問題は、窃盗と強盗の構成要件的なつながりよりも、さらにゆるやかなつながりしかない場合にある。ここで、つぎの【62】を検討しなければならない。

【62】「被告人（以下Aと略記＝引用者註記）の故意は、前記認定の如く、（B）と共謀して医務課長をして虚偽の公文書を作成する罪（刑法第百五十六条の罪）を犯させることを教唆するに在る。しかるに現実には

前記のような公文書偽造の結果となつたのであるから、事実の錯誤の問題である。かかる場合に（B）の（C）に対する本件公文書偽造教唆について、（A）が故意の責任を負うべきであるか否やは一の問題であるが、本件故意の内容は刑法第百五十六条の罪の教唆であり、結果は同法第百五十五条の罪の教唆である。そしてこの両者は犯罪の構成要件を異にするも、その罪質を同じくするものであり、且法定刑も同じである。而して右両者の動機目的は全く同一である。いずれもXの保釈の為めに必要な虚偽の診断書を取得する為めである。即ち（A）等は最初その目的を達する手段として刑法第百五十六条の公文書無形偽造の罪を教唆することを共謀したが、結局共謀者の一人たる（B）が公文書有形偽造教唆の手段を選び、これによつて遂に目的を達したものである。それであるから、（B）の（C）に対する本件公文書偽造の教唆行為は、（A）と（B）との公文書無形偽造教唆の共謀と全然無関係に行われたものと云うことはできないのであつて、矢張り右共謀に基づいてたまたまその具体的手段を変更したに過ぎないから、両者の間には相当因果関係があるものと認められる。然らば（A）は事実上本件公文書偽造教唆に直接関与しなかつたとしてもなお、その結果に対する責任を負わなければならないのである。即ち（A）は法律上本件公文書偽造教唆につき故意を阻却しないのである」（最判昭二三・一〇・二三刑集二・一一・一三八六）（評釈、小野「故意を阻却しない事実の錯誤」刑事判例評釈集一〇巻四〇頁、福田・本叢書刑法（16）二二頁。なお、団藤・綱要三二九頁註（四）、荘子・法学セミナー一九六一年八号二八頁以下）。

【62】に対しては、批判が多い。「罪質」や「法定刑」の同一を標準として、故意と構成要件の同一性・同質性を導きだすことは問題ではないか、というのである（団藤・綱要三二九頁註（四）、福田・本叢書刑法（16）二二一三頁、福田・斉藤博士還暦祝賀論文集七八頁）。しかし、【61】が、窃盗と強盗の構成要件に重なりあいを認め、古く大判大九・三・一九刑録二六・二一一頁が、窃盗と占有離脱物横領の構成要件にも重なりあいの存在することを認めていた点からするならば、そしてまた、論者もこの二つの判例には好意的であつたことを想起するならば、【62】を異

質のものとして批判することは、果して妥当であろうか、疑問なきをえないのである。なぜならば、すでに構成要件の抽象化が承認され、ワクがゆるめられているにもかかわらず、【62】だけがそのワクを超過しているというその基準は、依然示されていないからである（荘子・法学セミナー一九六一年八月号三二頁）。この意味では、【62】に対する批判は必ずしも正当でない。むしろ、同一構成要件の原則から出発しながら、一旦、窃盗と強盗の間に「盗取」という重なりあいを認め、窃盗と占有離脱物横領の間に「領得」という重なりあいを認めるならば、無形偽造と有形偽造の間にも、すくなくとも「虚偽の文書等を作成」するという重なりあいを認めることはなんら不当ではない、というべきであろう（この場合の重なりあいを、【62】や小野博士（小野・刑事判例評釈集一〇巻四五頁）のように、「罪質」の重なりあいと称することも充分可能であるが、構成要件の重なりあいといつても、すこしもおかしくないと思われる）。

それでは、【62】は正当であろうか。やはり批判されるべきものをもつている、といわなければならない。比較された二つの判例と全く異なり、無形偽造教唆の故意しかないAに、有形偽造教唆の故意を認めているからである（団藤・綱要三二九頁註（四）参照）。この点で、【61】の結論のごとく、無形偽造の教唆しか認めないという態度にでたならば、あるいは、学説の反対もなかつたのではあるまいか（なお、木村・総論三二三頁註（一七）参照）。

【61】【62】に関して、右のように検討したところから、いかなる帰結がえられるであろうか。構成要件的な重なりあいを契機として、いわゆる同一構成要件の原則を修正しただけでは、【62】の態度を否定し去ることはできまい。しかしまた、これを肯定して、行為者に存在しない「故意」を認めることもできないであろう。そうすると、問題の解決は、専ら、行為者の「故意」の内容がどのような

ものであつたか、に依存するであろう（なお、前出一八二頁以下参照）。【61】は、窃盗教唆の「故意」に対し、窃盗教唆の責任を認めたから、多くの賛同をえたのに反し、【62】は、公文書無形偽造教唆の「故意」に対して公文書有形偽造教唆の責任を認めたから、批判されたのではないか。しかし、【62】が掲げる「罪質」の同質性という契機は、二つの行為そのもののもつ法的意味の同質性という面において、また「相当因果関係」の存在は、事実的なつながりの法的重要性という面で、いずれも、教唆行為による正犯行為の存在を肯定させる契機となること疑いないものと思われる（前出一八五—六頁）。

かくして、特に、【62】は、無形偽造教唆により有形偽造の結果が生じたという、極めてゆるやかな共犯↓正犯のつながりに対しても、無形偽造教唆の責任はこれを認めるべきである、とする態度に根拠を与えるものとして、重要な意義を有することになる（なお、最近、荘子教授（荘子「法定的符合説」刑法講座三巻一〇七頁以下）は、事実の錯誤一般の解決として、ことさらに錯誤理論を展開する必要はないのであつて、故意・過失の理論体系にそのまま即応させるべきである、と提唱せられている。わたくしは、「共犯と錯誤」の解決にあたつても、同様に、共犯者の故意・過失に即応して考えるべきである、と提唱したい。但し前出一八二頁以下参照）。

(c)　なお、この関係で、幇助者は予備にとどまるものと考えていたところ、正犯が実行行為にでた場合に関し、つぎの【63】を眺めておかなければならない。

【63】「原判決ニ依レハ被告人（A）（B）ハ（C）等少壮海軍将校カ陸軍士官候補生等ト提携シ手榴弾及拳銃ヲ使用シ集団的ニ暴力ニ依リ政党財閥特権階級等ヲ襲撃シ因テ国家革正ノ烽火ヲ揚ケントスル犯罪ノ実行ヲ予見シナカラ其ノ用ニ供スル拳銃実弾ヲ供与シタルモノナレハ仮令被告人等ハ当時正犯カ其ノ犯罪ヲ実行スル時期方法等ニ付具体的ニ之ヲ了知スルコトナク差当リ武器ノ調達等其実行ノ予備ヲ為スニ止ルモノト思料シ居リタリトスルモ苟モ正犯ニシテ単ニ予備ノ程度ニ止ラス進ンテ被告人等ノ予見シタル実行行為ヲ遂行シタル

場合ニ於テハ被告人等ハ其ノ実行行為ヲ幇助シタル従犯トシテ責ニ任スヘク単ニ予備ヲ幇助シタルモノ即チ予備罪ノ従犯タルニ過キサルモノト解スヘキモノニ非ス」（大判昭一〇・一〇・二四刑集一四・一二六七、福田・本叢書刑法（16）三三頁）。

【63】は、一見、われわれの理解をもつては説明できないもののように思われる。だがしかし、事案において、「被告人等ハ当時正犯カ其ノ犯罪ヲ実行スル時期方法等ニ付具体的ニ之ヲ了知スルコトナク差当リ……其ノ実行ノ予備ヲ為スニ止ルモノト思料」し、かつ、実行行為を予見していたわけであるから、正犯が実行行為にでないものと考えていたのではないのであつて（もし、真に実行行為はないと考えていたとすれば、【63】においても、予備罪の幇助犯しか成立しない、ということになるのではあるまいか）。この点に、実行行為への幇助犯が認められる実質的な根拠を見出すことができるのではあるまいか。このように考えるならば、【63】も、やはり、共犯者本人の認識した構成要件に関する共犯という考え方から、説明可能というべきであろう。

(d)　以上は、いずれも、共犯行為に対する正犯行為の過剰（Exzeß des Haupttäters）の場合であつた。逆の場合、すなわち、正犯が共犯の予定するところよりすくなくしか実行しなかつた場合に関しては、判例は見当らない。しかし、さきに検討したように（前出一八一頁以下）、右と同一の論理により、まさに、共犯者が予定したところそのものに関し、共犯として責任を負うことになるであろう。

(e)　さらに、同様の考え方は、いわゆる「結果的加重犯の共犯」の解明にあたつても有効であるように思われる。加重的結果に関し、すくなくとも「過失」が必要である、という理解を前提にして（前出一五八頁）、問題領域を類型化してみると、つぎの形が考えられる。①正犯が重い結果について故意をもつている場合において、共犯に(i)同様の故意がある場合(ii)過失しかない場合(iii)故意も過失もない場合が区別され、②正犯が重い結果について過失をもつている場合において、共犯に(i)重い結果に関する故意がある場合(ii)過失がある場合(iii)故意も過失もない場合が区別され、③正犯が重い結果について故意も過失もない場合において、共犯に(i)重い結果について故意がある場合(ii)過失がある場合(iii)故意も過失もない場合が区別される。

①(i)は、いわゆる「故意ある結果的加重犯」の有無に関し、議論を生むが（木村・総論一七二頁、香川「結果的加重犯と共犯」学習院大学政経学部年報九号九〇頁以下）、正犯・共犯の関係では、特に問題はなかろう。①(ii)においては、正犯は、通常の故意犯として、あるいは、「故意ある結果的加重犯」として論じられるであろうが、共犯は、端的に、故意犯に対する結果的加重犯の共犯として、正犯の構成要件とは別個に、専ら、結果的加重犯の構成要件に従つて論じられるべきである（Schönke-Schröder, 11 Aufl. S. 362f.; 後出【64】参照。反対、団藤・綱要三三〇頁註(六)、福田・斉藤博士還暦祝賀論文集八一一二頁。なお、香川・前掲論文一二六頁以下、一三〇頁以下）。①(iii)において、共犯が基本犯の共犯としてしか論じられえないことは、疑いない（Vgl. D. Oehler, GA. 1954, S. 38, 41; なお、香川・前掲論文一二六頁、後出【64】）。②(i)で、共犯者たる行為者に間接正犯を認める見解もあるが（D. Oehler, a. a. O.S. 38, 41 f.）、過失犯に対する故意の共犯を是認する態度のもとに、結果的加重犯に対する故意の――自己が実現しようとする構成要件の――共犯を認めるべきである（なお、香川・前掲論文一三四頁以下、一三九―四〇頁）。②(ii)は、基本犯の共犯と過失的な結果に関する過失同時犯との複合体である、と解されるようであるが（H. Welzel, Das deutsche Strafrecht, 7 Aufl. S. 107 f.; R. Maurach, Deutsches Strafrecht, Allg. T. 2 Aufl. S. 540; D. Oehler, a. a. O. S. 38, 41）、正当でない。論者は、過失犯への共犯・過失による共犯を否定する態度のもとで、不

自然に、基本犯の共犯と加重的結果に関する過失同時犯とをつなぎあわせるのである（前出一五九頁）。【48】とか②(i)に関する理解と同様、過失犯への共犯・過失による共犯を是認するならば、結果的加重犯に対する（この部分は、過失犯への共犯を認める態度により説明可能）結果的加重犯の共犯（この部分は、過失による共犯を認めることにより説明可能となる）を認めることが可能であり、しかも、かく解することが、実体をありのままに無理なく評価するゆえんではないか、と考えられるのである（Schönke-Schröder, a. a. O.; S. 362f. 前出一五九―六〇頁）。②(iii)で、正犯だけが結果的加重犯の責任を負い、共犯が基本犯の共犯たるにとどまることは、①(iii)と同様、疑点がないであろう。③(i)においては、正犯は基本犯の正犯たるにとどまるが、共犯は、①(i)・②(i)と同様、自己の実現しようとする構成要件そのものの共犯として論じられなければならない（反対、香川・前掲論文一三四頁）。③(ii)は、①(ii)・②(ii)と同様の論理で、正犯たる基本犯に対する結果的加重犯の共犯として扱われるべきである（E. Mezger, Leipziger Kommentar, 8 Aufl. S. 428 C; Schönke-Schröder, a. a. O. S. 362f., Auch R. Maurach, a. a. O. S. 540. これに対し、香川・前掲論文一二六頁以下、一三〇頁以下は、「従属性」の理解を貫き、基本犯の共犯しか考えられないのではないか、とせられる。われわれは、共犯の「従属性」とは香川教授の理解せられるようなものである必要がない、という基本的な態度のもとに、これまで議論を展開してきたわけである）。③(iii)も①(iii)・②(iii)と同様、共犯は、基本犯のそれにとどまることになる。

結果的加重犯の共犯は、理論的には、右のように類型化され、それぞれの型に応じて処断されるべきことになるわけであるが、いずれにあっても、共犯行為による正犯行為の存在という要件を欠いてならないことは、いうまでもない（結果的加重犯の共犯に関する右の諸類型においては、この要件は、原則として与えられていると考えることができよう。重い結果は、基本犯の行為によって発生するものでなければならず、その基本犯の行為を教唆し幇助するのが、まさに結果的加重犯の共犯であるから）。判例中において、この問題につき有益なものとして、つぎの【64】をあげることができる。

【64】「被告人の認識したところ即ち犯意と現に発生した事実とが一致しない場合であるから、刑法第三八条第二項の適用上、軽き犯意についてその既遂を論ずべきであつて、重き事実の既遂を以て論ずることはできない。原判決は右の法理に従つて法律の適用を示したもので、所論幇助の点は客観的には殺人幇助として刑法第一九九条第六二条第一項に該当するが、軽き犯意に基き傷害致死幇助として同法第二〇五条第六二条第一項を以つて処断すべきものであることを説示したものである」（最判昭二五・一〇・一〇刑集四・一〇・一九六五）（福田・本叢書刑法(16)三四頁、福田・斉藤博士還暦祝賀論文集八一―二頁。なお、団藤・綱要三三〇頁註（六）、木村・総論二三二頁）。

【64】は、傷害の幇助の意思で匕首を貸与したところ、正犯が殺人をした場合に関するものであり、われわれの右の分類では①(ii)ないし①(iii)にあたる事例である。ところが、①(ii)だとして、これに対し、批判が多い。この場合でも、傷害の幇助が成立するだけではないか、というのである（団藤・綱要三三〇頁註（六）、福田・斉藤博士還暦祝賀論文集八一―二頁、香川・前掲論文一二六頁以下）。論拠は、傷害の教唆・幇助は傷害の実行行為でないから、傷害致死罪の共同正犯を認めることは可能でも、それと同様に解することはできない、というにある。たしかに、傷害の教唆・幇助は傷害の実行行為ではないから、傷害の実行行為の共同を前提とする傷害致死罪の共同正犯（なお、前出【48】参照）とは問題が異なる。しかし、【64】が認めるのは、傷害致死罪の幇助である。だから、【64】を批判するためには、なぜ傷害の実行行為を行なわなかつた者は傷害致死罪の幇助にもなりえないのか、という点をあきらかにしておかなければならない。ところが、論者において、この点があきらかにされているとは思われない。とするならば、傷害を幇助した者は、死の結果が予見可能であつた場合には、傷害致死罪の幇助犯としての罪責を負うべきである、という理解には批判は存在しないとい

えるであろう。ただ、【64】は、必ずしもわれわれの理解に一致するものではない。問題は、客観的には一九九条の幇助犯だが、三八条二項により、二〇五条の幇助犯として処断される、とする点にある。われわれの理解からすれば、一九九条の幇助は、はじめから問題とならず（この点で【64】には、いわゆる「従属性」の誇張が窺われるといえよう）、その限りで、三八条二項も問題となりえず、二〇五条の幇助そのものが適用されるべきことになる（木村・総論二三一頁は、重い結果が発生しても、そこには、結果的加重犯の構造的特質があるだけで、錯誤の問題と解すべきではないから、三八条二項を適用することは正当でない、とせられる。結果的加重犯そのものは、錯誤に関係はないという意味で、この見解は妥当である。ただ、【64】では、さらに、共犯の問題がからんできているために、一応、三八条二項が考えられることになる。前出【47】参照）。この点を意識するならば、【64】は、われわれの①(ii)に関する理解により、充分支持されうるであろう。これに反し、【64】の実体が、①(iii)の類型にあたるのであれば、傷害の幇助しか成立しないことは、いうまでもない（なお、判例は、基本的犯罪を教唆したところ結果的加重犯が成立した場合については、結果的加重犯の教唆犯を認めているが（大判大一一・一二・一六刑集一・七九三、大判大一三・四・二九刑集三・三八七、大判昭六・一〇・二二刑集一〇・四七〇）、事案上、すくなくとも重い結果についての客観的予見可能性は存在したのではないかと思われる。また、堕胎致死罪の従犯といえるためには、行為者において致死の結果を「予見」する必要がない、とする判例（大判明四〇・一一・二八刑録一三・一三一九）もあるが、客観的予見可能性すら不要というのかどうか、明確ではないといわなければならない。なお、前出一五八頁）。

かくして、【64】についての右のような理解は、結果的加重犯の共犯の諸類型に敷衍することができるわけであるから、われわれの態度は、判例の正当な理解に有効なものといってよいことになるであろう。

（八）　問題は、さらに、共犯形式相互間の錯誤に関しても同様に展開されうる。たとえば、行為者は、自らは間接正犯の意思で、責任無能力者を道具として犯罪を実現しようとしたところ、責任無能力者と考えていた仲介者が実は責任能力者であって、しかも、彼自身犯罪実行の決意のもとに実行行為にでていたような場合、つまり、間接正犯の意思で、教唆犯の結果を生じさせた場合とか、逆に、行為者自身は教唆犯にとどまると考えていたところ、被教唆者が実は責任無能力者で、結果としては、間接正犯の形となつてしまつたような場合にみられる問題である（この問題に関しては、大塚「間接正犯と教唆犯との錯誤」斉藤博士還暦祝賀論文集八三頁以下が詳細である）。かかる場合、背後者にいかなる犯罪の成立を認めるかが特に問題となるわけであるが、その意思に応じて論じるべしとする主観説、逆に、行為の客観的意味に従つて判断すべしとする客観説があるが、大塚教授（大塚・前掲論文九二―一三頁、九九頁以下）が指摘せられるように、犯罪成立の一面のみを強調するものであるから、いずれも正しくないというべきである。主観面と客観面をあわせ考慮してゆこうとする折衷説が正しいことになる（大塚・前掲論文一〇一頁以下）。なお、われわれのこれまでの考察からすれば、われわれの態度は主観説に近いのではないか、という疑念が生じるであろう。しかし、これまでの問題点は、教唆・幇助がなされた場合において、その教唆・幇助はいかなる犯罪の教唆・幇助として論じられるべきか、というのであつて、教唆行為・幇助行為が実は実行行為にあたるのではないか、というような問題とはその性質を異にするのである。後者の問題の解決は、本稿の出発点において意識しておいたように、やはり、主観的側面と客観的側面との綜合によつて、はじめてえられるものであることを、ここで改めて確認しなければならない。

さて、それでは、折衷説の立場において、問題はいかに解決されるか。まず、間接正犯の意思で教唆犯にあたる事態を生じさせた場合を考えよう。この場合、実行行為を行なつたのは、背後者ではなく仲介者である。背後者を間接正犯とすることは、主観説によらない限り不可能である。しかし、主観説は否定された。それでは、どう考えるか。すくなくとも、教唆犯と考える可能性はある。問題は、間接正犯の意思をどう扱うかである。大塚教授（大塚・前掲論文一一四―五頁）に従つて、間接正犯の意思と教唆犯の意思とは同質とはいえないが、「具体的に背後者の抱いている間接正犯的意思が、実質上教唆犯の故意にもあたりうる要素を具備しているところから、現実には、そこに、教唆犯の故意が認定されうる」とみるべきであろう。客観的側面に一致する限りでの主観面を考慮し、教唆犯として理論構成するわけである。

つぎに、背後者が、教唆犯の意思で、現実には、間接正犯にあたる事態をひきおこした場合を考えよう。客観説に従うならば、間接正犯を認めることができるが、それでは、教唆の意思しかなかつた、という事実を無視することになる。やはり、教唆犯として考えるのが妥当だと思われる。だがしかし、この場合には、前の場合と違つて、正犯が存在しないのに教唆犯を認めることになつてしまう。いわゆる「共犯従属性説」にたつて、正犯と共犯の同一構成要件の原則を掲げる立場からは、この帰結は容易に首肯されえないところであろう。団藤教授（団藤・綱要三三一頁）は、「おそらく、教唆の限度で責任を問われるべきであろう」とせられるだけで、解決を与えておられない。これに対して、大塚教授（大塚・前掲論文一一六―七頁）は、「このばあいの背後者に教唆犯をみとめるためには、一般的な共犯従属性の理論にとらわれない別途の方法によるのほかないとおもう。それは、いかにして達せられるか。わたくしは、錯誤理論の適用上の特殊事情として、このばあいの従属性説的制約を回避しうると考えたい」とせられ、錯誤論はいずれも具体的妥当性の認められる範囲において、現実からはなれた規範的評価を行なうわけであつて、その趣旨からすれば、「実質的に教唆犯として評価可能な事態が存在する以上、被教唆者の正犯行為という厳密な教唆犯の成立要件には欠けるところがあるにしても、なお教唆犯の成立をみとめうる余地があるといえるのではなかろうか」となし、さらに、正犯行為の不存在ゆえに「定型的因果関係」にも欠けるわけであるが、「背後者の教唆の意思による行為にもとづいて、現に仲介者の犯行が実現されているのであつて、規範的には、やはり背後者の教唆行為を認定しうる実質的理由が存する」のではないか、と提唱せられる。

いわゆる「共犯従属性説」にたち、錯誤論に「法定的符合説」をとる立場では、大塚教授の理論構成は、おそらく最もすぐれたものの一つといえるであろう。ところが、共犯は、正犯に「従属」してはじめてその可罰性を顕在化するものではあるが、それ自体において、すでに犯罪であり、かつ、正犯と同一の構成要件を実現しなければならないわけではない、と考える立場からするならば、問題の場合、まず第一に、教唆者が自ら実現しようとしていた構成要件の教唆犯とされることに疑問はなくなつてしまう。第二に、この立場は、正犯と共犯とをそれぞれ別個に考えることを許すわけであるから、正犯のなんらかの構成要件実現を前提にしてはじめて共犯が問題になる、とする基本的な理解には抵触するが、偶々、具体的場合に、正犯たるべき行為者に構成要件要素が欠けるところとなつたとしても、すくなくとも、例外的に、正犯行為の存在しない共犯行為を、別個・独立に認める可能性は大になるといわなければならない(なお前出一八二頁以下、および次頁以下参照)。すなわち、われわれの基本的な考え方からすれば、教唆の意思で間接正犯の結果を招来した場合について、教唆犯の成立を認めることはより容易になる、といえるわけである。つぎの【65】は、この観点で眺められるであろう。

【65】「被告人は犯罪の実行意思のなかつた原判示(X)及び(Y)を唆かして窃盗を決意、実行せしめたことを優に窺いえられるのであつて被告人が自己のために実行行為をなすべく行動したものでないと認めるべきであるから原審が被告人の右事実を窃盗の教唆と認定したのは相当である。なお被告人は当時(Y)は刑事責任能力者と思惟していたが事実は刑事責任年令に達していなかつたことが確認しえられるので此の点は窃盗の間接正犯の概念をもつて律すべきであるが刑法第三十八条第二項により被告人は結局犯情の軽いと認める窃盗教唆罪の刑をもつて処断さるべきが相当であるというべきであるから原判決には所論のような違法は存しない」(仙台高判昭二七・二・二九特二二・一〇六=福田・本叢書刑法(16)三八頁、大塚・本叢書刑法(21)一一一―二頁、大塚「間接正犯と教唆犯との錯誤」斉藤博士還暦祝賀論文集八三頁)。

【65】は、教唆犯の意思で間接正犯の結果を招来する形となつた場合について、一応、客観説により「間接正犯の概念をもつて律すべきである」とするように見受けられるが、結局は、折衷説に従つて、教唆犯を認めたものと考えられよう(大塚・前掲論文一一〇頁)。しかしてまた、この点で批判を免れないのである。つまり、【65】では、教唆犯そのものが成立するのか、単に教唆犯と同様処罰すべき事態が認められるにすぎないのか、まさに不明確であり、むしろ後者を考えているのではないかと推察されるわけである。われわれは、いうまでもなく、教唆犯そのものの成立を認めることになる(なお、前出【47】参照)。しか

して、大塚教授（大塚・前掲論文一一八頁）も、「本来、教唆犯が成立してもいないのに、教唆犯に準じて処分するということは、一種の類推をみとめるものであって、罪刑法定主義の本旨に反するきらいがある」として、【65】を批判せられるのである（なお、大塚・本叢書刑法(21)一〇八頁以下）。

（三）　かように、正犯と共犯とは同一構成要件を適用される必要がなく、共犯行為によって正犯が自己の構成要件を実現した場合には、正犯は勿論、共犯も彼自身に適用されるべき構成要件の範囲内で処罰されるべきである、とする考え方は、判例によっても支持されうるわけであるが、最後に、「共犯と身分」の関係について眺めておかなければならない。

(a)　真正身分犯において、身分者に非身分者が共同した場合、多数説は、非身分者にも共同正犯の成立を認める（大場・刑法総論下巻一〇八三頁以下（但し、後出二一二頁参照）、宮本・刑法学枠四二四頁以下、草野・要論一三八―九頁、木村・総論四二五頁、佐伯・総論三五〇頁、柏木「共犯と身分」法学教室一号四八頁、大判明四四・四・二七刑録一七・六八七、大判明四四・六・一五刑録一七・一一七九、大判大三・六・二四刑録二〇・一三二九、大判大一三・一二・五刑集三・八五一、大判昭九・一一・二〇刑集一三・一五一四頁。なお、泉二・日本刑法論総論六四六頁以下、井上・刑法学総則二三八頁以下、大判明四四・一〇・九刑録一七・一六五二）。共同正犯の本質が、互いに補充しあう点にあるとすれば（前出一五四頁）、各行為者に協力一致しようという共同現象が存在する以上、共同正犯を認めてよい（但し、われわれの立場では前出一四九頁以下の限定が特に必要である。これに対し、小野・新訂刑法講義総論二一四―五頁、滝川・犯罪論序説二五四―五頁、団藤・綱要三三二頁、大塚・概説二一四―五頁は、非身分者は真正身分犯の実行行為をなしうるものではないから、この場合、共同正犯は成立しえない、とする。この見解に対しては、柏木・前掲論文五〇頁、大野「共犯と身分」刑法講座四巻一六二頁以下、西原「教唆と間接正犯」刑法講座四巻一五四頁）。また、非身分者が加担したにとどまる場合、共犯の成立を認めることには異論はない（判例につき、植田・本叢書刑法(2)一二八頁以下、大野・前掲論文一六二頁を参照されたい）。これに反し、逆に非身分者に身分者が加担した場合には、考え方がわかれる（「共同」した場合は前の場合と同様）。身分者に間接正犯を認めるものが多いが（大場・前掲書一〇二〇頁、滝川・前掲書二九三頁、団藤・前掲書一〇八頁、平場・刑法総論講義一五二頁、大塚・間接正犯の研究一三六頁以下、二〇二頁以下、二一七頁以下、大塚・本叢書刑法(21)三九頁以下)、共犯にとどまるとするものもある(草野・前掲書一三八頁、佐伯・前掲書三五一頁。なお、木村・総論三八八頁、植田・本叢書刑法(2)一三六頁)。非身分者が全く情を知らず、その意味で「道具」として評価されうるような場合には、間接正犯を認めてよいであろう。しかし、多数説は、いわゆる「資格なき故意ある道具」の場合にまで、間接正犯を広げる。これは問題である。かような場合、非身分者は、構成要件の一要素たる「身分」を欠くだけで、「故意」と現実の「行為」をもつのである。利用者に間接正犯を認めることが問題なのは、過失犯の利用の場合と同様であるというよりは、むしろそれ以上である(反対、大塚・間接正犯の研究二一四頁)。大塚教授(大塚・間接正犯の研究二一七頁以下)は、間接正犯を認めることには問題はあるとしながらも、非身分者は絶対に構成要件を実現しえず、単に、正犯者の故意をもつ背後者の誘致行為の因果的延長として存在するものと考えるべきであるから、やはり間接正犯を認めるべきである、とせられる。しかし、この理由づけも、背後者たる身分者の行為そのものに実行行為を認めるのでなければ意味がないし、また、この理由づけだけでは、実行行為を認めることはそもそも困難であろう。それでは、いかにも考えるべきか。共同正犯を考えることができるのではないか(西原・前掲論文一五二頁以下)。形式的には、身分者は「加担」するだけではあるが、実質的には、非身分者も身分者も協力して身分犯を実現しようとするのがこの場合であるから、身分者が身分を、非身分者が実行性を、それぞれ相手に附与・補充しあうという形での共同正犯が成立するのではなかろうか。今一つ、身分者に共犯を認める考え方もありうる。その場合にあっても、非身分者を正犯とする態度(佐伯・前掲書三五一頁註一)と、非身分者の正犯性を否定しつつ、例外的に、正犯の存在しない独立的な共犯を認める態度（W. Sauer, Allg. Strafrechtslehre, S. 227. Auch vgl. v. Hippel, Deutsches Strafrecht, II, S. 477 : Schönke-Schröder, 11 Aufl. S. 274 ff ; 植田・本叢書刑法(2)一三六頁）とが考えられる。ところで、共同正犯を前提とせずに、非身分者に構成要件実現を認めるのは無理であろう。従つて、この限りで、独立した共犯を認めるのが妥当と思われる。共犯はそれ自体において犯罪であり、正犯と同一の構成要件が適用される必要はない、とする態度からみれば、この結論はさして奇妙ではない。この点は、すでに確認しておいたところでもある（前出二〇七—八頁。なお、W. Sauer, a. a. O. S. 204, 226 f.）。そればかりではない。非公務員が、いやいやながら、公務員の誘いに乗つて贈賄物品を現実に受領したような場合を考えれば、むしろ共同正犯とみるよりも、公務員に収賄罪の教唆犯を認め、非公務員には、幇助犯が認める方が事態に適しているといえるであろう（植田・本叢書刑法(2)一三六頁参照）。わたくしは、身分者が非身分者に加担した場合には、間接正犯が当然に成立する場合もあるが、共同正犯といえる場合、さらには、独立した共犯とした方が妥当な場合があると考える（なお、いわゆる「目的なき故意ある道具」の場合は、背後者に間接正犯を認める可能性は大であろう。大塚・間接正犯の研究二一一頁以下、西原・前掲論文一五四頁。被利用者が、過失犯の実現に直面している場合（いわゆる過失犯の利用）とか、単に「資格」を欠くだけの場合と違って、「故意」を有するとはいえ自己の行為の反規範的意味を全く考えない「目的なき故意ある道具」の場合は、「道具性」が強いからである）。

(b)　ところで、以上は、独立した共犯の場合を除いては（独立した共犯の場合は、正犯の存在しない共犯という点で、共犯に固有・独立の構成要件を考える意義が大である）、共同正犯の場合にせよ共犯の場合にせよ、いずれも当該真正身分犯の構成要件が各行為者に適用されるわけであるから（独立した共犯の場合も、教唆犯・幇助犯に同一構成要件が適用される）、外見上は、われわれの立場は実益をあらわしていない。しかし、共同正犯の場合は、すでに意識した限定が存在するといわなければならないし（前出一四九頁以下）、共犯の場合も、偶々、加功者が当該真正身分犯に加功しているために、その構成要件の共犯とされるだけであることを忘れてはならないのである。この意味で、実質的には、やはり個々の構成要件を考えてゆくことになるわけである。

これに対して、不真正身分犯の共犯関係においては、個々の構成要件を考えるべき必要性は名実ともに顕著である。けだし、ここでは、身分者に適用されうる不真正身分犯の構成要件と非身分者に適用されうる通常の構成要件とが別個に考えられるからである。

さて、この場合、共同正犯と共犯の別なく、また共同者・加担者のいずれが身分を有するかの別なく、身分者には当該身分犯の加重・減軽された刑を科し、非身分者には通常の刑を科することに、異論をさしはさむものはないといってよい。しかし、理由づけは明確ではない。刑が個別化されるだけであって、犯罪の成立そのものとしては、身分者に加担した非身分者の場合は不真正身分犯の構成要件への共犯として、また、非身分者に加担した身分者の場合は通常の構成要件への共犯として扱われるのではないか、という疑問がある（大場・前掲書一〇八六頁以下は、六五条一項は実際の必要を充すための便宜規定であり、二項は純理に基づく規定である、とせられるから、どちらかといえば、本文の疑問に対しては、消極的に答えられるのではないかと思われる（なお、小野（慶）・刑事法講座三巻四八七頁）。また、泉二・前掲書六四九頁は、身分者に加担した非身分者は身分なき正犯の刑に準じ、ないしは、これに照らして減軽されるべきであり、非身分者に加担した身分者は身分ある正犯に準じ、ないしは、これに照らして減軽されるべきである、とせられるから、われわれの疑問に対しては、より強く否定的ではないかと思われる。勿論かく解するためには、泉二博士の「正犯の刑」を「正犯」にアクセントをおいて考えることを要する。これに対して、宮本・前掲書四二七頁以下は、非身分者が身分者に加担したときは、六五条一項の場合と同様に、「一応加重罪ノ規定ヲ標準トシテ、刑ヲ科セラルヘキヲ本則トス」と述べ、二項の意義を弱く解せられる。われわれの疑問に対しては、肯定的な答えが予想されるであろう。この点、小野博士、滝川博士、佐伯博士は明確でない）。団藤教授（団藤・綱要三二三頁、三二五—六頁）、大塚教授（大塚・概説二一五—六頁）が、明確に、この疑問に対し肯定的に答えられる。この態度は、刑法六五条二項について、「犯罪共同説」・「共犯従属性説」を徹底し、同一構成要件の原則を貫く立場から導かれる結論であると思われるが、やはり問題である。科刑だけが個別的で、犯罪性は連帯的・従属的だというのはおかしいからである（柏木・前掲論文四九頁、小野（慶）・前掲論文四九六―七頁）。この疑問は、不真正身分犯の共働現象において、基本になるべき正犯の構成要件が、身分犯のそれであるか通常の犯罪のそれであるかが具体的場合によつて異なるが、いずれをとつても法的評価としては差異を認めるべきではないような場合、すなわち、共同正犯の場合に顕著にあらわれる。団藤教授は、甲が親を殺すにあたり乙が共同したときは、乙も親殺しの共同正犯であるとされる。それでは、逆に、乙に甲が共同し、自己の親を殺した場合はどうか。普通殺の共同正犯としたうえで、甲に尊属殺の重刑を科するのか。共同正犯の場合、誰が誰に共同したかは重大ではあるまい。にもかかわらず、団藤教授の立場では、これを区別しなければならないことになろう。これは不当ではないか。このような結論を回避するためには、科刑の面だけでなく、すでに犯罪性の面で個別化する必要があろう。正しい認識のもとでは、共同正犯が同一の構成要件についてのみ可能であるということ自体に疑問があるわけである。この点は、すでに、くり返し意識してきたところであるが（前出一四九頁以下、一八一頁以下）、ここでも改めて確認しなければならない（なお、判例は、業務上横領罪の共同正犯につき、団藤教授の立場に近いといえる。大判明四四・八・二五刑録一七・一五一〇、大判大四・三・二刑録二一・一九四、大判昭一五・三・一刑集一九・六三＝小野「業務上横領と身分なき共犯者の責任」刑事判例評釈集三巻二九頁、最判昭三二・一一・一九刑集一一・一二・三〇七三。なお、その他の判例、および、それらの間にみられる理論的な差異の詳細について、植田・本叢書刑法（2）一三七頁が重要である。但し、後出【66】【67】があることに充分注意すべきである）。

しかして、このような考え方は、狭義の共犯の場合にも敷衍されなければならない。多数説は、不真正身分犯において、身分者に加担した非身分者に対し、さきに疑問としたように、やはり当該身分犯の共犯を認め、刑の点だけを個別化しようとする（宮本・前掲書四二七頁以下。なお、小野・講義二一五頁以下、滝川・前掲書二五五頁、団藤・綱要三二五頁、佐伯・前掲書三五一頁以下、大判大九・六・三刑録二六・三八二＝植田・本叢書刑法(2)一四四頁、大判昭五・一二・一二刑集九・八六二）。これは正しくない。自己の加担したところそれ自身の構成要件に関する共犯であり、それ故に当然に刑もその構成要件に従う、と解すべきである（柏木・前掲論文四八頁以下、小野(慶)・前掲論文四九七頁。Auch vgl. W. Sauer, a. a. O. S. 225）。また、非身分者に加担した身分者については、一応通常の構成要件の共犯とし、刑法六五条二項により、科刑の点で当該不真正身分犯の刑を科するという考え方がある（小野・前掲書二一六頁、小野・刑事判例評釈集三巻三二一―二頁、佐伯・前掲書三五一―二頁。なお、宮本・前掲書四二八頁）。結論的には正しいが、理由づけは正当でない。刑法六五条二項が存在することによつて、科刑の点で、重い不真正身分犯の刑が適用される、と解すべきではない。もともと自己が加担しようとした構成要件に関して共犯とされるべきである（柏木・前掲論文四八頁以下、小野(慶)・前掲論文四九〇頁、四九七頁、W. Sauer, a. a. O. S. 225f.）。なお、団藤教授（団藤・前掲書三二五―六頁）は、この場合、身分者は通常の構成要件の刑の範囲で処罰されるべきである、とせられる（大塚・概説二一六頁も同旨）。あまりにも技術的（いわゆる「従属性説」の誇張といえよう）で不自然な結論であり、より強い批判に値いするのではなかろうか。

(c)　ところが、判例中には、むしろ、われわれの理解を支持するものがあるように思われる。ここで、つぎの【66】【67】を検討しなければならない。

【66】　「右唐橋重政は、原判決挙示の証拠によれば、総括主宰者であることが明かであり、被告人は身分により刑が加重される総括主宰者（公職選挙法第二百二十一条第三項）たる唐橋に加功したこととなるが、刑法第六十五条第二項の『通常ノ刑ヲ科ス』とは一応身分ある者の犯罪が成立して刑だけを通常の例によるという

意味ではなく、はじめから通常の犯罪が成立する意味と解するから、総括主宰者唐橋重政を単に唐橋重政としたことは構成要件的評価に影響しないものというべきである」(仙台高判昭三〇・九・一三高裁特報二・一八・九四七)。

【67】「賭博幇助を処罰するに当つては、本犯が賭博の非常習者として単純賭博とせられる場合でも、幇助者が賭博常習者と認められる限り、常習賭博幇助として処断すべきもので(大審院大正十一年二月二十二日判決、同判例集第二巻一〇七頁参照)、被告人金が賭博常習者であることはその賭博の前歴及び本件犯行に加担の状況から見て明かであるから、同被告人の本件見張を以て常習賭博幇助とした認定にも何等誤りはない」(名古屋高判昭三〇・五・一七高裁特報二・一一・五二二)。

【66】は、不真正身分犯たる公職選挙法二二一条三項の共同正犯に関し、身分のない被告人は刑法六五条二項により「通常ノ刑ヲ科」せられることになるが、「はじめから通常の犯罪が成立する」から、刑も「通常ノ刑」にほかならぬ、という態度を明言したものである(公職選挙法二二一条一項の犯罪が成立するわけである)。これは、従来の判例にはみられなかつた考え方であり、われわれの理解を支持する重要な判例ということができる。

【67】は、かつて常習賭博罪の刑法一八六条一項は実行正犯に限り適用があり、賭博常習者が幇助犯の場合には適用がない、とした判例(大判大三・三・一〇刑録二〇・二六六)を改めた諸判例(大判大三・五・一八刑録二〇・九三二、大判大七・六・一七刑録二四・八四四、大判大一二・二・二二刑集二・一〇七(【67】も引用))も明言をしてはいなかつた点、すなわち、正犯が単純賭博とされる場合でも、共犯が賭博常習者ならば、当該共犯者は常習賭博の共犯とされるべきことをあきらかにしたものである。しかしてまた、一応刑法一八五条の共犯が成立したうえで刑だけ一八六条に従う、とするものではない

（植田・本叢書刑法（2）一五〇頁以下、一五三頁参照）。いわんや、刑法一八五条の刑の範囲内で減軽されるべきである、とするものでもない。同じような態度は、さらに、子が他人を教唆して、自己の親を殺害させた場合、子は尊属殺人教唆として処罰され、被教唆者たる他人は普通殺人の正犯として処罰されることを認めたものと考えられる判例（大判大一二・三・二三刑集二・二五四）からも汲みとられるのである。

(d)　勿論、【66】【67】のような態度が判例のすべてではない（前出二一三頁）。植田教授（植田・本叢書刑法（2）一四三頁以下）が指摘せられるように、判例の態度は一貫していないように思われる。だがしかし、正犯と共犯にそれぞれ固有の構成要件を考えてゆくことが妥当であり、「共犯と身分」もこの角度から解決すべきである、とするわれわれの理解を支持する判例が存在するということ、特に【66】のような判例が新しくあらわれたということは、極めて示唆的であるといわなければならないであろう。

（三）　過失犯に対する共犯・過失による共犯の構成

(1)　以上眺めたように、過失犯への故意の共犯、故意犯への過失の共犯は、「従属性」の見地においても、それぞれ、故意の共犯、過失の共犯として、共犯者自身の構成要件の範囲内で論じられうることになつたが、これまでの考察は、主として、正犯と共犯のつながりに関するものであつた。そこで、問題は、さらに、共犯それ自身をいかに構成すべきか、ということになる。特に、過失による共犯は、不当に広がるおそれをもつている。まずこの点を解決しておかなければならない。

ところが、問題の解決は、さして困難ではないように思われる。端的に、「過失」により正犯行為に加功した、といえるかどうかを判断すればたりる。単に、結果が「客観的に予見可能」であった、というだけでは、まだ「過失」があったとはいえない。「注意義務」違反はあるが、「実行行為」といえるものだけが欠ける、というような場合を考えればよいのである（前出一〇七頁以下）。だから、たとえば、銃砲刀剣・薬品等を販売した者が、ただそれだけのことで、購買者のあるいは行なうかもしれない犯罪について、過失による共犯とされる、ということはないわけである。具体的に、注意義務に反して・不注意に犯罪に加担した、という判断が下されなければならないのである。しかし、この判断が下された以上は、過失による共犯を認めることに理論的難点は全く存在しないことを意識すべきである。たとえば、いわゆる「魔の踏切り」を放置しておくような管理者は、すくなくとも過失による共犯であるといわなければならない。正犯の存在しない独立した共犯を認める立場（前出二〇七―八頁、二二一頁）では、管理者のみが罰せられうるであろうし、また、運転手等が実行行為にでたとされることによって、通常の正犯・共犯関係をもって論じられることもありえよう。なお、運転手等には、「期待可能性の理論」が考えられないではない（後出二二一頁）。

そこで、つぎに、右のような限定を意識しながら、これまで扱ってきた諸例を中心として、過失犯への共犯・過失による共犯を再構成してゆくことにしよう。

(2)　第一に、故意による過失犯への共犯（いうまでもなく故意犯としての共犯）を考えよう。【54】は、過失による有毒飲食物等取締令違反罪への教唆にあたるとしながら、「過失犯に対する教唆という観念はこれを認める余地がない」とするものであつた（前出一八七頁）。その不当なことは、明白である。仲介者の過失を利用して有毒飲食物を販売させようとしていたのであるから（判旨によれば、間接正犯の故意が認定できないというだけであつて、販売させようという故意は認定されるわけである）、故意による有毒飲食物等取締令違反罪の教唆（既遂）を認めるべきである。【54】において、事案が幇助にあたる場合であつたとしても、考え方は同じである。

故意犯による過失犯への共犯は、従来、間接正犯とされるのが一般であつたから、これを故意犯たる共犯として構成しても、実質的な抵抗はない、ということができよう（前出一七八頁以下。なお幇助犯の場合は、むしろ、間接正犯としての理論構成に疑問がもたれていた点に徴して、われわれの理解は容易に容れられるのではなかろうか）。

(3)　つぎに、過失による故意犯への共犯を考えよう。ここでは、特に、【56】が顧みられなければならない。二つの問題がある。過失による幇助犯の成否一般と、自動車の無免許運転を過失により幇助した場合、幇助犯といえるか、という点である。さきには、第一点につき、【56】を批判したわけであるが（前出一八九頁）、改めて、第二の点につき検討しなければならない。

ところで、自動車の無免許運転そのものは、故意犯であると解される（道路交通六四・一一八Ⅰ1。なお、同法一一八Ⅱ参照。さらに、前出一二九頁）。過失による無免許運転は、考えられるとしても、不可罰であるといわなければならない（道路交通一一八Ⅱ）。とするならば、過失によつて、無免許運転を「幇助」した形をとる場合においても、同様に不可罰ということになるであろう。この点は、従来からも指摘されているところであるが（Vgl. M. E. Mayer, Allg. T. S. 392, 398, 407 f.; W. Gallas, Deutsche Beiträge, S. 24 ff.）、共犯はそれ自身の構成要件に関して成立する、と考える立場からしても、動かすことのできない帰結であると思われる。【56】が、このような見地から立論したのであれば正当であるが不明確といわなければならない。

かくして、過失による故意犯への共犯は、過失犯をも処罰する構成要件が定立されている場合に限られることになる。この点で、過失による共犯の成立が、さらに限定されるわけである（前出二一六頁参照）。判例は見当らないが、しばしばあげられているように、殺人を過失により教唆・幇助するような場合を考えることができる。過失致死罪の教唆・幇助が成立することになる。

(4)　最後に、過失による過失犯への共犯を考えなければならない。実際上も、この場合が一番多いであろう。

（イ）　過失同時正犯に関して検討した【1】―【37】は、いずれも、過失犯としての「実行行為」にでたといえるかどうか、が問題であつた。「実行行為」ありとされた場合（前出一二四頁以下）、ないしは、「共同の実行行為」ありとされた場合（前出一六八頁以下）は、ここでは論外である。その他の場合は、一応、過失の共犯として理論構成することができるのではないか、と考えられる。

(a)　しかしながら、個々の行為者が、全く独立して行為したにすぎないような場合においては、過失による教唆・幇助を認めることも、事実上、困難であろう。この意味で、【6】【8】（相当因果関係の有無は、ここでは重大でないことに注意）【9】【26】では、過失による共犯の成立もない、と考えてよいであろう。

(b)　さらに、完全には独立的でない過失共働においても、たとえば、共同者を「信頼」することが許されるような場合には、共犯行為すらも存在しない、とみるのが妥当である。【29】【30】【32】【35】【36】を想起しなければならない。

（ロ）　以上のような限定のもとで考えてゆくならば、まず、【2】において、狂犬・狂犬病患者を診察したA・D・Eのいずれかが、過失による共犯とされる可能性は強い。さらに、【15】【19】においても、看護婦（【15】）、ヌペルカイン液作製者A・事務員B（【19】）に過失による共犯を認める可能性はありえよう。また、【13】【20】【21】【30】のように、列車の車掌・検車係・連結手（【13】）、信号係・転轍手（【20】）、電力工手・信号係（【21】）、制動手（【30】）が、他の上位の職員の「不注意」に加担した形をとっている場合には、過失による共犯の可能性は顕著であるといえる（尤も【30】で、制動手が、操車係の注意深い行為を「信頼」してよい、とされるならば、過失による共犯も成立しえない）。【55】において、列車機関士と火夫とが、それぞれ過失の同時正犯として論じられていた点は、さきに批判したところであるが（前出一八九頁）、該事案は、場合により、過失の共同正犯とされるであろうし、また、場合によっては、火夫について、過失による幇助犯だけを考えておけばたりることもありえよう。

（ハ）　【37】は、ここでも問題を提起する。自動車の窓に手をかけたDを押えてやった助手Aに、過失の共同正犯も成立しえないであろうことは、さきに考察した（前出一七六頁）。過失による共犯ともいえないであろうか、が問題である。同乗のB、運転手Cに対し、強いて運転停止をさせなかった点に重点をおけば、やはり、「過失による加担」を考えざるをえないであろう。

だがしかし、われわれは、これまで、「実行行為」に関連して、構成要件実現の有無を問題にしてきたにとどまる。通常の場合は、構成要件ないしは修正された構成要件の実現があれば、正犯ないしは共犯として可罰的であろう。しかし、その場合にあつても、違法・有責の判断は、敢えて検討するまでもないということで、省略されたにすぎないのである。違法・有責の面で疑義あるときは、改めて検討する必要のあることはいうまでもない（前出四頁参照）。【37】のAには、「緊急避難」ないしは「期待可能性の理論」が適用されえないであろうか、を考える余地は残されているといわなければならない（「中止未遂」を考えることも不可能ではあるまい）。【13】【20】【21】【30】のような事案にあつても、不注意な上級職員の強制的な拘束があつた場合には、同様に、「期待可能性の理論」による救済が可能であろう。

（一九六五・一・二九）

地方裁判所判例

簡易裁判所判例

最高裁判所判例

高等裁判所判例

———◇———

判 例 索 引

著者紹介

内《うち》田《だ》文《ふみ》昭《あき》　上智大学助教授

総合判例研究叢書　刑　法（26）

昭和40年5月25日　初版第1刷印刷
昭和40年5月30日　初版第1刷発行

著作者　内田文昭

発行者　江草四郎

東京都千代田区神田神保町2～17
発行所　株式会社　有斐閣
電話東京（265）6811（代表）
振替口座東京370番

暁印刷・稲村製本